傅军的新商道

经典的案例和理性的思考
诠释财富的意义和创造的价值

邢旭东 杨运辉◎著

中国经济出版社
CHINA ECONOMIC PUBLISHING HOUSE
·北京·

图书在版编目（CIP）数据

傅军的新商道／邢旭东，杨运辉著．
—北京：中国经济出版社，2019.2
ISBN 978-7-5136-5526-2
Ⅰ.①傅… Ⅱ.①邢… ②杨… Ⅲ.①民营企业—企业管理—经验—中国
Ⅳ.①F279.245

中国版本图书馆 CIP 数据核字（2019）第 013131 号

责任编辑　张梦初
责任印制　巢新强
封面设计　任燕飞

出版发行　中国经济出版社
印 刷 者　北京富泰印刷有限责任公司
经 销 者　各地新华书店
开　　本　710mm×1000mm　1/16
印　　张　20.5
字　　数　260 千字
版　　次　2019 年 2 月第 1 版
印　　次　2019 年 2 月第 1 次
定　　价　68.00 元
广告经营许可证　京西工商广字第 8179 号

中国经济出版社　**网址** www.economyph.com　**社址** 北京市西城区百万庄北街 3 号　**邮编** 100037
本版图书如存在印装质量问题，请与本社发行中心联系调换（联系电话：010-68330607）

前言

回首中国40年的改革开放之路，民营企业是一股不可小觑的力量。他们从零开始，以40%的资源完成了60%的GDP，承担着80%以上的就业。民营企业家们已经成为这个社会稳定和发展不可或缺的因素，尤其是20世纪90年代的那批企业家。

20世纪90年代初期，受到邓小平南方谈话的激励，不少体制内精英也投身商海，使得当时商界的素质有了一个极大的提升。这批企业家从一开始就没有把自己定位为生意人。他们自觉地承担起振兴国民经济的重任，把个人的追求和时代的命运紧密联结在一起。新华联集团的创始人傅军就是这批人的代表。要说他的特别之处，则在于他更早地洞察到时代发展的大势，在1990年邓小平南方谈话之前就离开体制，步入商界，创建了新华联集团。

那时候工商阶层的延续正面临着一个断层。中华工商阶层以19世纪中叶的胡雪岩、雷履泰等人为肇始，到19世纪、20世纪交界以荣德生等人为代表。到1949年至1956年时，这个阶层出现了断层，直到1978年民营经济开始复苏，都没有出现堪称企业家的人群。

傅军这一代企业家，在断代后重新接续，面临的是一片蛮荒之地的商界。彼时美国已经进入一个“企业家经济”的时代。德鲁克在1987年出版的《创新与企业家精神》里充满激情地写道：“企业和企业家正成为美国经济成长的动力之源。企业家经济的出现，是美国经济和社会历史中最有意义、最富希望的事情。在不远的未来，日本、欧洲，包括所有正在进行经济革新的现代化国家都将无一例外随踪而至。”

就在德鲁克的话落音不久的1990年，傅军开始了他的商界之旅，然而他的步伐却很难说是“随踪而至”。中国的特殊国情注定了照搬舶来品只能收到“南橘北枳”的效果，一切都要从独自的艰难的摸索开始。

若要用一个关键词来概括傅军从商的初衷，这个词非“实业报国”莫属。傅军笃信，实业的振兴是国家的兴盛之道。唯有强大的经济才能支撑强大的国家，唯有具有竞争力的道路才能持续向前。正是因为怀抱这一初衷，傅军才会在白手起家的艰难创业中矢志不移；也正是源于较高的自我期许，傅军一面冲锋陷阵，壮大企业规模，一面上下求索，探寻适合中国的企业家发展之道。人们相信，一个卓越的企业家，向社会奉献的不仅仅是就业和财富，还包括企业家的精神与智慧。

傅军的新商道就是在这样一种背景下诞生的。他一头植根于中华民族优秀文化传统的沃土，接续以荣德生为代表的那代企业家“实业救国”的主张和气度，以对良知的敬畏、对商业秩序的捍卫，来对抗弥漫整个社会的商业文明的没落；一头朝向新时代，捕捉新动向，以变革之道应对变革时代，探求适合当下中国的企业经营战略，引领中国企业走向更加遥远的未来。

一头溯本源，一头求变革，以一种大担当、大情怀、大格局融传统文化力量和当代商业智慧为一体，打破时空和地理的疆界，在最广阔的疆域中寻求最本质的经商之道，这就是“新商道”的特点。也正因坚守新商道，傅军将新华联打造成“厚植实业、报效国家”的中国民营企业的“多元化标杆”，他被国家和主流媒体誉为“改革开放40年百名杰出民营企业家”与“中国民营经济40年风云人物”。

当今的中国，经济速度放缓、产能过剩、生态环境破坏严重、人口老龄化等问题凸显，这种情况迫使企业必须进行升级和转型；另一方面，信息革命席卷而来，企业不得不面临商业模式、商业思维的重构。一个全新的属于商业智慧的时代正阔步走来。唯有凭借商业智慧，企业才能够拨云见日，找到真正病源，看清企业发展方向，为企业的可持续发展谋篇布局。新华联28年强劲发展的态势，印证了新商道的优越性。借鉴成功企业的成功之道，正在摸索前行的企业可以少走许多弯路。

历经28年的持续高速增长，新华联已发展成为涵盖文旅与地产、矿业、石油、化工、金融、投资、陶瓷、酒业等多个产业的大型现代企业集团。目前，集团拥有全资、控股、参股企业100余家，其中包括控股、参股上市公司12家，是长沙银行、北京银行、宁夏银行等多家金融机构的重要股东，拥有“新华联文旅”“东岳制冷剂”“金六福酒”“华联陶瓷”“红官窑”“太子奶”等一系列中国知名品牌，各类发明专利近6000项，员工70000人，年营业收入超过900亿元，年纳税超过50亿元，企业总资产在1300亿元以上，成为中国民营企业的佼佼者。

站在新的发展起点上，新华联依然在多元化经营的快车道上迅跑。我们相信，傅军不遗余力践行的新华联创业理念和为商之道，将会为更多的中国民营企业提供宝贵的商业智慧，帮助更多民营企业迎来发展的春天。在当今这个大变革、大融合的全球化时代，唯有民营企业的崛起，才能真正挺起中国经济的脊梁，才能强劲加速中华民族的复兴步伐。新时代经济的持续繁荣最终不取决于经济学家的预测，而取决于行为，取决于企业家的行动，取决于千千万万企业的成功。

目录

第一章
愿　景

感受傅军：多维、丰富、君子不器 /003

坚忍、悲悯，苦难对心灵的塑造 /009

战略、思维，成于早期历练 /015

愿景、使命，凸显于十字路口的选择 /017

第二章
诚信是企业经营之魂

新华联的成功是思想力的成功 /021

对待朋友要怀感恩之心，而非世故之心 /023

做生意就是做人 /026

默默对抗尔虞我诈的商场浊流 /030

袒露心声，为实业报国而下海 /032

坚守诚信，坚守商业本质 /034

以自我批评的自洁机制，刷新诚信认识 /038
真正卓越的领导者，为企业植入伟大因子 /040
“你一声呼唤，我们都跟着你往前冲” /043
诚信渗透于企业有机体的神经末梢 /045
成于行思的新商道 /049

第三章
坚守通向成功之路

破冰之旅 /055
一路坚守 /066
闯关铜官窑 /070
坚忍不拔的组织逻辑 /079

第四章
创新成就市场传奇

创新，桀骜不屈的时代动力 /093
在头脑和灵魂中先完成创新革命 /095
一路顺时而动，一路创新转型 /100
从野性到理性，管理创新一部曲 /102
以活力驱逐僵化，管理创新二部曲 /110
管理哲学：“变”与“稳”的辩证应用 /114
许君奇，初识思维改变现实的力量 /118
创新驱动企业高速成长 /126
以个人认知升级驱动企业转型升级 /131

突破壁垒，不断跃升，走向世界高端竞争 /136
结缘，解困，大醉，两个企业家的携手 /139
老乡结皇亲，东岳的创新起步 /147
瞄准“塑料王”，向价值链高端挺进 /150
冲击技术巅峰，摘取化工世界的“明珠”/154
从《拜杜法案》解析东岳的创新密码 /155
以创新为引擎，走出民营企业的典型升级之路 /166
创新遍布新华联系 /169
金六福，一个被选入大学教材的市场奇迹 /172
从云南到通化，辉煌持续 /179
创新的本质，是思维如新，是生命如新 /183

第五章
分享引领英雄之旅

不吝分享，构建利益共同体 /189
消除内耗，提供自我实现的平台 /196
思维重构，精神赋能，引领英雄之旅 /202

第六章
大担当托起大格局

一代人的情怀 /221
厚植实业，报效国家 /223
造老百姓买得起的好房子 /226
光伏扶贫，精准扶贫 /232

支持科研发展，推动文教事业进步 /236
将企业发展战略与国家发展战略结合在一起 /238
盘活国有存量资产 /240
走出国门控制矿产资源 /243

第七章
合作彰显连接的力量

科研合作，对接国际标准接口 /251
资源整合，1 +1 >2 /260
在连接中，传输卓越企业的基因 /266
推动中国制造迈向中国智造 /271
让共赢彰显资本的力量 /276

第八章
光荣与梦想

个人理想与历史使命的完美结合 /285
主动转型，塑造新华联变革基因 /287
使命驱动，超越障碍推动转型 /292
依托国际化，让自己站得更高、走得更远 /302
敢为人先、敢于担当，为民族复兴做出新的贡献 /305

附录一　傅军人生感悟 30 条 /308
附录二　傅军：实业报国的顶级投资者 /313

第一章

愿　景

感受傅军：多维、丰富、君子不器

在眼球经济时代，新生代企业家以各具特色的方式，捕获着大众的注意力。相比之下，人们多多少少忽略了另外一个企业家族群。他们创业于20世纪八九十年代，经历了国家从苦难到兴盛的时间窗口。他们自身也承受过深重的苦难，却将苦难化作实业报国的悲悯和不断奋进的坚忍，呵护企业成长，为国民经济的崛起披肝沥胆、一生奉献。

他们习惯了低调，在大众眼中往往不够张扬，然而谁又能否认他们的光芒？他们是一代开拓者，曾在一片蛮荒的大地上从无路中找出路。多少次前路茫然，是内心的微光，照亮前行的方向，开启了一个时代的辉煌。他们不像新生代企业家，起步就奔跑，动辄有巨额投资。他们早期征程的每一步，无不从荆棘丛中生蹚出来，伴随着汗泪交织的记忆。然而正是经由艰辛的跋涉，才磨砺出强健的脚力，在这备受考验的历程里，他们历练出生机盎然的智慧。

这种精神、力量和智慧，曾使他们跨越传统意义上的从零到一，正为充满挑战的转型时代所需要。对他们的解读，因此就超越了个人乃至企业范畴，具有时代性的启迪价值。

新华联集团董事局主席傅军就是这个企业家族群的代表人物。

傅军第一次受到媒体的密集报道，是2011年。他率领新华联集团旗下的新华联地产，成功实现了重组上市。那是一个艳阳高照的夏天，人们却把新华联地产的上市称为“破冰之旅”，貌似不合理的借喻，凸显了上市超乎寻常的艰难。

在上市过程中，遭遇中央房地产调控政策的出台，上市之路一度被关闭，与新华联同时运作上市的还有45家企业。它们纷纷遇难而退，中止了上市之路。唯有新华联咬紧牙关，历经两年半的坚守，承受一次功亏一篑的打击，最终挺了过来，守得云开见月明。

新华联上市之后，人们猜测是否房企的上市闸门已经大开。事实却证明，新华联只是一个特例。在新华联之后，闸门再次关闭，上天只把特别的垂青给予了特别的新华联。

新华联到底特别在哪里？傅军又是何等人物？

按照惯例，在读者的猜想中，傅军一定是一个带有浓重悲壮色彩的负重忍者式的人物。孰料，新华联人却用“领军从容”四个字来形容他们的傅老板，尤其强调“从容”二字。在他们的印象中，傅老板始终气定神闲，从未见他有过着急忙慌。即便在企业遭遇难关之际，他依然会轻描淡写地安抚部下：别管那么多，专注手上的事情就行。

从笔者近二十年对新华联的观察来看，傅军绝非寻常成功人士。也许是天性使然，也许是长年累月的奋进，他的意识和思想都已经进入高频状态，他的襟怀和精神扩容到常人难及的境界。在这样的境界中，事物的寻常定义已被改写，风吹雨打于他却波澜不惊，故可闲庭信步，以淡定心态成就他人眼中的超凡战绩，成就新华联的“特别”。

事实上，上市只是新华联发展的一个缩影。新华联28年来的创业征程，就是一趟长长的破冰之旅。

例如，外界传言傅军以1000美元起家，其实那点钱也只够路费。从湖南来到新华联起家地马来西亚的时候，傅军已经两手空空，如今总资产超过1000亿元的新华联宏伟大厦，就始于微不足道的“零”。

比如，新华联羽翼未丰就遭遇灭顶之灾，几乎全部身家的货款被骗，钱货两空。傅军本可以像别人那样把损失转嫁给上家，中止合同，但他选择了一力承担，去边远原始地区寻找便宜货源，不惜吃尽常人吃不了的苦头，换来最后的履约。

这样的例子不胜枚举。无论面临多大的困境和阻力，傅军一次又一次把“不可能”改写为“可能”，才有了新华联 28 年来有进无退的骄人发展纪录。

然而，傅军身上不止有着单向度的进取精神。我们发现，他其实是拥有多种矛盾特质的集大成者。无法理解他的多维，就无法理解他的独特，同样无法解读新华联的成功基因。

从容态度体现的是傅军在战略上的藐视，与此同时他又辅以战术上的重视。新华联地产上市期间，他曾数十次与相关方洽谈。在北京期间，他每天都会与项目组成员讨论上市事宜，寻求每一个细节的完善和总体的突破，细致入微，不厌其烦。他方向坚定，目标明确，但在实现目标的路径上却又灵活多样。他多次要求员工突破思维限制，想方设法解决问题。

尊重内心的直觉，同时又重视数据和细节，将感性和理性融为一体，这也是傅军的特质。新华联地产借壳上市前，寻觅了数十个壳资源，其中有一个接洽数月。就在即将签订合同时，傅军凭借多年的阅历，直觉到对方有那么一点不对劲，遂果断中止合作进程。不久，消息传来，那个壳资源果然暴露出有问题。新华联地产上市的最后环节，是去深圳证券交易所参加答辩。答辩结束，上市委员会的人对新华联项目组的参与者杭冠宇大发感慨：“我们工作这么多年，接触的上市公司超过 1000 家，这些公司的董事长都不会参加答辩，只是最后表个态。只有你们董事长，什么材料都不带，却对每个问题都对答如流，他对财务总监、总经理、董秘的工作都了如指掌!”考虑到当时新华联旗下一共有80多个企业，这些企业分属不同行业，傅军对每个行业每个公司都有着专家式的了解和掌控，不知上市委员会的那位权威人士又将如何感慨?

傅军是一个性情中人，却又高度自制。情义是他创业的驱动力。扶贫期间眼见乡亲们的赤贫生活现状，他悲从中来，继而思变，才下定了弃政从商、振兴国民经济的决心。纵横商场多年，初衷未改，真诚不变，一个细节是，和朋友喝酒，他从不做假，更不让属下代劳，总是自己喝。即便他的身体状况不宜饮酒，他也是“宁伤身体不伤感情”。

接受我们采访的时候，一开口，他的双眼就绽放奕奕光彩，整个人散发出激情饱满的感染力。这是情感丰富、活力充沛的人才有的超越年龄的赤子情态。这种情态总与创造力相伴，因保持本真的心灵也保持敏锐，能够第一时间感受到时代的脉动、社会的变迁。

这种性格的人难免率性洒脱，不拘小节，不过，若发展过度散漫，就会产生反作用，但傅军同时又是高度自制的。新华联集团企业文化与信息管理部负责人跟随傅军十几年之久。他说，只要不出差，老板一定会每天早上8点以前就来到办公室，多年如一日，从无懈怠。平时他也几乎没有休息日的概念，把整个生命都奉献给了新华联的事业。

他可以非常宽厚却又非常严格。他对员工的仁爱众所周知，将自己80%的股份稀释到40%，让数以百计的核心员工持有集团股份，但他在捍卫底线方面又绝不容情，亲妹妹违反公司规定被他开除后，任谁说情都不为所动。

他知行，又知止。一旦看好某个行业，他就会大力进军，不惜巨额投资；只要发现某个领域出现衰落迹象，他又会迅速撤出，绝不优柔寡断。该行就锐意前行，该止就果断放弃，知与行无缝接轨，行与止干脆利落，丝毫不受固有思维的惯性影响。不但善于处理进与退，他还善于处理变与守、新与旧等矛盾关系。

他既有远大抱负，又能脚踏实地。他倡导艰苦奋斗的精神，始终保持如履薄冰的态度，当企业面临重大挑战时，又能沉着应变，带领企业峰回路转，闯出生天。

他是理想主义者，却并不迂腐和固执。为了达成使命、实现目标，他能够将原则性和灵活性结合起来，甚至不乏实用主义，将一切有利因素拿来为我所用。傅军推崇创新，但他进一步解释，创新的成功不取决于它的新颖度，也不在于它的科学内涵和灵巧性，而取决于它在市场上的成功，由此给创新加上了市场和价值的笼头，避免了创新的浪费。

他采纳科学量化和细化的西方管理举措，来弥补东方思维重宏观不重微观的问题，却又摈弃了西方文化中的个人英雄主义，强调群众路线。同时，他也看到东方文化“窝里斗”的劣根性，大力推行公开、透明的企业文化，让人们将人际交往的精力更多地用于改进工作、创造利润。他兼取东西方文化之精髓，而去其糟粕，造就了新华联全新的企业文化，乃至在新华联内部实现了国民性的改良。

新华联的多元化道路不时受到业界学者的质疑，这是可以理解的。从一般意义来说，多元和精专难以两全，究其根本，是企业领军人的能力受到了局限。多元和精专分属两个维度，而常人只能执于一端。善于聚焦者，往往固守狭隘领域；善于多元者，精力无法兼顾，多元就流于泛泛。这种局限体现在各种思维特质上，比如，战略上的轻视会伴随战术上的马虎，感性丰富的人就理性不足，率性之人多易任性，宽厚则走向放纵，理想主义者常表现出脱离实际。

希斯赞特米哈伊是美国著名心理学家，曾耗费近 20 年时间对 90 多名高成就者进行跟踪调查。他发现，常人之所以是常人，因其只发展出了某种特质的一极，而忽略了另外一极，而高成就人士却同时发展出两极。在傅军身上，我们发现，任何一种特质都能找到对立面。这些不同向度的特质、风格，完整地统一在他的身上。可以想象，这种统一必然经历过一个痛苦的磨合过程，很可能伴随着受挫和反省。无论如何，他最后将这些矛盾都统一起来，由此形成了开放、融合的性格特征和管理哲学。这种特质又都化为企业的基因，成就了新华联的不凡。

新华联的多元和高度是并举的。新华联跨越文旅地产、矿业、化工、陶瓷、酒业、金融投资等多个领域，并在这些领域都有骄人表现，譬如有两个产品已经连续10余年稳居世界第一，还有14个中国驰名商标。这种集广度和高度于一体的企业特色，其实是傅军将自身的性格力量和管理哲学融入其中的结果。

孔子曾说“君子不器”，意思是说：君子不能像一件器具，只限定某一特定用途；他应当不拘泥于任何一种形式，将多种特质融于一身，如此才能根据不同情境做出最为适宜的应对。其本质就是实事求是，也是当下甚嚣尘上的互联网精神。互联网精神的本质就是开放、融合、创新、应变、求是。

互联网精神不限于某个行业。如果互联网企业走向封闭、僵化，就不能说它具备互联网精神。如果传统行业具备开放、创新、包容的文化，拥抱变化，坚持客户导向，内部生态充满活力，谁又能说它没有互联网精神呢？

综合的性格特质、辩证的战略思想，使傅军始终能够超越时代。他既能坚守传统文化的精髓思想，又能应变全新时代，尤其是面对不确定性越来越强的时代。对于如何挣脱旧有成功范式对企业的约束，如何避免大企业过度规范造成的僵化，傅军有着清晰的认知和突破性的变革设计。如他所言，新华联最大的资本就是创新，是朝夕不懈的创新。早在2005年，傅军就率先在内部大会上把创新提升到企业发展的战略高度。近些年来，新华联又以新商业文明作为发展主导，贯彻诚信、创新、坚守、分享、合作、承担等经营管理思想。

不拘过往，不畏将来，始终采取因时制宜、因地制宜的应对策略，这种管理思想本身就是具有超越性的。正是从这个意义上，我们认为，傅军超越自己的企业，根植于更加广阔的时代维度和历史格局。理解他，需要辩证的思想，还需要历史观。而要真正了解他，我们就必须回溯源头，从他的成长开始。

坚忍、悲悯，苦难对心灵的塑造

当人们回首早年时光的时候，总会有那么一个场景超越其他场景，在记忆中逐渐清晰起来。心理学家认为，那是因为它对我们的意义最为特别，对我们的影响最为深远，堪称早期人生的一个缩影，为后来的整个一生都奠定基调。

傅军记忆中的这个场景尤为特别，不是常见的孩童与小伙伴玩耍的场景，而是在村里党支部会议的会场上。

1957年，傅军出生在湖南醴陵一个美丽的小山村。父亲既幸福又欣慰。怀抱中的孩子双眼乌黑清澈，似乎可以洗去他心头的所有疲惫。父亲是村里的支书。在那个运动频繁政治挂帅的年代里，作为中国最基层政治细胞的领头人，村支书除了应付村里工作外，还需要执行上面层出不穷的政令，因此父亲几乎没有属于家庭的时间。他白天不是组织生产就是为村民协调纠纷解决困难，忙得鞋打脚后跟；晚上，他还要召集会议、传达文件、研究工作。也只有这个时候才相对清闲，父亲才可以坐下来，便把心爱的长子带在身边。

听大人们“议政”因此成为傅军记事起的一大生活内容。大人们说着中央精神，说着国家形势。昏黄的灯光下，一张张疲惫的脸上写满关切和振奋。小傅军不见得全能领会，但是那些话语、那种氛围却如同润物无声的春雨，缓慢而固执地渗入他的潜意识。他隐约而又确切地知晓，在这个小小的山村以外，另有一个广阔的世界，与自己的心灵遥相呼应。一个人的人生不仅限于自家那一亩三分地。

父亲的所作所为从另一个角度深化着这种认知。父亲是那个时代纯粹意义上的好党员、好干部。从接手村支书岗位的那一天起，他就将自己的全部精力都奉献给了这份事业，为公家的事、为村民的事一天到晚在外操劳奔波，却顾不上家里。从傅军记事起，家里始终拮据，饭桌上永远只有一样主食——红薯饭，能吃得起的只有红薯。红薯最便宜，那时候一斤大米可以换七八斤甚至十斤红薯。长年吃红薯，会伤害到胃，尤其是年幼的孩子。其实父亲只要学别人稍微动用职权为家里谋点好处，家里人的日子就会好过得多，但他从来都没有这么做过，连念头都没有动过。老一代共产党员对事业怀有虔诚信仰，不容许任何私心杂念侵蚀这份信仰。

后来刚刚站稳脚跟，傅军就把事业的布局和国家发展大方向结合起来，以企业职能实现报效国家。有人也许会问，一个民营企业家怎么会有这么强烈的家国情怀？他却不知道，童年时期植入傅军内心的种子，有着多么强劲的力量，更何况这颗种子来自父亲。

傅军和父亲在骨子里是如此的相似。他们都将一生奉献给个人之外的宽广世界，将小我提升到大我的境界。不同的只是路径，父亲一生从政，当了一辈子支书，傅军却弃政从商，以时代更为需要的方式，再现了父亲的情怀和理想。

对于傅军来说，路径上的改弦更张，源于从个人到国家的苦难命运。

1990 年，33 岁的傅军被指派为湖南省委驻浏阳市社教工作队的副队长，到农村搞社会主义思想教育。这一年，中央决定用两三年的时间，分期分批在农村开展社会主义思想教育，以党的十三届七中全会精神为指导，用爱国主义、集体主义、社会主义思想，团结教育和引导农民，深化农村改革，发展农村经济，加强精神文明建设，促进社会全面进步。

进入山区，傅军被眼前的景象惊呆了：当地农民住的还是老式土坯房子，年代久了，几乎都变成了危房。外面一刮风，屋顶就往下簌簌落土，将破破烂烂的家具蒙上一层厚厚的灰尘。再看厨房铁锅里，盛的居然是傅军再熟悉不过的红薯饭。看到工作队的人来了，乡亲们无助的脸上燃起了希望，赶紧搬来凳子招呼他们坐下。被问起生活状况，乡亲们纷纷介绍起来，说起吃不饱穿不暖的苦楚，就忍不住眼眶红了，转过脸去擦干眼泪。

从乡亲们那里回来，傅军一整夜都在辗转反侧，没有睡着。浏阳是革命老区，这里的乡亲们为革命做出过巨大的贡献，但他万万没有想到，革命成功这么多年了，这里的人们却还过着原来那种苦日子。再想到乡亲们无助流泪的样子，他的心灵不由得深深震颤，又酸又痛，难以释怀。

只有承受过苦难的人，才懂得别人的苦难，傅军想起自己的过去……

傅军足足吃过 16 年的红薯饭，一直吃到 16 岁上高中。就在他以为苦日子总算熬出头的时候，却没料到更大的苦难还在前面。

1974 年，傅军 17 岁这年，正当盛年的父亲由于长期操劳、积劳成疾，不幸离开人世。父亲的离去，给全家人留下的不止是刻骨的悲痛，经济支柱被抽走，家里还剩下母亲、傅军、两个弟弟和两个妹妹。老的老，小的小，傅军的姐姐倒是参加工作了，却又远在他乡。生计没有着落，母亲又伤心又焦虑，原本单薄的身体越发病弱。一个弟弟不巧在此期间患了重病，没钱看病，延误治疗，因此丧失了本不该失去的宝贵生命。就在全家人悲痛无助到了极点的时候，新的打击又来，家里的房子年代过久，悄悄腐朽，一场风雨之后居然倒塌了两间。

眼前的断壁残垣预示着这个家的现状——由于缺乏庇护而逐渐萧条，必须有人来代替父亲保护起家人。于是傅军默默地扛起了这个担子。高中毕业，他没有按原计划考学，而是向公社党委申请回家乡浦口参加工作。巧的是，浦口公社正缺一个干部，他顺势补了上去。

每月工资是 31 元，傅军最少拿出 20 元养家，家里吃的粮食、烧的煤都是他供应。余下的几元钱，只够维持最基本的生活。在公社食堂吃饭，人家每顿都打两三毛钱的菜，他只打一毛钱的；穿衣服，人家都穿得体体面面，他热天长期穿一件草绿色的衬衣，冷天就穿一件破棉袄。棉袄还是父亲留下的，他足足穿了 6 年。

在北风呼啸、寒冷刺骨的冬日，18 岁的傅军身穿不足以御寒的破棉袄，肩上拉着一辆满载的煤车，艰难地走在坎坎坷坷的回家路上，每一次脚掌奋力踩向大地，都仿佛是以一己生命与命运抗衡。他以少年之身，承受了一般人一辈子都没有承受过的苦难，承担了成年人才承担的责任，却坦然受之，锐意行之。

命运总是以苦难来考验心灵，定要在烈火中淬炼真金，心灵的品质由此分出高下：被苦难击倒的心灵是软弱的；在苦难中允满苦情的被动硬撑，令人尊敬却不令人欣羡；真正令人倾慕的是第三种心灵，在与苦难的抗衡中，激发出昂扬的斗志和澎湃的力量，肩头的重量被悉数转化为脚底的加速度。

傅军就属第三种。苦难越是深重，摆脱苦难的愿望就越是强烈。他在支持家人的同时，还在工作领域创造出过人的成绩，以其饱满的热情和十足的干劲，获得快速升迁，参加工作第二年就当上公安特派员，3年后年仅21岁就当上浦口公社党委副书记，23岁成为茶山岭公社党委书记……他出任湖南省工艺品进出口集团公司副总经理的时候，才刚刚30岁。

哈佛大学招生，除了智商高以外，还要求学生具备以下三个条件之一：体育好，拥有某类艺术专长，若前两条不具备，第三条则是要求学生有过苦难经历。

苦难不仅能磨砺人的意志，还能深化理解，增进同理心。我们只能理解我们所经历过的境遇，只有吃过苦的人对他人的苦难才能感同身受，心生悲悯。纨绔子弟之所以肆意妄为，因为他未经坎坷，体谅不到别人的不易。傅军早年的苦难经历，升华为他对别人的理解、眷顾、友善。新华联的基因里，就融入了这种性格特质。新华联是友好型企业，她甚至没有像一般的企业经历过“肮脏的原始积累”时期。她的盈利始终以成全他人利益为前提。即便处在不利的情况下，新华联依然咬紧牙关一肩扛起损失、担起责任，从来不将不利转嫁给合作方。新华联对员工的善待、对合作者的成全、对社会的诚信和责任感，其实都可以从傅军的早期经历中找到渊源——他心怀悲悯，愿意承担；他意志坚强，有能力去承担。

而苦难对人最重大的影响在于，它以残忍的方式揭示出生活的真相，促使你时时刻刻直面于它。它剥掉你的幻想，扫除你的惰性，拿走你的依赖，逼迫你彻底激活生命的警惕、活性和能量。在傅军发表的每一个大篇幅工作总结中，都不乏对工作的自查和反省。这种强烈的危机意识同样体现在对外部环境的敏锐判断，危机感逼出远见卓识和未雨绸缪，也逼迫自身发展出综合性的性格特质和全局性的思维模式。

回溯最初，促使傅军下定决心弃政从商的，还是内心的悲悯。从浏阳回来以后，他的心依旧牵挂着那里的百姓，怎么都放不下——贫穷，不仅仅是几个乡亲的生活真相，而是整个国家的真相。作为省城外贸口的负责人，他对经济现状有着清晰的了解。当时经济发展停滞已久，改革开放的火种还没有造就燎原之势，中央一年的财政赤字就达到1000亿元。落后就要挨打，西方强国正对我国实行全方位的严厉制裁。只不过浏阳乡亲的状况让贫穷这个概念变成了具体场景，格外触目惊心。

当时中国最亟待解决的问题是发展经济，要让老百姓过上好日子。要屹立于世界民族之林，必须以强大的经济实力作为保障和后盾。换言之，中国最缺的不是职业革命家，不是干部，而是实业家、企业家。

有志男儿应当在最需要的岗位发挥出最大的价值。从政多年，傅军有心将全部精力投身于工作，但人在职场，身不由己，没完没了的会议和人际应酬就占用了将近一半的时间。他多么渴望从这些事情上把精力抽回来，用于创造有价值的事情上！

外部环境的需要和内心的需求指向同一个方向，傅军毅然决然地做出了一生中最大的决定。他对妻子说："我不想这么耗下去！我不想干了！我见不得乡亲们受苦！"

战略、思维，成于早期历练

如果说童年的会场经历和父亲的以身作则，让傅军拥有了远远大于常人的心灵地图；少年时身心双重的苦难磨砺了傅军的力量，使他具备向辽阔世界进发的强健脚力；那么，青年时的工作经历，又奠定了他的战略思维和管理思想，使他智慧和力量兼具。

傅军的政治生涯可以用“坐直升机”来形容。

18 岁参加工作，加入中国共产党；

19 岁当上公安特派员；

21 岁当上浦口公社党委副书记；

23 岁成为茶山岭公社党委书记；

26 岁上调到醴陵市担任市经委副主任，后担任市外贸局局长兼党组书记；

30 岁到省城长沙出任省工艺品进出口集团公司副总经理。

踏入职场之前，他的表现同样卓越：

学生年代的傅军一直担任学生干部，初中时学校实行军事编制，一个班编成一个排，整个学校为一个营，傅军被选为营长；

高中在醴陵市第五中学就读，他又担任学校的团委副书记。

考虑到他没有任何背景，这些炫目的经历只能是个人的卓越能力使然。和父亲一样，傅军对党的事业有着纯粹的信仰。他 18 岁就加入了中国共产党，这使得他在工作的时候全力以赴，不怕吃苦，不计得失。他务实求真，天生就有一种直指问题本质的能力。他很早就感悟到时代的需求。在其他人还把精力放在搞政治的时候，他已经看到干部的当务之急是让群众吃饱穿暖。23 岁在茶山岭公社当党委书记的时候，他就把发展经济作为工作重点。公社在他的带领下把经济发展如火如荼，当地百姓的生活大为改善。在他离开茶山岭很久之后，当地人还念念不忘他的好。

傅军在经济建设方面的能力引人瞩目，上级领导于是把他提拔到外贸口工作。他每到一处，总能很快让那里的工作焕然一新。譬如，担任醴陵市外贸局局长期间，他就使醴陵的外贸出口额连续四年排名全省第一。

在快速进步的过程中，傅军与工作相互成就，工作反过来又锻炼了他。尤其是在省外贸局工作期间，他原本就宽广的视野更加拓宽，具备了国际视野。这种视野，使新华联在诞生之初就具备了国际化的基因。新华联起家于马来西亚，后来又进军国内，傅军是在跨越国际的视野中布局企业发展。

我们可以断定，当傅军决定从商的时候，生活已经完成了对一个卓越领袖的基本塑造。他的心中沸腾着建功立业、实业报国的理想；强大的意志力、卓越的战略思维和管理能力使他能够跨越坎坷，锐意驰骋；悲悯与责任感又使得他可能将优秀的人才聚集在自己身边，共赴人生伟业。他的决定，在别人看来也许有突兀的感觉，于他而言，只不过是生命能量汇聚到一定程度后，不得不冲出闸门、奔腾舒展的需求体现。

愿景、使命，凸显于十字路口的选择

除了两个支持的声音外，傅军“下海”的决定招致一片反对。这些反对自有道理，那时的傅军已经被湖南省省委列为“第三梯队”重点培养对象，可见发展前景广阔。然而，也正是在这样难以抉择的十字路口，我们才能看清一个人的真实愿景。为个人为名利，傅军只要原路向前，一切都会妥妥收获，没有悬念；唯有为了那些无助的流泪的眼睛不再无助不再流泪，为了以企业之富助力国家之富，为了超越个人本位的使命追求，为了对更大范围的责任的承担，他才可能放弃既有的一切，将前途付诸充满风险和艰辛的未知。

认清这一点，就能认清身为使命型领导的傅军，和利益型领导的不同之处，也才能明白他为何拥有开阔的视野，始终关注企业战略性要素和举措，为何在利益上更加大度和超脱，为何拥有率领企业攻克难关的巨大勇气和坚定决心，为何拥有创新变革的强劲冲动……话说当年两个支持的声音，一个是当时湖南省分管干部的省委副书记，一个是妻子吴向明。书记到底是管干部的，慧眼识人，他鼓励傅军说：“只有远走才能高飞。”

妻子与傅军是患难同心的人生伴侣，他们 1982 年结婚。那时的傅军已经当上公社书记，却仍然一贫如洗。两人结婚前后从置办家具到举行婚礼，只花了 20 块钱。婚礼仅买了二三十斤苹果和几斤水果糖，床还是傅军用马钉自己钉的，妻子对此毫无怨言。人说，不是一家人，不进一家门。傅军的妻子吴向明既有温柔贤淑的一面，又有大度无私的一面。

无论傅军是贫困还是富有，她都始终不渝地给予坚定的支持，却从来不为自己提什么要求。她诠释了一个传统女性的全部美德和对丈夫的真挚情感。傅军在外面无论遭遇什么困难都不会放弃，妻子所起到的后盾作用功不可没。一个是患难与共，一个是不离不弃。

回到 1990 年的那一天，傅军对妻子说起“不想干”的原因，说起浏阳乡亲们的眼泪，不由得心情低落，眼眶湿润。妻子什么都没有问，转而拿出自己省吃俭用的积蓄，交在他的手上。足够了！无论有多少人反对，只要她站在他的身边，他就不是孤军奋战。

1990 年的 10 月，傅军迎来了人生中最大的转折。他结束仕途，迈入商海，开启了新华联创业之旅。

第二章

诚信是企业经营之魂

新华联的成功是思想力的成功

1990 年 10 月，傅军远赴马来西亚，在这片陌生的土地上创建了新华联的前身——华联贸易公司，就此启动了一场个人生涯的革命。

这场革命，既是对内心意愿的遵从，又是对时代召唤的响应。

彼时，中华大地上也在进行着一场颠覆式的革命，一代伟人邓小平凭借对国内国外形势的高瞻远瞩，毅然决然地把现代化经济引入了中国。数千年来，中国都以农业为经济主脉。如今，该如何以商业经济取代农业经济？如何在这片惯于春耕秋种的土地上根植现代化的企业？

这是一个旷古未有的难题，没有人拿得出现成答案，就连改革开放的总设计师邓小平也只能以“摸着石头过河”的指示来勉励人们。

这又是一个亟待解决的时代命题，能否回答好它，关系着中华民族的国运和民生。

时代发展需要先行者，改革开放的战略需要践行者。在经历 20 世纪 80 年代的躁动之后，从 1992 年开始，各界精英纷纷下海，自觉不自觉地承担起探索答案的历史使命。

傅军就是在这个节点上步入一片蛮荒的商旅探路。只不过，他的觉悟和行动比那一波汹涌的下海潮略略早了两年，可以说是先行者中的先行者。

从 1990 年到 2018 年，28 个春秋过去了，新华联从最初资金、技术和人才都极端匮乏的新生企业，成长为中国企业 500 强和中国民营企业 100 强，集团产业涵盖文旅地产、矿业、石油、化工、金融、投资、陶瓷、酒业等多个领域，拥有 70000 名员工，年营业收入突破 900 亿元，企业总资产超过 1300 亿元，连续 28 年实现稳定健康增长，仅去年一年就给国家缴税近 50 亿元。傅军以自身的实践和成就雄辩地证实了改革开放思想的成功。

总结 28 年来的成功经验，傅军首先归结于国家的政策和政府的支持。的确，个人乃至企业的命运不能不受国家和民族大运的影响。然而，在同一个时代、同一块土地上，有太多民营企业在这里崛起，又在这里衰落。一部商业史不啻于一部血泪史。始终傲立潮头的企业，无不有赖于领航者以其独特的思想力穿透纷繁复杂的表象，指导着企业趋吉避险、稳步向前。

有人因此将傅军称为商业哲学家，这种说法是恰如其分的。新华联出版的《在路上》等书，集结了傅军 20 多年来的讲话和会议纪要。我们发现，正是这些如路灯般连接起来的思想，引导着新华联走出迷雾，走到今天，成长为一家卓越的企业，而这也是新华联有别于许多企业的根本所在。

新华联的成功是思想力的成功。20 多年来，傅军思维的焦点几乎从来没有离开过新华联。一个立志实业报国的理想者，一个从来不甘人后的奋进者，为了内心的使命感，投入了全部身心。他没有任何娱乐爱好，也极少过周末节假，唯一的爱好就是与朋友交流，而这些交流，无不浸透着对新华联的思考。

在思考实践的过程中，他又以自我批评来进行修正和完善，最终形成了独特商业运作新思想——新商道。他将新商道概括为诚信、坚守、创新、分享、担当、合作。

这既是一个卓越企业家 28 年商海博弈的智慧结晶，又是一个勇担使命的先行者对时代发展迷局作出的个人回答。在本书中，我们将对其逐次进行细致呈现。

对待朋友要怀感恩之心，而非世故之心

傅军怀揣 1000 美元离开家乡落地马来西亚的时候，已经两手空空——那 1000 美元都充作路费了。任正非已经是起家艰难的企业家典范，可即便他那时候好歹还有两万多元的资本，傅军却连这两万元都没有。

孑然一身，囊空如洗，满眼是陌生的异国风景，满耳是听不懂的异国语言，33 年的成就和辉煌被顷刻清零，此时此地的傅军重又回归为一无所有的人。也许只有这种时刻，我们才能透过重重外在屏障，将一个人的内在力量看清楚——与此刻状况形成巨大反差的，是傅军胸中的宏伟梦想，如同热带海洋迎面吹拂来的阵阵海风，鼓荡不休，激荡心灵。

要在平地起高楼，傅军心中自有蓝图。他善于冒险，却从不冒无谓的风险。一无所有不等于一无所凭。他没有有形资产，却富有无形资产——一帮商界朋友的友谊。

早前从事外贸工作的时候，傅军得以广泛接触到商界人士，在与他们的交往过程中，结交了许许多多的朋友。

商场从来被视为尔虞我诈的渊薮，商场上的友谊多是世故层面的泛泛之交。傅军的朋友对他却另眼相看，赤诚相待。

就拿马来西亚的华侨商人曾钦泉来说，他比傅军大 20 岁，却与傅军性情相投结为忘年之交。听说傅军要来，他不但衷心欢迎，还邀请傅军

来他那里落脚。傅军落地曾老先生所在的吉隆坡后，曾老先生没有食言，生活上给予保障，工作上给予引路，让傅军在他那里吃住办公，帮傅军疏通关系，成功注册公司。此外，老先生还把自己的一部“大哥大”拿出来给傅军使用。那年头的“大哥大”非常昂贵，以至于成为至尊身份的象征。这份拳拳之情，远远超乎寻常的商场交谊。

傅军为什么会受到这样的厚待？也许多年以后的几桩小事可以体现一二。

新华联几大板块，矿业是其中之一。傅军经常去矿业板块所在地视察工作，少不了要与当地矿业管理部门的工作人员沟通交流，到饭点了就一起吃个饭。

长年从事矿业工作的人，性格粗犷，言语不多，用酒来代。傅军血糖偏高，医生不允许他喝酒，但到节口上，豪爽劲上来，就要端杯。下属看在眼里，忧在心里，悄悄把白酒换成开水。傅军一喝，味道不对，不假思索地说：“怎么回事？怎么是水呢？赶紧倒掉，换上白酒！”如果他不言语，没有人会知道，但这就是傅军的待人之道。待人分真诚待人和不真诚待人，傅军待人却始终只有一种方式，多年不变，正如他自己所说，“宁伤身体也不伤朋友”！

寒冬里的火焰最为温暖，亲尝过苦难的人最懂情义的珍贵。命运曾经把少年傅军生命中的所有依靠和遮蔽尽数除去，孑然一身无以依凭之际，是乡亲们伸出了无私的援助之手。在那个独一无二的时空里，他彻底认清了很多人穷其一生都没有认清的生活真相，懂得了世间至为珍贵的不是财富、不是名利，而是人与人之间的牵绊和情义。此后一生，他从来都不会漠视任何情义，从不将任何帮助和支持视为理所当然，点滴情义铭记在心，以待涌泉相报。朋友的情义、家人的情义、同事的情义……莫不如此，如他所言，“亲情友情是人生命中的一盏明灯”。大家一致评价他为重情重义之人。

新华联20世纪90年代初来通州发展，得到当地政府的支持，其中包括当时通县一位姓张的县长。后来这位县长调到别处，两人的联系也就不多了。20多年以后，也就是2016年一个偶然的场合，傅军听说这位退休在家的过去县长生病住院了，就决定亲自前去探望。对方沉疴在身，还没等傅军安排出时间就离开人世。傅军赶紧安排人去他家里慰问，还参加了他的追悼会。

德国心理学家马丁·布伯的一本书《我与你》影响了无数人的命运。在书中，他把人与人的关系分为两种：我与你，我与它。当我把一个人视为完成某种预期和目的的工具时，这个人就没有被我当作和我一样的人看待；当我放下预期和目的，以我的全部真诚与一个人建立关系时，我就会与这个人的全部本真相遇，我们的关系就是我与你的关系。世上多见“我与它”，却罕有“我与你”的关系，然而后者一旦出现，就会点亮双方的生命。

心理学家的解释也许有点晦涩，傅军的说法更为通俗：“交朋友真正交的是心”，“交朋友要怀感恩之心，而非世故之心”，“好朋友能在关键时刻拔刀相助，能在内心深处进行交流”。

世故层面的“友谊”，结交的貌似是人，攀援的却是利益，一旦对方不在其位不能谋其利，友谊也就烟消云散。君不见“人走茶凉”最是寒心，因为从一开始结交的就不是心。而心灵层面的朋友，利益互补只起到了引荐的作用。他在交互的过程中，感念的是对方的好，珍视的是对方这个人。这样的友谊不以对方的身份和处境转换而转换，历久弥新，弥足珍贵，把人世间变成温暖可留恋的地方。

傅军谈起曾老先生，欣赏之情溢于言表："曾钦泉是一个极重友情的人。这个老爷子对朋友太好了，不计较自己的那些小利益。"仁者见仁，智者见智，对傅军来说，是诚者见诚。他所描述的何尝不也是他自己呢？对曾先生的赤诚相助，傅军的回报是把公司20%的股份给了他。连曾先生自己都没有想到，这份当初看起来前途未知的股份后来成为资金上亿元的收益。曾老先生的儿子曾宪光如今仍以股东的身份，担任新华联集团董事局的副主席。

做生意就是做人

个人之诚是一回事，企业之诚又是一回事。做得到个人真诚的，不一定做得到企业诚信，人们将其归因于"人在江湖，身不由己"。在他们看来，如果企业处于不诚信的环境里，讲诚信反而会损害企业利益，此时就应该"适应社会，灵活应变，改变个人本性，放弃道德原则"。当新华联面临利益和诚信的抉择关口，傅军又会如何选择呢？

在曾老先生的帮助下，傅军的公司成立后第一个月就做成了一笔纸张生意。此时，远在国内的朋友们，得知傅军"下海"的消息，都愿意帮他，与他做生意。众人拾柴火焰高，一面是曾老先生的帮助，一面是国内朋友的支持，傅军得以构建一个国际交易网络。他善于捕捉商机的天赋逐渐显露，国内的罐头、乳猪、乳鸽、莲子，马来西亚的纸张、橡胶、木材、木浆在这个网络上来回流通，生意越做越旺。

同时，马来西亚作为资本主义国家，体制相对宽松，企业的成长环境也相应宽松，这使新华联在起步期间就得以以空间维度换取时间跨度，赢得了较快的发展。

然而，就在新华联拼命生长羽翼的时候，一场又一场几乎是毁灭性的灾难到来了，而这些灾难无一例外都在考验着傅军个人乃至企业的诚信。

马来西亚居住着许多华人，占当地人口的四分之一。从明朝到民国，国内战乱不断，福建、广东一带人多地少，谋生尤为困难。为了改变个人和家族命运，闽粤地区老百姓成批成批地远走南洋，落脚马来西亚。在这里，他们依旧延续着在国内时的饮食习惯，比如每到中秋佳节，喜欢食用以莲子为馅的月饼。

行走于中国街，可以稍微排解思乡的情绪，也能随时寻觅商机。傅军就发现，这里的莲子卖得比国内贵多了。马来西亚多森林，少湖泊，原不适合莲子生长，市场上的莲子都依赖进口，数量少，价格贵，质量还参差不齐。傅军的家乡湖南就是莲子之乡，这里的莲子号称“全国第一莲子”，在古代每每被选为贡品，送进皇宫，湘莲因此又称贡莲。湘莲不但质量上乘，而且货源充足，价格不贵。

傅军意识到，这是一个大有潜力的商机，随即找到一个马来西亚的经销商，洽谈合作。两人一拍即合，谈好价钱，签订合同，约定由傅军为马来西亚商人提供四个货柜的湘莲。

傅军兴冲冲地返回湖南，却发现天公不作美。这一年，淮河、长江中下游及太湖流域发生特大洪水，太湖水位超过 1954 年的历史最高水位，湖南遭遇罕见的洪涝灾害，湘莲几乎颗粒无收，市场上莲子的价格飞涨，远远高于他与马来西亚商人谈好的价格。

继续履行合同，意味着要承担至少八九万元的损失。当时是 1991 年，新华联创业第二年，对于一个羽翼未丰的初创企业来说，八九万可不是小数目。这个损失会直接伤到企业的元气。众所周知，创业前三年是企业最易夭折的时期，70%的企业都没挺过来，原因主要是资金链的断裂。很多企业为了存活下来，往往不惜一切手段，不惜违背道德原则，第一桶金故而多数是肮脏的。

这种风险就出现在傅军面前。合乎企业利益的选择当然是中止合同，而且从严格意义上来说，这种“不可抗拒的天灾”导致的合同中止，还算不上真正意义上的毁约，对方按照惯例也不会不接受。

一切都说得过去，唯独过不了的是傅军内心这道关。中止合同的做法，与他一贯的为人、待人方式格格不入。没有任何犹豫，他选择了遵从内心而非“江湖”惯行做法，大不了就是自己多受点累，多做几笔生意，把亏损弥补回来。

非但如此，为了不增加对方的心理负担，他交货的时候，只字未提莲子涨价的事。还是马来西亚商人自己去香港采购莲子，发现莲子价格奇高，才了解湖南大水行情飞涨。

长年行走江湖，见惯了悄悄贪占便宜的人，却从来没有见过悄悄把损失承担起来的，马来西亚商人不由得惊讶、感动，回来后第一件事就是找到傅军说：“你生意刚起步，还能一诺千金。你这个朋友我交定了！我要和你长期合作！”第二年，他又给了傅军八个货柜的订单，让傅军小赚了一笔。

后来谈起这事，傅军说：“交朋友需要有一定的精神境界，要为朋友着想，不能什么都为自己着想。有时候，敢于吃亏也是一种品质，做生意实际上就是做人。”

在傅军那里，做人和做企业是一致的，怎么做人就怎么做生意。人的珍贵本性、道义原则不会因任何情境而遭到扭曲。抱持同样做法的人，还有稻盛和夫。

稻盛和夫一手开创了京瓷和 KDDI 两个世界 500 强公司。创立京瓷时，他才 27 岁，没有任何经营经验，又是技术出身，对经济知识和企业会计一窍不通。然而，作为经营者，既然开创了事业，就必须对接踵而来的各种问题做出判断。

应该以什么作为判断标准呢？稻盛和夫对此感到非常茫然。公司才起步，非常弱小，只要一次判断失误，就可能导致公司一蹶不振。一想到这里，他就担心得连日夜不能寐。左思右想，烦恼之余，他得出了如下结论："我既然对经营一无所知，就以'作为人，何谓正确'作为判断基准吧。"

从孩童时代起，父母和老师所教导的最朴实的伦理观，就是正和善，从中引申出来就是正义、公正、公平、勤奋、谦虚、正直、博爱等。稻盛和夫于是把这些伦理观和道德观当作经营判断的准则。无论是开展业务、进军海外，还是涉足不同行业领域甚至是收购企业，他都坚持了这种普遍正确的经营哲学。

有人把稻盛和夫的成功归功于时运，也有人归功于先进技术，稻盛和夫本人却不同意。他认为自己成功的原因，就是恪守了"作为人，何谓正确"的经营原则。伟大的灵魂总是何其相似，这种说法和傅军"做生意就是做人"的说法毫无二致。傅军同样认为，新华联创业成功的原因就是坚守了诚信。

默默对抗尔虞我诈的商场浊流

对于傅军来说，诚信表现为独自承担损失，也表现为默默对抗尔虞我诈的商场浊流。

有一回，从马来西亚回到湖南，傅军听说了一个消息：当地政府斥资7亿元建了一个人造板厂，现在工厂一切准备就绪，唯独缺少优质原材料——压制三合板、五合板的表背板。马来西亚盛产木材，正是世界级优质表背板的出产地。真是天赐良机，傅军当即找到厂家，一番洽谈，定下为其提供货源，签好了合同。

回到马来西亚，傅军才发现，这里确实到处都有表背板，但没有一个商人愿意出售给他，因为表背板加工成三合板出售利润要高得多，他们当然只卖三合板，不卖表背板。

傅军惦记着湖南厂家开工的事，履行合同心切，展开地毯式搜索，好不容易找到一个愿意卖表背板的商人，极其干脆地把大笔货款交给了他。也是越心急越出错，被人钻了空子，钱交上去后，货迟迟不到位，那人也人间蒸发了。多方调查，得知真相——遇到了一个骗子。

被骗的钱有33万马来西亚林吉特，折合人民币50多万元。这50多万元几乎是傅军当时的全部家底，多少个日日夜夜的辛苦奔波才换来这点家底，却说没就没了。一种巨大的空虚感顿然向傅军袭来，既有资金上的匮乏感，也有内心的失落。素来待人真诚，以君子之心度量他人，谁曾想到信任落空，在阴沟里翻了船。

20世纪90年代正是马来西亚经济迅速上升的时期，如同澎湃河水难免浮沫四溅，当时马来西亚的经济欺诈并不少见。身在不良商业环境中，要坚守诚信意味着加倍的付出。你不仅要承担起自身履行合同的责任，还要承受他人毁约导致的损失，而不诚信的人似乎日子好过得多。两相对比孰难孰易泾渭分明。在没有监督的情况下，人性很容易出溜到容易走的这条路上。

如果傅军也随大流，没有任何人会指责他，毕竟他自己遭受了这么大的损失。然而再一次，出乎人们的意料，他选择了诚信，选择了对内心的忠实，选择了对滚滚浊流的孤独对抗，选择了荆棘丛生的那条路。

“荆棘丛生”并非只是抽象形容，他即将踏上这样的一条路。手头剩下的钱很有限，远远不够按照市价再买一回原材料。他已经下定决心，合同要雷打不动地履行，那么只好从价钱上想办法。货在地头贱，看来只能离开城市，前往原始森林。

公司在西马，原始森林在东马。傅军先乘飞机，再坐吉普，经历6个小时的奔波，才算进入了原始森林。古木参天，浓荫蔽日，前所未见的风景扑面而来。不幸的是，伴随而来的，还有硕大无朋嗡嗡一片的原始森林特有的蚊子。这些蚊子对傅军和他的同伴这两个外国人的“进口”血肉格外感兴趣，聚集成一片浓云须臾不离地跟着他们，以致他们的脸上、脖子上、身上迅速拱起红色的疙瘩，又痒又疼，无法缓解，真是抓心挠肝说不出的难受。

只要拿到木材，无论有多苦，傅军都能忍人所不能忍。遗憾的是，这趟行程没有达到预期效果。在森林深处，他们找到了一家叫长荣木业的公司。公司的负责人是一个台湾人。这位台湾同胞的反应和其他人一样，只卖成品三合板，不卖表背板。傅军只能失望而归。

在这个关口上，傅军作为湖南人骨子里的霸蛮精神自发启动，认准了的事情就要做到底。你越挫我越勇，为人之难为之事，方能成人之难成之功。不久，傅军重访原始森林，却又无功而返。

回去后，他换位到对方的角度考虑：台湾人是以一个生意人的本分在考量，那么只要我让他有钱赚，不愁他不扭转心思。他要卖三合板，我就想办法帮他销三合板，条件是搭上表背板，表背板由主角变成了配角。思路一变，事情的进展发生了转机。这位名叫蔡清吉的台湾人半被说服，半被感动。傅军三次进山以身饲蚊，历经半年时间不懈争取，试问世上有几人为做成一件事情会如此霸蛮如此执着呢？他总算松口了。双方谈好，华联每个月向蔡先生采购1000立方米的表背板，同时采购2000立方米的三合板。

表背板买到了，湖南的工厂如期开工，傅军心头的重石总算落了地。其实，他的性格并不走极端，该变通的时候比谁都善于变通，把表背板从主角变成配角就可见一斑。然而，在对个人乃至企业价值观的坚守上，傅军的坚持和坚守偏执到了令常人难以理解的地步，把湖南人“恰得苦，耐得烦，不怕死，霸得蛮”的精神体现得淋漓尽致。

袒露心声，为实业报国而下海

为何如此？数年后，在湖南宾馆一个洒满阳光的办公室里，傅军和即将来新华联工作的小伙钟国奇的一番倾谈，吐露出了他的心声。

从古到今，湖南在政治、文化、军事领域涌现出许多人才，从清末中兴名臣曾国藩到呼唤民众警醒的陈天华，从为建立共和出生入死的黄兴到共和国的主要缔造者毛泽东，这些湖南人以接力式的救亡图存，推动中华民族走向伟大复兴。然而，在经济领域，却很少见到湖南人的身影，这不能不说是一个遗憾。

如今已经不是政治挂帅的时代，国家要强大，经济必须崛起。谈到这里，傅军不无感慨地回想说，我们中国也曾傲立于世界民族之林，比如强汉盛唐，即便宋朝和明朝也还不错，只是到了清朝末期、民国初期才逐渐沦落，被人欺负，根本原因就是工业落后，经济发展停滞。他认为，如今的湖南乃至中国不缺政治家，缺的是经营实业的人，应该有一拨人出来做实业。

他以自己为例，如果想当官，十几岁就是公安特派员，20多岁就当公社党委书记，根本不必“下海”；如果想发财，做做贸易就可以了，何必大费周折地做工业，把辛苦积累的资金都投向工业；如果只是小打小闹，他根本不用放眼国内国际，只需要在湖南地面上折腾折腾就行。

他说，自己的心愿，是带动一拨人，发扬湖南人敢想敢干的精神，把工业做大做强，倾尽一生之力，助推中国恢复国力的强盛，恢复昔日的骄傲。

听完傅军这番肺腑之言，钟国奇被深深地感染。他下定决心追随傅军，对自己的工作重新定位，从一份养家糊口的职业上升为实现价值、报效国家的追求和理想，而这一追随就是23年的时间。

1990年，傅军立下“实业报国”的志向；1987年，任正非喊出“做民族通信企业的脊梁”的口号；1984年，柳传志创办北京计算机新技术发展公司（联想前身）时，就决定把联想建成基业长青的企业……

这是一代人对时代使命的自觉承担。他们出生于20世纪五十年代左右，亲历新中国成立后的动荡和变迁。他们中的佼佼者天然有着浓重的家国情怀、强烈的使命感和奉献精神，甘愿以一生之力，将国家和民族的火车拉出停滞状态，驶入发展的快车道。

坚守诚信，坚守商业本质

新华联在刚刚萌芽之际，就具备了伟大企业的基因，又怎会为了一时一地的利益放弃诚信呢？傅军一生孜孜不倦地进行研究和实践，什么战略管理、管理创新、技术创新、商业模式，但他深深地知道，这万般神通都是术，而道才是根本。企业的道是什么？是价值观，是企业家对做人根本的坚守，是企业对商业本质的坚守。

20 多年后的一次集团大会上，傅军说："当初我们几个人一起创业，但后来有的被关，有的一生平庸，为什么有的会成功呢？就在于价值观、做人的风格。企业有好的价值观，经营之路就会越走越宽，队伍就会越来越壮大。反之，路就会越走越窄，事业得不到人的支持。"

坚守诚信，让原本创业维艰的新生企业倍添艰难。傅军因此曾说，企业创业最难的是前五年。

还是 20 世纪 90 年代，傅军和江苏一个造纸厂签订合同，向其出售 2000 吨太阳牌木浆，约定了价格。到交货的时候，国际上木浆价格风云突变，陡然飞涨，此时若选择履约，就得承担损失。这一次傅军还是一如既往地选择履约，最终亏损了 4 万美元。

新华联的"诚信"价值观，一笔一画都是以真金白银为墨，以负轭老牛般的重笔写就。然而，正是这种负重的艰难的过程，使"诚信"这个原本抽象的理念，被一锤一锤楔入新华联的肌体内部，构成了企业文化之魂。以后，无论企业文化如何演变，"诚信"都被新华联人置于核心地位。

新华联的诚信口碑开始被人们认识和传扬。在傅军身边聚拢起一个正能量的环境，新华联赢得了合作伙伴的支持，一次又一次地实现了困境突围。

得知傅军宁愿损失 4 万美元也要履约，造纸厂的主管领导非常感动，说“傅军这个人可交”！两人从生意伙伴上升为毕生的朋友。在新华联最困难的时候，他也伸来援助之手，使新华联转危为安。

1993 年的时候，傅军从海外转战国内，进军房地产业，以湖南长沙作为新的起步，组建了湖南华联置业有限公司，一鼓作气开发了九家湾公寓、兰景花园、华联花园和新华联家园等多个房产项目。新华联也因此逐渐成为长沙最有影响的品牌，先后被评为湖南省百强、湖南省优秀企业、中国房地产区域示范单位、安全文明小区。

1994 年，傅军注意到了一个亟待开发的黄金地带，此地位于长沙市中心，省政府后面，可谓占尽地利。如果在这里竖立起一栋有着新华联标志的高楼大厦，则新华联的成功不言而喻。

不过，此地虽占尽地利，当时却不能算是天时，因为房地产业正进入最低谷，上马新项目要冒一定的风险，但是换一个角度来看，也可以说正当其时，逆势奇袭可以以较小的成本办更大的事。一旦项目开发成功，新华联将创造房地产低谷中的奇迹，并借势跃上一个前所未有的高度。即便有风险，也是值得冒的。基于这种考量，1995 年，投资 1 亿多元的华联大厦破土动工了。

1996 年，形势越发严峻。中央整顿金融秩序，银行贷款困难，正向天空攀升的华联大厦面临给养不足的威胁，必须尽快寻找新的资金来源。当时面临资金问题的不止新华联一家，史玉柱那座高达 70 层的巨人大厦同样刚刚施工，同样面临资金供应不足。

四处寻找资金的时候，傅军得知北京一家公司正在寻找可以上市募集资金的项目，就找到他们，双方一拍即合。对方答应与新华联合资成立华联商厦公司，以在建的商厦一到五层为经营场所，新华联与对方分别占20%、80%的股份。对方以此为名在股市募集资金，并从中拿出6700万元用于商厦建设。

协议达成后，对方到华联大厦进行考察，并提出了商厦改造的建议。新华联二话不说，又拿出几百万元资金，依照建议进行了改造。为了让对方满意，新华联还积极斡旋，争取到长沙市政府的支持，进行相应的规划调整，增加了几千平方米的商业面积。

新华联仁至义尽，也盼对方信守承诺，但傅军没有想到，对方1998年上市后，股市反应平平，计划融资2.4亿元的愿望落空，只融到了1.4亿元。对方不愿意对华联商厦出资，径自选择了违约。

对方这招无异于釜底抽薪，让新华联顿时陷入前所未有的困境：先期从银行贷到的4000万元，马上要到还款期，而新华联的账上空空如也，就等着对方的资金到位好还账。对方违约，新华联不仅要面临失信于银行的危险，多米诺骨牌效应还将导致新华联其他项目陷入危机，刚刚启动的酒业也必将全军覆没。

可以说，那是新华联生死存亡的时刻：找到补缺资金，新华联就能继续强势发展；找不到资金，新华联必死无疑。傅军心里面临着前所未有的考验，绝望的念头无时无刻不袭击着他。想到多年的辛苦付出可能付之东流，想到若干身家系于新华联的员工将失去庇护，他的心似乎沉到黑暗深谷的底部。他只能靠着与生俱来的坚韧支撑着自己，不要崩溃，不要倒下，行动，再行动，一面起诉合作公司，一面四处求援，盼望绝处逢生。

朋友们陆陆续续了解到傅军的情况，让他颇感意外又感恩不尽的是，他们纷纷慷慨解囊：当年做江苏纸浆生意认为“傅军可交”的朋友借给他1000万元，马来西亚的曾先生汇来了700万元，一个在银行工作的朋友给他贷了2000万元，还有许许多多的朋友力所能及地借给他数量不等的资金，再加上其他项目的回款，新华联总算度过危机，闯过了这个坎。华联大厦如期竣工，傲然屹立于长沙市中心，铭刻着新华联的成功，基于诚信、基于朋友相助的成功。

一个感人的细节是，这些朋友在借钱的时候，连借条都不要。这种可贵的信任正是新华联多年以来无论顺境逆境都一贯坚守诚信的结果。所以傅军常常对员工说，新华联最大的财富不是资产，而是一批实实在在的朋友。最让新华联受益的价值观，也正是“诚信”，而不是别的。

诚信原本是傅军做事的原则。他认为做生意就是做人，任何时候都要诚信待人，以诚信和信誉交一些好朋友。后来在实践中傅军也发现，对诚信的坚守，使新华联占住了“人和”。

天时、地利、人和三项占全，多大多难的事都能办好；三项中占有两项，经过一番努力后，事情也能办好。但天时、地利要依赖外部环境的成全，常常不能同时具有。天时到位时地利没有，地利到位时天时又不够，在这种情况下，“人和”就成为关键因素，发挥扭转形势的作用。

就拿建造华联商厦来说，有地利而无天时，傅军因地利而决定建造商厦，又因天时不利而遭受危机。一利一弊相互抗衡，华联商厦乃至新华联陷入生死存亡关口，而“人和”的加入，变一利为二利，二利胜一弊。事态于是朝着良性方向发展，新华联迎来了柳暗花明又一村。

傅军以真金白银守住诚信。朋友的鼎力相助，同样是以真金白银的方式为傅军和新华联的诚信点赞。

以自我批评的自洁机制，刷新诚信认识

“企业的立身之本是什么?”这是企业永恒的哲学问题。成功企业在发展的每个阶段，对此都有清晰的思考和不可妥协的坚守，但有些企业最开始还能做到诚信，一旦打开市场，就忘了企业应当以何立身。不同的企业以不同的方式展示了自身的追求，也从而确定了自己的命运。

速成而后速朽，是人们在过去30多年所见的普遍情况。从南德公司到太阳神，从三株到飞龙，从秦池到三鹿，这些民营企业也曾大红大紫，却在最辉煌之际突然衰落。有人将企业败局归于某次决策失误，有人探讨其管理机制的漏洞。不同的企业确有其不同的弊病，然而它们共同的根源是，没有能够守住企业的立身之本。

在计划经济向市场经济过渡期间，市场上蕴含着巨大的机会。这些企业凭借各自的方式捷足先登，在极短的时间内迅速完成了资本的原始积累。然而，一旦登上顶峰，他们就产生了一种“一切尽在掌控”的错觉，开始忘乎所以，偏离初心，失却对市场的敬畏、对消费者的尊重，最终被市场和消费者所抛弃。

市场机会主义的背面，就是机会只有一次，不会二度降临在同一家企业的身上，然而人性的弱点却是得意易忘形。没有远大的目标牵引，企业家很难突破人性的弱点，无论在艰难起步还是发展壮大期，都能战战兢兢、如履薄冰，以一贯的危机感进行自我批评，不断重申诚信的意义。

傅军对此有着深刻的认识。他说，讲诚信固然需要代价，但失信付出的代价更大。多年来，他不断以自我批评的自洁机制，刷新和巩固着新华联人对诚信的认识与坚守。

1997 年，针对企业内部一些偏离职业道德的现象，新华联开展了一系列的职业道德活动，在《新华联报》开辟专栏，广泛发动员工进行职业道德教育。

在职业道德教育大会上，傅军对华建公司某项目经理承建的北京中际 17 号楼、对华联大厦南大堂门厅吊顶的施工质量问题进行了严厉批评，并责令整改。傅军指出："这些不良行为，是职业道德意识淡薄、爱岗敬业精神不强的突出表现。如不采取果断措施进行批评教育和严肃处理，集团事业的健康发展将会受到严重影响，实现跨世纪的目标也将无从谈起。""一个民族的振兴，一个国家的进步，都要求国民必须具备良好的社会道德和职业道德，立足本职，兢兢业业，无私奉献，共同推动社会发展。不讲规矩、不讲道德的社会是混乱无序的社会，是没有希望的社会。而良好的职业道德既是民族文化高尚素质的体现，也是社会发展的内在推动力。"

1999 年，为了统一员工对房屋施工质量的认识，傅军在房产会议上讲到："住房是一辈子的事情。人的一生有三分之一以上的时间要住在自己的家中。试想，谁会花钱去买一套漏洞百出、有质量隐患的房子呢？将心比心，我们自己也不会去买这样的'豆腐渣'住宅。住宅的质量一旦出现问题，或是损害住房的功能与寿命，或是危及人身财产的安全，或是造成房产项目的严重贬值。所以，我们必须牢固树立'质量第一'的经营方针，建立完善的质量保障体系。"

2001 年，为强化诚信意识，新华联举办了"诚信杯"演讲赛。闭幕式上，傅军总结强调：“这次演讲比赛使我们大家得到了一次洗礼，得到了一次升华，得到了一次充电。完全可以肯定，‘诚信为本、做生意就是做人’，是我们新华联人的共同价值观和核心文化。”“诚信是检验一个人的试金石，诚信是一个人走向成功的秘诀。”“新华联集团11年的历程，是诚信为本、坚持不懈的11年，是朋友鼎力相助的11年，是我们以小博大、奋斗不息的11年。我们为诚信而自豪，我们为有一大批朋友和战略伙伴而骄傲。百尺竿头，更进一步。我们不为过去的成绩沾沾自喜、故步自封。在崭新的时代，让我们继续高举诚信大旗，以最快的速度、最严的管理、最低的成本、最佳的效益，超越自我，战胜自己，打造新华联的过硬品牌。”

真正卓越的领导者，为企业植入伟大因子

傅军关于诚信的讲话浩如烟海，限于篇幅，我们只遴选了极为少量的部分。一个领导者的真正卓越，在于他为企业植入伟大的因子，把个人的价值观辐射为企业的价值观。在傅军的要求和影响下，诚信逐步成为新华联的企业商业准则。

1999年，为了扩大金六福酒的市场份额，新华联下属的金六福酒业四处寻求与实力经销商的合作。在江苏，金六福酒业找到了一家卖烟草的经销商。他们有一个覆盖全省的销售网络，每年能销售上亿元规模的烟草。若是与他们合作，金六福酒业就能借船出海，在江苏快速打开市场。起初，这个经销商不愿意贸然进入白酒市场，后来经过金六福酒业反复做工作才松口，但他们提出一个条件：江苏市场的价格会比其他市

场略高，金六福酒业必须保证外省的酒不得串货到江苏。金六福酒业负责人毫不犹豫地答应了。双方签订了 3 年的合同，并郑重写明：外地串货导致江苏经销商的每一分钱的损失，都将由金六福酒业照价赔偿。

所谓串货，是说某一区域的经销商将自己的产品销售到了其他经销商的区域。这种行为自有经销商以来就屡禁难止，江苏较高的价格对于外地经销商来说更是充满了利润吸引。在签订合同的那一年，就有价值 470 万元的外地金六福酒流入江苏市场。江苏方遂要求金六福酒业给予赔偿。

金六福酒业的领导班子就此事开会讨论，有些人不同意赔偿，认为合同本身就不合理。傅军和金六福酒业的总经理吴向东却力排众议，决定一分不少地赔偿。吴向东后来对记者说："只要公司还存在，全部家当都赔掉也要兑现承诺。"

第二年，江苏又串货 300 多万元，第三年是 200 多万元。3 年时间，金六福酒业一共向江苏经销商赔偿了 1100 多万元。付出不可谓不多，却换来了经销商的鼎力支持，江苏市场的销量在全国始终名列前茅。

金六福酒火爆上市的时候，有些人并不看好，认为金六福酒很可能和秦池古酒一样，昙花一现而已。出乎他们意料，金六福酒业连续多年保持了销售的稳定增长。究其原因，不单是酒的品质过硬，更是由于公司始终待客户以诚，客户还公司以忠。以江苏为代表的全国数千家经销商，多年来对金六福酒业忠诚追随，荣辱与共，与金六福酒业结成了打不垮的同盟，共同缔造了金六福在白酒业的销售神话。

某种品质一旦成为企业价值观，它就将无形地影响企业的每一次的抉择。许多企业在经济利益和诚信原则发生冲突的时候，往往难以抉择，一不留神就会跌入万劫不复的深渊。新华联却从未陷入这种局面，总会以清晰价值观为指导，一次又一次坚定地选择诚信。

当不少企业把银行贷款资金当利润，花得逍遥自在时，新华联的选择是按月支付红利；当别的开发商把房子卖掉就翻脸不认人一走了之的时候，新华联的选择是在售完小区的后续管理上继续投资，创造更美好环境，为住户提供更多的便利条件。

1996 年，新华联在北京通州区与人合资开发了一个华兴园小区。新华联以“打造老百姓买得起的好房子”为理念，立足项目高品质定位。项目竣工后，新华联仅以 2300 元/平方米的低廉价格销售。突出的性价比优势，使得楼盘一开盘就被客户抢购一空。该小区还以其花开四季、绿树成荫的自然美景，于 2000 年被评为“北京绿化美化花园社区”。

时隔 8 年，小区内的水泥方砖道路有些破损，影响老人小孩出行安全。此时，合资公司早已被解散，其他合作者也不见踪影。要想让当年的开发商重新出资修建道路，实在是一件很渺茫的事情。傅军了解到这一情况后，马上安排自己的房地产公司承担责任，不惜花费近 100 万元资金，将小区内所有方砖道路改造成沥青道路，还专门打电话给负责道路改造的工程部人员，同时把小区东南角的那块空地的绿化也做好。当业主们舒心地漫步在新改造的柏油道上时，他们无不感慨地说：“真没想到，新华联时过 8 年还独自承担合资公司开发的小区道路建设，真是一个负责任的开发商!”

这种做法在业主看来非常罕见，于新华联却是一种常态。

2000 年，新华联在北京通州开发新华联家园时，社区规划中的 6 栋楼被原有的高压线占据着。要移开这些高压线，企业得投入 1000 多万元的费用，完全超过了这 6 栋楼的利润。而要放弃建造这 6 栋楼，对公司来说也不会有什么损失。很显然，移线建楼，得不偿失。

为了社区的整体完美，使业主不再在高压磁场的环境中生活，傅军力排众议，果断决定：移线建楼。不仅如此，新华联还从小区中拿出20亩地，为业主修建了一个6000平方米的地下停车库和一个15000平方米的中心花园，使小区的配套更加完善，品质也得到了进一步提高。

这种不惜成本、追求品质的做法，很多人都不理解。他们认为追求利润最大化是企业天经地义的事，移线建楼很不明智。傅军却认为值得，牺牲了眼前的利益，却赢得了业主的信任，树立新华联的优质房产品牌形象，从长远来看，这是一笔更大的财富。新华联家园突出的性价比优势和良好的口碑效应，为楼盘后期的销售带来了排队购房的火爆场面，曾创造了2小时内签约160多套房屋的纪录，并使之成为京东标志性的精品楼盘，享誉首都。

“你一声呼唤，我们都跟着你往前冲”

新华联对客户诚信为本，对合作伙伴更是一诺千金。2012年，新华联地产顺应国家的产业发展政策，强势进军文化旅游地产领域，以实现产业的转型升级。通过反复调研论证，新华联集团决定携手科瑞集团、德力西集团、南翔集团和星牌集团，投资100亿元开发建设湖南炎陵神农谷国际文化旅游度假区项目。由于有诸多优势，该项目便由新华联牵头，占60%的股份，其他4家企业各占10%的股份。签订合同前，傅军向合作者郑重承诺：“如果项目能顺利推进，那么每家合作者都一起分享发展成果；如果项目不能如期开发，我们就以15%的年回报率退资，绝不让合作者蒙受损失。”

令人遗憾的是，梦想最终没能照进现实。尽管这是一个拉动地方经济发展的好项目，但由于环评审批等多方面原因，这个项目还是被搁浅了。一年后，看到项目难以推进，傅军决定兑现承诺，让合作者都退出。合作者不愿意让新华联一家承担投资损失，一致要求共同承担，即便退出也不要那么高的回报，只拿个银行利息。傅军却谢绝了合作者的好意，坚持如约赔付了8000万元。

诚信于傅军而言，早已成为一种骨子里的信仰，践行诚信容不得任何妥协，不能因为合作者的好意就放弃本该遵守的原则。合作者都是傅军的朋友，他们都听说过傅军的诚信、仁义。然而亲身领略傅军的为人和品格，他们还是感受到了内心深处的震动，动情地对傅军说："傅军，你干事真够意思！今后只要你一声呼唤，我们都跟着你往前冲!"

搞企业自然离不开银行的支持。建立良好的银企关系，同样需要以诚为本。新华联几年前参股了一个企业。为了帮助他们做大做强，新华联为其担保了6000万元银行贷款。由于国际市场严重萎缩，生产、人力等成本高居不下，经营管理也存在一些问题，企业经营举步维艰，2016年上半年难以按期归还银行贷款。现实只有两者选择：要么让企业进入银行"黑名单"，从此走上不归路，要么帮其归还贷款，让企业获得喘息的机会。毕竟6000万元不是一个小数目，更何况这个企业一直经营不善，这钱砸进去还有可能打了水漂。因此，不少人劝傅军选择前者。但傅军想，别人可以不讲信誉，新华联作为贷款担保人，不能对银行不讲信誉啊！即使合作企业偿还能力再弱，我们也不能撒手不管。最终，新华联还是抽调资金，帮这个参股企业度过了一劫。

诚信的内涵是丰富的，既有对消费者、客户和合作伙伴的诚信，也有对企业的上级管理者和股东的诚信。新华联每年年初做的报表、计划，到了年终，都会严格按照计划兑现，绝不含糊；另外，新华联每年都积极上缴国家税收，常年坚持，得到了政府部门的信任和好评。

诚信渗透于企业有机体的神经末梢

为了把企业铸造成诚信型组织，使诚信成为企业全员的意识和规范，傅军在大会小会上不断地渗透自己的理念，集团还经常利用职业培训、座谈会、演讲比赛等多种形式，开展诚信教育，强化诚信意识，使诚信内化为员工的自觉行动。

在集团 2001 年上半年工作总结大会上，傅军指出："诚信不仅是一个人、一个企业，更是一个地方乃至一个国家的精神财富，是市场经济必备的道德理念。我们是高级经理人员，做人要讲信誉，言必信，行必果。我们要树立契约精神，必须重视合同。助理总经理以上的管理人员，如果对合同的严肃性没有足够的认识，就不够资格。我们一定要把信用看成是自己的安身立命之本。"

2002 年，在新入职员工大会上，傅军强调："诚信不是权宜之计，也非逢场作戏，它应是一种发自肺腑的经营之道，应是一种融入身心的企业文化。诚信的本质在于责任，诚信的意义在于责任，诚信的真谛也在于责任。企业只有走出玩弄信义、血腥拼杀的权谋情结，扬弃假冒伪劣、坑蒙拐骗的低层次的经营思路，才能彻底根除短期行为，把道德与诚信经营的意识真正渗入企业的血脉。"

2007 年，傅军在总经理高级培训班上，谆谆叮嘱企业管理者："要讲诚信，每位总经理要履行合同、表态算数、执行决议，做一个令人信赖的总经理，让企业令人尊敬和赞赏。”

傅军的做事风格是，要求他人做到的，自己首先做到。无论是公事还是私事，无论对企业外部还是对企业内部，他都率先垂范，将诚信贯彻到底。

2001 年 9 月，新华联将中国总部从长沙搬迁到北京后，便大举进军房地产市场，先后在通州、朝阳等地开发了一系列精品住宅小区。突出的性价比优势，吸引了北京 CBD 地区众多的白领前来抢购。2003 年下半年，新华联在开发新华联家园北区时，要出售一批沿街的铺面。由于地段好，设计也不错，很多人都看好这些铺面，并且势在必夺。

傅军的夫人吴向明也看上了一个铺面，按常理完全可以优惠挑选，不必去参与竞买。但傅军知道这一情况后，就对夫人说：“你买铺面我不反对，但身为总裁，我也不能搞特殊化。公司决定全部拍卖，我肯定不能内部敲定。你还是参加铺面公开竞拍吧！”

铺面拍卖活动在新华联培训中心第二报告厅如期举行。虽然公司没有高调宣传，但通过各种渠道了解信息的人还是有不少。那一天竞拍场面十分火爆，近 30 个铺面竟然有 100 多人争夺。为了避人嫌疑，傅军夫人便专门委托了一个朋友参与铺面竞拍，一切按拍卖规则办，而自己却坐在一个不显眼的角落。由于很多人也看好她相中的铺面，所以，随着拍卖师富有鼓动性的叫拍，拍卖价格也一路攀升。经过激烈的较量，傅军夫人最终以每平方米 9000 元的最高价拍下了自己心仪的 19 号商铺。

事后，一些知情人想不通：“不就是一个铺面吗？房子都是老板自己开发的，这也不能通融一下吗？”夫人知傅军，明大义，她诚恳地说：“你也别难为他了。一个这么大的企业，老板不能率先垂范是难以服众的。更何况他从来没有把新华联当作个人的私有财产，而是把它当作大家的企业。”

新华联对外不做一锤子买卖，对内同样‘信’字当头，一诺千金。每年年初，集团都会给所属企业和员工订立明确的目标和奖惩措施。年底，根据既定目标对他们进行严格的绩效考核，坚决兑现奖罚。企业或员工，只要真正付出了汗水和智慧，做出了成绩和贡献，公司就一定会给予相应的回报，该奖多少就奖多少，几十万、几百万都不心疼。用傅军的话说：“哪怕是个金娃娃也要让你捧回去!”

新华联人在来新华联之前，对诚信或许有着不同的看法，来新华联后，就会慢慢被诚信规则所约束、被诚信行为所感动、被诚信氛围所同化，变得奉“诚信”为做事第一准则。

有一次，邯郸华夏红公司向金六福酒业购进了一批酒。送货的时候，司机打了几个电话，都没有联系上华夏红。车上还装着其他 4 家公司的货物，司机急于赶路，就自作主张把华夏红的酒卸在另一个客户那里。获悉这一情况后，金六福酒业在邯郸市场的负责人田建平认为 200 件货物事小，公司信誉事大。他当时人在邢台，连夜赶到邯郸，找到一辆货车装好货物，亲自送到客户那里，抵达客户公司时，已是半夜时分。

凡是新华联员工经手的事情，即便该员工离职，新华联依然认账。还是在邯郸，一家客户公司在与金六福酒业清账结算的时候，发现了一张金六福业务员借酒 3 件的欠条。欠条日期是 3 年前的，当时经手的业务员已经离开。金六福酒业几经周折，联系上该业务员，核实情况后，立即还给客户 3 件酒。

判断一种价值观是否深入人心，最好的办法是，看它有没有渗透到企业肌体的神经末梢。新华联人对诚信的推崇，不但体现在严肃的工作中，还流露于无关紧要的生活细节上。

老新华联人有一个习惯，在集团聚餐共同举杯的时候，都会齐声高呼一个口号："耶！赛！"而后一饮而尽，把空杯口朝下扣在头顶，以示"我喝酒也讲诚信，一滴不留，不要滑头"。第一次经历这种场合的新入职员工，很难不动容。一杯下肚，酒杯顶头，如同接受洗礼，心中已然接受了新华联的诚信文化。

他们意识到，坚守诚信确实不易，但正是这种不易，使自身所在的集团拥有一种有别于世俗的力量，成为滚滚浊流中的一股清流，成为现实世界的一方理想净土。他们为此感到莫大的骄傲和自豪，而这种感受又反过来极大地激发出员工的荣誉感和凝聚力，激发出企业肌体的活力。

有一位新华联员工由衷地说道："从进入新华联的那一刻起，我就认定自己做出了一个正确的选择。能够一直追随在新华联的旗帜下，是我的幸运。我也以一种感恩的心态在努力工作，以满腔的热情投入到事业中，不断感受到光荣和尊严，也充分享受到创业的成果和乐趣。伴随着企业的长足发展，我不但实现了个人的理想，还带给了家人自豪和幸福，成为一个于公司于社会都有用的人。"

这段发言，代表的应该是新华联人的普遍心声。

北京青年城是新华联地产的一个项目。青年城项目的营销总监成晨经常告诉每一个售楼人员："我们的房子是品质优秀的。我们的背后有新华联的诚信和实力作保障。你们可以理直气壮地告诉每一位客户，新华联开发的房子绝对是物有所值的。"

对新华联的自豪，对新华联每一个项目每一个产品的信心，使新华联人满怀自信地立足社会，同时又发挥出更大的热情和努力，为客户提供更多的诚信产品和诚信服务。

一种价值观唯有被组织成员身体力行，方可说是真正的价值观；一种价值观唯有体现在组织成员与客户的交流中，方可说是充满活力的价值观。正是新华联诚信价值观中蕴藏的活力和自豪感，成就了新华联的卓越服务，赢得了市场的良好口碑。

成于行思的新商道

真正有生命力的思想总是成于行思，而非案牍，因为思想是人们在应对层出不穷的变化和挑战过程中的智慧结晶，是实战的产物。傅军这一代企业家，注定将成为历史性的企业家，因为他们面对的，是中华民族发展过程中的历史性跨越阶段。他们是第一代亲手将现代企业制度移植在我们这片延续了数千年农耕传统的土地上的企业家。在中华民族从农耕文明向工商业文明转型的过程中，他们遭遇到前所未有的困境和迷惑。在跨越困境和消除迷惑的过程中，他们形成了第一手的经过实践检验的思想。这些思想汇聚成河，将引导着一个拥有五千年历史的古国成功转型，焕发生机。

这一代企业家中的卓越者注定将被历史铭记。他们意识到并承担起使命，在实践中不断地反思、总结，从各自的独特经历中提炼出具有普适性的思想。

任正非指出："中华文化历经五千年而不亡，说明了这种文化的顽强与厚重。祖国经历漫长的历史而未振兴，并不是中国人不行，而是中国没有产生过大产业。小农经济培育的个体奋斗，没有走出迷宫，以至于曾经有三个中国人是一条虫的说法。随着20世纪的工业化的发展，中国的大产业开始出现，人们开始了艰难积极的探索。"他因此倡议，要

“重塑新时代的民族精神”。

王石也说：“在中国建立起现代企业制度，绝不是一代人可以完成的。万科尝试走新路，也就是尝试在基督教文化下产生的现代企业制度能不能在中国实现。”

傅军早在20世纪的讲话中，就引用了奈比斯特教授在《亚洲大趋势》一文中的金句：“当代亚洲的强大与崛起，必将造就一代企业巨人。他们是财富、成效、经济活动的真正创造者。他们将重塑现代人的灵魂。在唤醒个性意识、树立坚定信念、高举诚信大旗和倡导苦干精神方面，他们将以先驱者的姿态出现。”

这些年，傅军一方面以时代为背景思考新华联的出路，一方面以新华联为案例思考当代企业的普遍性发展规律。他的思考既包含内敛式的沉思默想，也包含开放性的沟通交流。身边的人注意到，他有一个小笔记本，随时记录自己的感悟和听来的新观点。他没有任何娱乐，唯一的爱好是交朋友，在与同为企业大佬的朋友的交流和碰撞中，个人的思考得到启迪、丰富、升华，逐渐形成有体系的思想。这本也许是挂一漏万的《傅军的新商道》就试图呈现他的思想。

新商道跨越历史的障碍，一头延续起中国传统文化中的优秀因子，一头开拓性地探索新时代新情境下的企业因应之道。它既是新华联28年来成功实践的总结，也是当代企业在时代转型过程可资借鉴的智慧源泉。

傅军曾不无忧虑地谈起当前社会的不诚信现象。他认为，造成这种现象的根本原因是传统文化的断代。

在“文革”的迷梦破灭后，中国人发现自己走到了传统的断崖前，“厚德载物”“仁者爱人”“上善若水”等思想被扫进历史的垃圾堆。缺失道德的约束，伴随市场经济的发展，物质欲望的膨胀，直接带来了腐败、无序和道德滑坡，毒大米、地沟油泛滥成灾，中国沦为互害社会。

有人曾经尝试，干脆就此割裂传统，全方位拥抱西方社会的精神、观念。实践证明这种做法无异于南橘北枳，因为我们从传统中来，我们这个民族的文明成果都是祖祖辈辈继承、延续下来的。想用几十年的时间改变几千年的积淀，那是不可能的。忽略“我是谁”“我从哪里来”，也就解决不了“我向哪里去”的问题。

傅军因此认为，新商道只有立足传统，才能面对未来。但传统文化中同样存在糟粕，一些小农思维与现代工业文明、信息文明格格不入。比如，他本人对“窝里斗”就非常警惕，这才在新华联大力倡导透明、公正、规范性的现代化工作环境，让新华联人更少地将精力浪掷于内耗，更多地用于创造。

新商道因此立足于传统，又超越传统，是对传统文化的升华。“诚信”作为新商道的一个重要内容，就是对优秀传统文化的继承。

习近平总书记多次在不同场合提到王阳明及其哲学思想，可见，习总书记对王阳明和他的思想推崇备至。

王阳明的“致良知”，说的就是诚信。古人认为，“信”是“诚”的外显，只要以自我反省的方式来真心诚意，让本心成为我们生活的主宰、生命的主宰，就自然会诚意外显，信守诺言。

王阳明认为，良知若受遮蔽，人就会离他的本原状态越来越远，而“致良知”就是通过反思找回良知，对我们的日常行为进行重新思索，把我们的观点、意识、行为直接放在心灵面前，接受心灵的观照和审查。在这个过程中，良知会告诉我们，哪件事情是善的，可为的，哪件事情又是恶的，不可为的。

傅军为何屡屡在利益和诚信的抉择中选择诚信？就因为他抱持着

“做生意就是做人”的观念，从未因任何外在诱惑与干扰失去过“人”的本分和“心”的本原。

《中庸》里说：“诚者，物之始终，不诚无物。”唯有秉持诚意，才能有所成就和创造。缺乏诚意，任何事情都成就不了，任何事物都创造不了。管子也认为：“诚，天下之结。”诚，是天下的关键。

古人相信，只要坚守诚信，一个人自然会大吉大利，逢凶化吉。《易经》里说，“有孚比之，无咎”。有孚是有信、心怀诚信的意思。用真诚与人交往，就不会有灾祸。又说，“有孚惠心，无问元吉，有孚惠我德”，以真诚的心惠及他人，不需要问卦，一定是大吉。

古人认为，信在五行中属土，万物土中生，从个人的安身立命到国家的兴旺昌盛，都离不开一个“信”字。

傅军以其长年的商业实践，证实了古人的智慧。如他所言，新华联的创业成功也好，健康发展也好，都离不开“诚信”的引导。诚信是企业发展的道，守住道，就有了前行路上的护航船，各种“术”才有发挥的机会。

“诚信”是一个至为朴素的词汇。一个伟大的企业，不是由多么奇诡的想法塑造，却成就于朴素的思想，此所谓大道至简。

第三章

坚守通向成功之路

破冰之旅

新华联地产的成功上市被誉为冰封寒冬原本绝不可能行之的一场“破冰之旅”，由此引起了一场轰动性的媒体报道。到底是怎样的前行过程，才堪称“破冰之旅”？又是什么样的力量引导着企业的航船击破坚冰锐意进发？这种力量是昙花一现抑或是企业的固有驱动力？对这些问题的解读，有助于我们透过表象看清一个企业或伟大或平庸的结构性要素。

2008 年，新华联地产正在迎来一场关键性的跃变。

在此之前，新华联已经在房地产领域躬耕了 17 年。这 17 年，将一个行业的门外汉转变为坐拥 10 余家全资房地产子公司、有着高含金量品牌力的跨区域集团型企业。新华联地产的一路强势发展，皆有赖于傅军对行业走势的精准把握和顺时而动的应变与转型。

创业初期，东南亚流行这样一句话，“无贸易不活，无实业不稳，无房地产不发”，傅军对这句话颇为认同。在资金和经验尚不足以涉猎实业的情况下，他走了一条迂回之路，由贸易进入房地产，继续在实力积累上滚雪球。

1992 年，带着艰难创业所得的第一桶金，傅军毅然决然地回归国内，搭上房地产这班顺风车。

新华联的地产之路起步于北海的血雨腥风。北海房地产大潮猛涨猛落，令多少房企折戟沉沙。傅军初次涉猎，却凭借与生俱来的敏锐市场嗅觉，及时于资金回笼后脱身。这一战盈利颇丰，玩得心跳，傅军却断然决定，从此绝足于赌博式的企业行为，将企业拉入长线、稳定、可持续发展的轨道。

1993 年，傅军从北海打回湖南老家。国际化的视野和深入的洞察力，使他预见房地产行业的发展前景，先人一步将关注点从“建造钢筋水泥的楼房”转换为“打造舒适生活”，将“以人为本”的理念引入湖南，为业主配置远红外电梯、热水、集中供暖等宜居设施。新华联由此一战成名，创下了响当当的品牌，先后被评为湖南省百强、湖南省优秀企业、中国房地产区域示范单位。

手上资金宽裕以后，傅军一鼓作气投资了东岳化工、华联瓷业、金六福酒、长丰汽车等实业，一偿多年“实业报国”的夙愿。从房地产到陶瓷到化工再到汽车制造，新华联走上一条多元化之路，并在这条路上越走越远，直至成为国内多元化的标杆企业。

与此同时，傅军继续在房地产业进行全国性的布局。2001 年，新华联将总部从湖南迁往北京，占领市场制高点，开始了全国范围内的大布局和大发展。昔年与钟国奇的一席长谈已化为现实——傅军和新华联的实业报国之梦不再局限于湖南，而是放眼全国、放眼世界。

进入北京的新华联地产，没有跟风“豪宅家园”热潮，而是继续独辟蹊径。瞅准福利分房政策的终结所释放出来的大众购买力，以“造老百姓买得起的好房子”的理念为先导，开发优质平价的房屋。2003 年，京城高端楼盘严重滞销，楼市整体吃紧，新华联家园的销量却冠绝北京所有楼盘。新华联地产再一次当仁不让地在京城房产界闯下名头，获得“北京最具影响力地产企业”“改变城市，影响中国十大地产领袖企业”“中国房地产北京地区综合实力排名十强影响力企业”等诸多殊荣。

2008 年新华联地产的跃变，其实已经酝酿了 3 年。早从 2005 年开始，新华联地产就再上台阶，开始了“由点到面”的新布局：从单一的住宅开发转向“住宅开发 + 商业地产开发”，公司经营范围延伸到物业管理、建筑工程等全产业链，开发定位由“锁定北京”转向“立足北京，有选择地向国内重点城市包括重点二三线城市辐射”。

一系列的大举措既源于对客户心理、市场动向的号脉，又出于对宏观政策的把握。尤其是 2008 年左右，面对楼市调控、众多购房人和开发商的犹豫观望，傅军却看到了锐不可当的中国城镇化步伐。在宏观调控的背景下，一线城市的发展空间受限，二、三线城市却由于统筹城乡一体化的发展进程，成为价值洼地，是以才有了挥师全国的战略决策。

2008 年的冬天，几路先遣部队先后奔赴河北唐山、广东惠州、安徽黄山、湖南株洲、湖北武汉、内蒙古呼和浩特……

为了迎接这次全新的大跃变，应对全国出击的大动作，新华联地产必须实现上市，从市场上补给足够的资金血液。此外，新华联地产的上市，还有助于其在公众监督下更加健康地成长。

从 1992 年到 2008 年，新华联地产如同一辆坦克，稳健踏实而又所向披靡地步步向前，在四次转型中不断攻城略地，貌似每一步都硝烟不起，却走出了中国房地产发展的典型之路。

能否实现第五次华丽转型，关键之举就在于上市。然而上市谈何容易？万达集团和当代集团已经败倒于 IPO 大门之前。不过，新华联的领军人物傅军骨子里流淌的是湖南人知难而进、越挫越勇的血液。新华联高管形容说，傅老板只要认准一个目标，就咬定青山不放松，任尔东南西北风，定要将它做成功。走不了直线就迂回，他想到了借壳上市。

借壳上市之路同样万重关山。从 2008 年冬天到 2009 年春天，新华联先后接触的 30 家壳公司，都存在这样那样的问题，好不容易找到一个干净的壳，又相当难啃。

这家壳公司就是ST圣方科技，它的前身是牡丹江石油化工厂。这是一个曾经表现不错的国企，却在改革开放的大潮中掉队了。该公司1996年在深圳证券交易所挂牌上市，1999年接受西安圣方科技的重组，却因2006年以来的连续3年亏损被暂停上市；之后首钢再次对其发起重组，却因资产涉及归属争议，无功而返。

几番易手，这个壳已经变得干净无比，然而与此相对应的另一端却是令人望而却步的难题：两个失败的案例在先，又兼历史复杂、涉及的相关方众多、关卡重重，可想而知借壳之路必定异常艰难。

事实上，这个老大难已经难煞了牡丹江市政府。4万投资圣方科技的股民资金被套多年，情绪躁动，多次在市政府门前集会抗议。然而政府爱莫能助，唯一能做的就是一面自掏腰包维持其运转，一面苦苦寻找新的接手者。

2009年的春天，中国证监会专门召开了一个会议，研究圣方科技的解决问题。证监会为一家上市公司召开专门会议，这可是史上少见的，圣方科技之难可见一斑。

获悉消息后，傅军迅速决定切入此事。在傅军眼中，呈现出来的不是巨大的困难，而是双倍的收益：在获得一个稀有干净壳的同时，还可以帮助政府、帮助股民摆脱困境，将新华联的企业效益和社会利益两相兼顾。

回顾新华联的发展，我们发现，兼顾企业和社会利益的事情始终是傅军的首选。新华联投资的实业从东岳化工到华联瓷业，无不是有望发挥巨大社会效益却一时陷入困境的企业，而其先后收购和兼并的10余个国有企业，无一不在“新华联动力”注入以后扭亏为盈，获得新生。

至于说困难，傅军引领新华联前行的一路，原本就是披坚执锐踏平坎坷的一路。九九八十一难都闯过，他又怎会在乎多这一难？毫不夸张地说，新华联啃不下的骨头，也很难想象有谁能够拿下。

证监会专门会议亮相后，新华联正式入局，继而面对第一关——牡丹江市隶属的黑龙江省政府。

当地政府“收养”圣方科技多年，舐犊情深，仍希望将它留在本地，至少是本省。黑龙江省政府向新华联表达了这层意思，新华联若想借壳，就必须与黑龙江省内几个优秀企业同台竞争，角逐实力。傅军对此充分理解，当即表态，新华联愿意参加竞争。

“比武大会”在半个月后召开。新华联的对手是黑龙江的6个企业，每个企业依次进场，就企业规模、效率、专业度、借壳资产和借壳方案等情况向黑龙江省政府、牡丹江市政府等有关方进行说明。

为应对地产上市，新华联特地成立了一个专门小组，组长是杭冠宇，这次参会说明就由他出头。杭冠宇是第四个进场的。当他结束40分钟精彩而翔实的说明之后，考官们一致决定，“比武大会”到此结束，后面的企业都不必进场了，“头魁”由新华联摘得。与新华联相比，那些企业都不在一个重量级上。

这是一次没有对手的比武，新华联赢得有点孤独，傅军却没有掉以轻心。推进程序的同时，他启动了另一手的动作——继续加大新华联地产的分量。新华联地产原本就是新华联麾下的优质资产，2008年的营业收入为7.87亿元，净利润为1.3亿元，2009年的营业收入为23.32亿元，净利润达到3.6亿元。傅军又于2009年7月引进泛海投资、巨人投资、科瑞集团等多名战略投资者，向新华联置地增资4.12亿元。这些战略投资的资本介入意义尚属次要，重要的是它们背后站着的卢志强、史玉柱、郑跃文这些人，他们的知名度、信誉度俱高，会明显提升新华联地产上市的胜算。

事实上，在借壳上市的整个过程中，除密切跟进上市外，傅军始终在积极设法，谋兵布阵，多方发力共促上市。

譬如，傅军支持新华联地产大力发展。在房地产市场调控日益加码和经济危机的影响下，新华联地产却逆势而行，创造出骄人业绩，2009年的经营业绩同比增长了133.81%，2010年同比又增长81.81%，远远超过行业年平均增幅30%的水平。

傅军一系列决策完美诠释了毛泽东的那句话："我们的战略是以一当十，我们的战术是以十当一。"战略上舍我其谁，志在必得；战术上却要给予高度重视，不轻敌，不冒险，不期待，多手准备，力争战略的成功。隔着历史的空间，傅军与他这位老乡的思想不谋而合，遥相呼应。

回头继续说，随着黑龙江省政府的认可，新华联得以在2009年8月24日与首钢控股签署协议，接受了首钢持有的28%的圣方科技股权，就此成为圣方科技的第一大股东。

2009年11月16日，圣方科技与新华联置地的全体股东——新华联控股、长石投资、合力同创、科瑞集团、泛海投资、巨人投资签署了《发行股份购买资产协议》，决定以向新华联置地全体股东发行股份的方式购买新华联置地100%的股权，随即公告了股改方案，非流通股股东向全体流通股股东以每10股送4股股份的对价，换取流通权，在补偿老股东的同时，通过定向增发将新华联置地相关资产整体注入圣方科技。就此，新华联置地离上市又进了一步。

2010年3月，新华联向中国证监会递交了重组方案的文件。文件足足装满了7个特大号旅行箱，递交的场面颇有一点壮观。这着实体现了新华联的审慎与诚意，随后也获得了证监会并购重组委员会“有条件审核通过”。

接下来将是最后一关——接受深圳交易所上市委员会的审核。新华联能够走到这一步委实不易。当时作为领导80多个企业的集团总裁，傅军在这件事上投注了比重相当大的精力和努力，光牡丹江市他就去了5趟，大大小小的斡旋、见面不下30次。只要人在北京，他几乎每天都会和以杭冠宇为首的上市小组进行交流、商榷，审查之前的工作是否完善，考虑还能怎么推进，只要能增加点滴胜算，不避繁难，不畏琐细，殚精竭虑到了极致。

当新华联正在为最后一次冲关积极准备的时候，坏消息渐次传来：

这年春天，为了遏制房价过快上涨，中央出台了一系列房产调控政策，经济手段和行政手段并用，从抑制需求、增加供给、加强监管等方面对中国房地产市场进行了全方位的调控。

新政策对新华联的直接影响在于，中国证监会对涉及房地产业务公司的上市申请管理陡然变严，所有重组和再融资申请都全部叫停。

世上最难承受的一种挫折叫作功亏一篑，这个节点的新华联上上下下就正在承受这种乌云压城一般的打击和压力。

事实上在新华联内部，关于上市一事，还是有一些不同声音的。傅军是一个出了名的善于分享的人。他把集团股份从80%稀释到40%，都让给了新华联元老或骨干，新华联因此造就了很多千万富翁、百万富翁。此次新华联地产上市前，他再一次以非常优惠的价格让员工持股，在当时发行价2.16元的基础上还打8折。消息出来以后，有些员工不敢相信上市能够成功，就没有要股份。新华联置地上市以后，股价冲到18元，是傅军给的原始股价1.73元的10倍多，当初购买股份的员工都跟着发了一笔小财，当然这是后话。

严政的出台，让负面思想悄悄扩散。再看外部形势，不看好房地产行业的言论甚嚣尘上，不少和新华联一样谋求上市的企业，都默默地中止了此事。外部风声鹤唳，内部乌云压城，上市小组组长杭冠宇坐不住了。

他从2008年6月进入新华联，就专职负责此事。貌似看不见尽头的等待，于别人而言只是心理压力，于他却还意味着工作的停滞、价值的雪藏。他无法忍受领着薪水却毫无建树，于是找到老板，请他给自己安排其他工作。

黑暗遮蔽着道路，但黑暗也令一个人内心的光芒加倍熠熠生辉。傅军没有同意杭冠宇的申请，事实上他的心里压根就没有诸如“失落”“放弃”此类想法。外部纠缠的阴云一丝一毫都没有进入他的内心。烛照他内心的，依然是一往无前的勇气和目的必达的信心，而这光芒又将身边人内心的阴云驱散。

他对杭冠宇说：“不管它！不要受外部影响，做好你手头的事情，资料该更新就更新，该完善就完善。我会给经营方开会，让他们好好地经营！”杭冠宇听到这句话，准确地说，傅军的语言、傅军的神情、傅军从内心深处散发出来的满怀自信、笃定和希望深深地感染了他。杭冠宇如同一架飞机上的乘客，从团团乌云中闯到一碧万顷、阳光万丈的晴空里，内心被注入同样的自信、笃定和希望。

这绝不是杭冠宇一人的感受。在决定借壳上市的时候，不少高管都不敢相信新华联地产能上市。他们提出自己的疑虑，傅军淡淡却有力地说：“我们要与自己作战，把不可能的事变成可能！”他的话不知怎么就能激发出人们心中的万丈豪情。他们愿意全力以赴，愿意挑战极限，将一项原本单纯的工作变成对卓越的追求、对能力的磨砺、对自我的扩容。当一项工作与心灵的激越相互成就的时候，困难也就从拦路石变成了试金石，金子般的心灵渴望而非惧怕与其遭逢。

肖文慧是新华联高管中罕见的女性，长期跟随在傅军身边。她的信念和豪气不亚于男儿，以个人大力购买新华联置地原始股的方式全力支持傅老板。

克劳塞维茨在他的著作《战争论》中指出："要在茫茫的黑暗中，发出生命的微光，带领着队伍走向胜利。战争打到一塌糊涂的时候，将领的作用是什么？就是要在看不清的茫茫黑暗中，用自己发出的微光，带领着你的队伍前进。谁挺住了最后一口气，胜利就属于谁。"

杭冠宇、肖文慧等一众高管就是这样跟随在傅军的身边，在他内心微光的指引下，突破内外疑虑阴云的干扰，默默地前进，前进，再前进。

当峰回路转、局势变换的时节到来之际，新华联人就稳稳站在机会的最前排。2010 年 9 月，一线转机乍现，所有涉及房地产业务的公司的上市再融资申请，需要先由国土资源部进行合规性审核，再由证监会进行发行审核。

多出来这一环节，是审查企业的土地使用是否合法合规，意在控制房地产企业的土地囤积现象，防止土地价格上涨过快。素来走规范管理阳光路线的新华联，能经得起最严格的考验。傅军要求杭冠宇当即向国土资源部申请审核，并以最快的速度填报表格，呈报上去。国土部收到表格后，还派专人下来检查，并通过国土机构的信息系统对新华联置地的每一个项目进行严格、细致的审核，结果没有发现任何违法违规现象，遂向新华联发出了无异议函。

一纸无异议函就是通行证。第二年的 4 月 15 日，中国证监会核准新华联的重组方案，圣方科技恢复上市的闸门重新开启，新华联人终于冲到了最后一关前。

这一关，傅军亲率队伍出马。春夏之交的深圳晴和、温暖，偶有清风徐来，令人如饮醇醪，心情舒畅。

这一天的答辩异常顺利。答辩结束后，上市委员会的人特意过来跟杭冠宇说："我们工作了这么多年，接触的上市公司有一千多家，可是没有一个公司的董事长像你们董事长一样！"杭冠宇未知何意，内心略有嘀咕："怎么了？"

对方回答："那些董事长参加答辩都不发言，只是最后表个态。只有你们这个董事长，不仅参加发言，还对答如流！手上什么材料都不用拿，却对原本属于财务总监、总经理、董秘的工作内容都了如指掌。"

杭冠宇自豪地说："我们董事长宏观和微观都很强。他是真心热爱这个企业，真心在做事情。"

经过足足 18 个月的漫长等待，2011 年 7 月 8 日，已停牌 5 年之久的圣方科技恢复上市，并更名为新华联不动产股份有限公司。

消息放出，犹如一石激起千层浪。

近年来，政府出台了一系列房地产调控措施，尤其是自 2010 年 2 月起，证监会对涉及房地产业务的公司的上市融资申请包括所有重组和再融资申请，都没有给予放行。

考虑到这一背景，新华联不动产的上市，很自然地产生了轰动性的效应，被视为严冬中的一次破冰之旅。不少人甚至猜想，它是否寓意着房地产公司上市重组的重新开闸。更有一些投资者甚至打算如法炮制，买入一些即将暂停上市的股票。

然而，证券业内人士在分析之后，冷静地表示，新华联不动产是个特例，房地产公司上市再融资仍然不会开闸放水。证监会有关部门负责人公开解释：“这些房企成功借壳上市，都是在‘限制令’出台前已经受理的房地产类并购重组申请。”

2009年以来，共有45家房地产公司和新华联几乎同时发布了上市再融资方案，然而限制令的出台，令市场一夕之间由晴转阴。这些企业大受影响，有26家停止了实施上市计划，其余更是将上市方案停留在股东大会通过层面或董事会预案层面，皆裹足不前。唯有新华联董事长傅军“在看不清的茫茫黑暗中，用自己发出的微光，带领着队伍前进”。

“谁挺住了最后一口气，胜利就属于谁。”

2011年7月8日，上市当日的新华联股价就暴涨799.15%。9月8日，新华联收报6.47元，史玉柱的巨人投资从8000万元的投入升值到4.59亿元。更让傅军欣慰的是，普通股民在漫长等待之后终于获得丰厚回报。

一位股民从2006年3月起持有圣方科技，而圣方科技于2006年3月20日就停牌并被勒令停止上市后，这位股民只好无望地等待。他告诉一位记者，得知股票复牌的消息，他一早就守候在电脑前，紧盯着新华联的股价变化。当股票在9时31分创出12.15元/股的高价时，他迅速卖出股票。他说：“5年多的等待实在太长了，看着早已习惯的股票从账户中消失，感觉很复杂，但更多的是轻松。”

这是荣耀的时刻！是信念和梦想如夏花般缤纷绽放的时刻！它独属于苦苦坚守过的英雄！

一路坚守

万物无不萌生于混沌之中。卓越企业家最大的特点，就是在混沌中发现方向，坚持向前，从混沌走到黎明，把微微萌芽的生机哺育为只属于他的机会。

如何面对巨大的不确定，不只是企业家需要面对的难题，同样还是所有开拓性人物无时无刻不在面对的挑战。

彼得·林奇被誉为“股圣”。他在股市的影响力仅次于巴菲特。事实上，在同等时间里，他创造的效益更胜于巴菲特。他是如何做到的呢？他有一个特点，对自己充分信任。他曾说：“就算美联储主席偷偷告诉我未来两年的货币政策，我也不会改变我的任何一个作为。”

美联储主席掌握着很多内幕信息。他在相当程度上可以决定投资市场的短期甚至长期走向，但即便如此也不能撼动彼得·林奇的立场。

傅军同样以一句简简单单“不管他”，坚守住了自己的立场，在来势汹汹的内外负面影响中岿然不动，泰山崩于前而色不变。

从上面的案例我们不难发现，这些卓越人物之所以在自己选择的路上坚守到底，究其原因就是对自我判断力的高度信任。一言以蔽之，将不确定变成确定的关键，在于他们内心的确定。

在新华联不动产上市的过程中，当外界负面影响纷至沓来的时候，其他人认同了外界，放弃了坚守，傅军却一如既往地排除干扰，尊重了内心深处的判断，并以百折不挠的坚守，保持了自己的判断。

他是如何判断的，这绝不是一个容易回答的问题，我们还会在后续内容中多次见证傅军那种近似直觉的神秘判断力。不过，这种卓越人物对自我判断的信任，或者说，他对内心力量的确定、对自我效力的确定，却已经有心理学家研究了50多年之久。

纳撒尼尔·布兰登是世界著名心理学家，也是国际自尊协会执行理事长。他以毕生精力研究自尊。他认为，在这个变迁频繁的时代，外部世界寻觅不到的安定感必须从我们的内心深处创造出来，而高自尊感将导致高安定感，低自尊感则会使我们处于极为不利的地位。

纳撒尼尔所言的“自尊”，不仅包含普通意义上的自尊自爱，还包含一个人对自我效力的信任。高自尊感的人，对自己的运用意识、应对生活挑战的能力充满信任，对自己可以成功、具有追求幸福权力充满信任。低自尊感的人，对自身能力缺乏信任，对获得成功充满怀疑，对身处其中的世界心怀恐惧。他们是一群跛足行走于生活之路上的人。

自尊感的得来殊为不易，尤其不是喝几碗心灵鸡汤、对着镜子高喊几遍“我是最棒的”就能获致。它是内在自我对我们所作所为的打分总和。

自尊感不是孩提时代一劳永逸形成的。在我们成长的过程中，它会不断变化，也许会逐步增强，也许会渐渐衰退。有些人10岁的自尊感远胜于60岁，有人的情况则相反。

自尊感的高低，折射着我们在具体挑战面前做出的选择。在挑战面前，如果我们融入高度的意识，付出全部的努力，我们就会感受到自我效力，自尊感就会增强。如果选择麻痹自己的意识，浑浑噩噩地生活，面对挑战知难而退，我们就是在削弱自尊感。

追溯傅军的早期经历，我们发现了一条足迹深刻的自尊感塑造之路。

读书时，傅军就因其优秀表现，始终被推选为学生干部。

参加工作以后，这股面对生活全力而为的劲头不减反增。在较短的时间内，从公社公安特派员，到省工艺品进出口集团公司副总经理，没有任何背景，却屡屡得到破格提拔，傅军唯一的资本就是难以忽略的工作成绩。

担任公社党委书记期间，傅军将自己的所有精力都用来干实事，解决百姓实际困难。看到当地人生活水平太低，他就带人办了几个乡镇企业，还四处联系市场，把企业搞得红红火火，有效提振了当地经济，使百姓实实在在受惠。他离开茶山岭很多年，那里的人还念叨他，记得他的好。

自从他就任醴陵市外贸局局长职务，醴陵外贸出口额就连续四年高居全省第一。

自尊感和行为之间存在正反馈的关系，积极的行为夯实着自尊感，高自尊感又激发出充满激情与豪气的行为。17 岁那年，傅军被选为公安特派员，工作内容是抓捕坏人。我们无法想象，这个还没成人体格单薄的少年，凭什么敢于奔走于莽莽群山搜找坏人，又凭什么敢于和年龄、体格都有可能比自己大的坏人对峙，并且将其缉拿归案？但我们却可以确定，这个少年心气壮，胆气足，一定让坏人先在气势上败了阵。

傅军的心气和胆气还典型地体现在新华联的小小司徽上。

新华联的司徽，是一个圆环绕着大写字母 M。M 是华联的英文单词 MACROLINK 的首字母，圆则代表地球，寓意公司的奋斗足迹将遍布全球。司徽是傅军在人单力薄、资金匮乏的创业早期构想的，刚刚在地上垒起第一块砖就梦想着高入云霄的华厦。他的理想不可谓不高远，他的心灵不可谓不有力。归根结底，他坚信内在力量的强大，足够支持基业长青的企业发展之路。而今新华联放眼全球的大手笔、大动作也印证了这一点。

理想远大是每个卓越领袖的共同特质。当人们盛赞他们敢于梦想的时候，也许没有想到，这些梦想绝不是夜郎自大式的梦呓，而是基于既往经验的自我效力的外在体现。

研究表明，自尊感越强，理想和抱负就越大，同时，应对困难的韧性也就越强。自尊感强的人，始终以胜利为最终期待。在他们眼中，困难只不过是对能力的磨砺。了解到这一点，我们也就能够明白，为何在创业维艰的早期，傅军能够一次一次地闯过难关，坚守到底。

有人问起傅军，创业最难的是哪几年。他说是前五年。才起步的公司原本就面临资源极端匮乏的困境。傅军宁失利润不失诚信的作风，又加剧了处境的艰难。从木材到莲子再到木浆生意，为顾全合作方的利益，傅军每每将损失独自承担起来。在这种情况下，如何积累企业的原始资金呢？唯有付出不亚于任何人的努力。

为了买到平价木材，他一次又一次闯进原始森林，在热带森林那种特有的毒蚊的围攻中，耐心说服木材商，硬是促使对方态度发生了180度的转变。若是换了一般人，被毒蚊咬一次，被木材商拒绝一次，想起原始森林就会心虚胆寒，哪会抖擞精神，一次又一次地发起冲锋呢？

如果没有这种精神，同样很难想象新华联能够从众多竞争者中脱颖而出，拿到参股民营银行的许可。

民营企业在中国的发展之坎坷不言而喻。民营企业家需要在难关面前咬牙坚守，需要在政策的缝隙间寻寻觅觅自己的发展机会。对这种状况的切身感受，使傅军有了参股民营银行的决定。民营银行不同于传统商业银行，它的服务对象是中小企业及“三农”群体，能够发挥民间资本在资源配置中的积极作用，向小微企业倾斜。

然而，民间资本参股银行谈何容易？首先面临的就是客户信任和风险控制问题。因此，新华联必须接受监管层的极为审慎的审核。

这一次，傅军又带领新华联人打响了一场攻坚战。通过审核是一条漫长的试炼之路，遍布着“严防死守”的关卡。有时候一个关卡跑三趟五趟不够，要跑十几趟。这种情况吓退了不少企业。自从 2013 年 7 月国务院出台《关于金融支持经济结构调整和转型升级的指导意见》，提出“尝试让符合条件的民间资本设立自担风险的民营银行”以来，很多民营企业都在积极筹措参股银行。它们中的绝大多数，连跑三趟没有冲过关卡就放弃了。唯有新华联无论跑多少趟，做多少说服工作，都没有气馁。当新华联跑到终点的时候，身边已经没有了对手。

自尊感激发着人们去挑战更大困难，克服困难的行为又反过来提升自尊感。二者之间的正反馈，不断提升着一个人的意识状态。他会在生活中融入更强意识，他会努力探明与自己的价值、目的与行动相关的所有事情，尽最大努力去做好，使自己的行动和思想保持一致。而在开发铜官窑古镇一事上，充分体现了傅军的这种意识状态。

闯关铜官窑

2012 年 6 月 5 日，长沙铜官窑遗址公园开园，傅军应望城区政府的邀请，前往参观。出长沙城向北行约 23 公里，就是铜官窑遗址所在地。

铜官窑背靠青山，面临湘江，在草长莺飞的六月，山色更青，水色更碧，自然景观美到极致。然而更美的，还有它的人文内涵。

这里可是世界釉下彩瓷的发源地，也是我国时间最早、规模最大的对外贸易窑厂，早从1000多年前的唐朝开始，就将瓷器远销西亚、非洲等地。

从唐朝到五代十国，铜官窑的窑火足足延烧了300年。湘江江面的船只也来往穿梭了300年之久，将体现唐朝物宝天华的瓷器传输到世界各地。期间发生了多少可歌可泣的故事，都沉淀在传承千年的瓷窑遗址中。

如今，人们在湘江东岸的十里河滨，已经发现了19处唐代瓷窑遗址，最小的300多平方米，最大的有1万多平方米，总面积达30万平方米。

铜官窑是海上丝绸之路的重要支点，也是中国文化向外辐射的基点，在中国瓷器史上有着不可替代的地位，由此被鉴定为世界文物保护单位。

为了再现传统和文化，国家、省文物部门及长沙市、望城区从2009年开始，就启动了铜官窑遗址的恢复建设。傅军此次参观的就是一期建设的成果。

在谭家坡一号龙窑，也就是迄今为止保存最为完善的唐代古龙窑，傅军参观了陶瓷烧制的过程，在参观的过程中，一个念头油然萌发。

近年，新华联不动产着手将战略重心转移到文化旅游，却苦于找不到一个堪当桥头堡的资源。文旅项目投资大，周期长，前景不明确，风险系数高，在项目甄选上自然非常慎重。而眼下的铜官窑，却是不可多得的优质文旅资源。

唐朝是中国历史的骄傲，曾经像如今的美国一样，扮演着向世界输出文化、技术、价值观的角色。穆罕默德就在《古兰经》中说："学问虽远在中国，亦当求之。"

而铜官窑瓷器又是唐时文化的忠实载体。瓷器原本只有青、白两色，到了盛唐，铜官窑才以氧化铁和氧化铜作为呈色剂，烧制出红、绿、褐等色的釉彩，由此开启了瓷器的颜色革命，也使瓷器饱蘸了这个朝代特有的多姿多彩。

釉下彩瓷是采用色料在已经成型晾干的素坯上描绘各种纹饰，然后罩以白色透明釉或其他浅色面釉，入窑经高温烧成。这种描绘技法与中国传统书画一脉相承。文人士大夫对此青睐有加，纷纷将墨宝留存其上。此外，铜官窑瓷器上还出现了人物、植物、动物、山水、抽象纹样。这些画作意境优美，格调淳朴。

诗、词、画齐聚釉下，铜官窑瓷器由此具备了格外丰富、多层、深厚的历史内涵，将一个令人无限怀念的时代封存在釉面之下，等待今人跨越时空与之遥相呼应，而铜官窑遗址也当之无愧地成为一个不可多得的优质文化旅游资源。傅军相信，经过深入挖掘和科学呈现，铜官窑遗址一定能够精准体现大唐气象、古代风月，供人来此沉潜心灵，穿越时空，与历史、传统、心灵和自然进行对话，获得广袤而悠远的极致心灵体验。

就时间背景而言，铜官窑历史底蕴厚重；就空间背景来说，它依山临水，自然环境优美，交通也很便利，距离长沙市中心不到 30 公里的距离，具备强劲的可持续发展潜力。

在这些客观优势之外，傅军还由衷希望为家乡的文化传承尽一份力，并相信新华联有能力将家乡的文化瑰宝打造得熠熠生辉。他因此萌生了一个想法——在铜官窑打造一个气势恢宏的大型文化旅游综合体。

想法一表达，就得到同行的望城区政府领导的热忱欢迎。2012 年 12 月 23 日，新华联集团和长沙市望城区政府签订了合作协议，由双方共同开发“长沙铜官窑国际文化旅游度假区”。

大项目总是伴随着大挑战，这回也不例外。在项目开工之前，新华联就遭遇四道关卡：其一，铜官窑是重要大遗址保护项目，其建设需要国家文物局许可；其二，铜官窑遗址位于农耕区，在《土地利用规划》中属于“农用地”，项目建设需要修改土地规划；其三，铜官窑遗址在《城乡总体规划》中属于“生态绿地”，项目建设同样需要修改总体规划；其四，铜官窑遗址处于低洼地带，周边缺乏市政道路、管网配套。

首先，新华联需要赢得国家文物局的支持。若走一般程序，新华联需要向区、市、省、国家各级文物部门层层申请，如此一来，至少耗时一年多。傅军积极设法，争取到望城区政府的支持，和他们一起直接向省文物局汇报，反复阐述了企业和政府携手对大遗址进行保护性建设与开发的初衷和前景，赢得了对方的理解与支持。省文物局局长直接上报国家文物局。经过多方推动，2013 年 11 月 18 日，国家文物局下达批复，同意在铜官窑建设控制地带进行项目开发，第一道关卡闯过去了。

第二道关卡，是修改铜官窑遗址的农用地性质。开发铜官窑项目的协议签订后不久，傅军就向省国土部门申请，开启了土地利用规划的修改程序。2013 年 3 月，省国土资源厅的方厅长亲自带队，到铜官窑进行现场调研，并指出，长沙就缺乏这样的好项目，虽然项目现状是农用地，但可以在论证后进行土地利用规划的修改。

方厅长的表态为规划修改带来了希望。然而，形势急转直下，却让这希望几乎破灭。中央开始对涉及农用地的规划修改进行控制，湖南省农用地的多个建设项目应声停止。与新华联情况相仿的很多家单位都偃旗息鼓，丧失信心，中止了推进规划修改。

新华联人没有放弃。这已经不是他们第一次应对严政的影响了。整个团队团结在傅军身边，满怀信心不断推进工作。他们相信，保护正在消失的文化传统与保护耕地一样属于当务之急。这也是傅军的原则。新华联的每一步发展计划，都嵌入国家的长远发展方向。无论是新华联不动产上市还是开发铜官窑遗址，无一不是与国家和人们的利益一致。大方向对了，坚守的时候才会内心笃定。

面对政策调控，傅军站在国家的立场考虑，如何在保护文化遗址的同时，兼顾对耕地的保护。他同时做了减法和加法，一方面尽可能地减少用地规模，退出拟占基本农田，一方面按照耕地占补平衡政策（即耕地后备资源稀少地区占用的耕地可由耕地后备资源丰富的地区代为补充），通过省国土厅、区国土局联系到湘西等耕地后备资源丰富的地区，在那里补足了铜官窑项目所占耕地的面积。另外，团队在调研中发现，一些拟占耕地重金属超标，并不适宜农作物的种植，这就为规划修改提供了正当的理由。

想尽一切办法，一切办法都用到极致。凭借这股不屈不挠势如破竹的劲头，当 2013 年底政策刚刚出现缓和之际，新华联再次第一个闯过政策的关卡，获得了土地规划修改的审批通过。

这个时间点把握住了，后续工作步步紧跟，一气呵成。2015 年 2 月、4 月、7 月，傅军先后三次前往长沙，听取项目汇报，会见省市区领导，提出了铜官窑项目开发的具体时间表：2015 年全面开工、2016 年全面建设、2018 年开园。

2015 年 8 月，铜官窑古镇的详细规划方案终于通过各级政府的审批。消息传来的当天，主持铜官窑项目具体开发的傅济赶紧打电话给傅军。傅军正在湘西开会，接到电话心情非常振奋，连声说：“好！非常好！”

为了这一天的到来，傅军是怎样不遗余力地推进！早从 2014 年开始，傅军就让新华联人着手启动防洪排涝工程，并积极推进政府启动周边道路建设。2015 年，一条全新的宽广的湘江大道亮相在世人面前，将长沙和铜官窑一路贯通。至此，项目开工之前的所有关卡都被跨越。

11 月 26 日，铜官窑上空礼炮齐鸣，声声震天，释放着新华联人厚积薄发的昂扬斗志。耗时 3 年的前期准备宣告结束，铜官窑项目将进入全面建设时期。

人类的生存、人类对环境的成功控制，有赖于我们对意识的运用。然而，我们并不是天生就能够正确运用意识。造化在这一点上给予了我们充分的自由。我们可以选择调亮也可以选择调暗意识之光。我们可以明察自己的行动，审视它是否与我们的理想、信念、认识一致，也可以回避这些问题，任凭自己浑浑噩噩地生活，走在知行分离的路上。

傅军在铜官窑古镇开发上的坚守，体现的其实是他意识之光的强度。他在应对任何事情的时候，都会辨明目标，多方寻找推进目标的路径，并将每条路径坚持到底。心理学家认为，是意识而不是智力，决定了我们的生活的差别，是拥抱梦想，还是远离梦想。

傅军的意识之光有多强，一个细节就能体现。有一天晚上，他做了一个梦。在梦里，他看到了完工后的铜官窑古镇。它美轮美奂，气势磅礴，再现了大唐气度，令人倍感欣喜，沉醉其中。

如果不是日思夜想、思考和期盼高度聚焦，一个建设项目又怎么能够渗透潜意识，进入梦里呢？意识之光强到一定程度，不仅会从意识渗透入潜意识，还会以自身为辐射源，影响周遭的人。

傅军把自己的梦讲给项目成员。他们内心感受到震撼，原来董事长是在以他灵魂深处的全部热情与渴望在追逐自己的梦想。傅济是铜官窑项目上马的时候才来的新华联。他是学建筑的，从设计到建设到开发都有涉猎，从事文化建筑的开发是他的兴趣和梦想。在傅军的感染之下，他和团队将内心的热望彻底融入工作之中，投入全部身心。

文化旅游是社会发展到较高经济水平以后才会出现的高级旅游形态。它不同于走马观花、短暂停留的观光旅游或休闲旅游。人们对文化旅游目的地寄予了全新的需求。

他们渴望从两点一线的刻板城市生活节奏中摆脱出来，去感受一种异于平常的意蕴悠长、趣味隽永的境界。在这种境界中，他们要让僵化的身心得到舒展，让麻木的心灵体味感动，让疏离而漂泊的灵魂回归于浩瀚的时空，与大我与永恒取得链接。

他们尤其希望在文化遗迹所在地，找回遗失已久的文化自尊，在历史的纵深里，接续文化的纽带，传承民族的精神，感受到个体生活突破限制，回归于民族之整体和历史之渊源，不再如同无根之草，孤单飘零。

尤其是过去40年中国经济的快速发展，人们走得太快，忘了“等一等自己的心灵”。经济发展放缓的今天，从物质回归精神、在文化遗迹特有的时空里沉潜下来、回归内心，就成为时代的需求。

文化旅游产业的巨大潜在市场，就源于人们渴望文化、回归传统的深层内心需求，而一个优秀的文旅项目，必须能够呼唤出游客内心的东西，使其触景生情，浮想联翩，产生独特而美好的体验。要做到这一点，开发者不但要有一流的操作能力，包括执行力和整合资源的能力，更要有足够的热情和心力，后者尤为重要。开发者投入多少热情和心力，将关系着游客的体验是深入还是浅薄。唯有以打磨艺术品的心态进行耐心、深入、细致的精雕细刻，才能将项目的文化内涵精准而全面地呈现出来，使游客获得真切、生动、独特、细腻的文化、历史体验，进而获致对自身生命感受的拓宽和更新。

傅军因此要求团队以“慢火炖老汤”的心态打造铜官窑古镇。从2012年起，他就带领团队去许多古城参观学习，譬如台儿庄古城、密云古北水镇，汲取人家的先进经验。

在铜官窑古镇的设计和规划上，傅军也深度参与。他的视野高度一般人难及，掌控全局、把握关键点的能力很强。他会从自己的角度给出建议，有时候说着说着会拿笔在纸上画起来。经他一点拨，团队对项目的理解就更加全面、切近本质。

文物大多散布在民间，主要靠社会征集、调查、走访等途径搜罗。搜罗成果与搜索力度息息相关。傅军要求派出专人去搜集迁建10个以上老宅子。团队据此逐村逐村、挨家挨户展开地毯式的搜索，杨福田将军的素材就是这样搜集出来的。

在与当地村民的交流中，团队听说当地出过一个五品级的将军，如获至宝，遂找到杨将军的后人，和他们交上朋友，请他们拿出家谱，又沿着家谱记载的杨将军行军路线，找到各地地方史，终于收集全有关杨将军的官方记载。

杨将军隶属湘军，官至五品，曾四处作战，因勇猛过人、屡立战功，被封为“建威将军”。他的宅第名之为“建威将军第”。这些资料连杨将军的后人都不了解。他们对新华联人心怀感激，于是主动提供更多的史料，把将军第的平面图绘制出来。新华联人这次据此恢复建设建威将军第。

傅军听说这一情况后，非常高兴，指示团队，就要这样做，不怕繁难，深入挖掘。新华联的坚守与湘军的坚韧一脉相承，是它引领新华联跨越重重关卡赢得开发铜官窑古镇的审批。如今，新华联又要凭借这种精神将湘军将军的历史真切再现。可以说，新华联开发铜官窑古镇本身，就是一种优秀传统的动态再现。

新华联人在铜官窑古镇开发上的用心和诚意，感染了许多社会人士。长沙十大收藏家之一林安先生就主动提出，要把他数十年来收集到的铜官窑藏品都捐赠出来。

林安先生从20世纪90年代开始收藏长沙窑器物。截至目前，他个人收藏的较为完整的长沙窑器物已逾千件。长沙窑100多种类型的器物他基本都有，尤其是来自印度尼西亚的唐代长沙窑“黑石号”沉船上的器物。

林安先生在生活中是一名电力工程师，与新华联有过合作，对新华联非常信赖。听说新华联要开发铜官窑古镇，他就主动提出将倾注半生心血的藏品捐赠出来。他相信，在新华联的平台上，他的藏品能够释放出更大的价值。

这同样是傅军乃至新华联人的初衷。

按照设计，新华联将在占地约3000亩的土地上，建设起一批博物馆、陶瓷体验馆、陶瓷名人馆、陶瓷文化交流中心、文化演艺中心、祠堂、庙宇、码头、茶楼酒肆、客栈等文化、休闲、旅游设施。这些设施根据功能定位，分为静态区和动态区：静态区即遗址公园核心区，展示铜官窑历史；动态区即度假区，将动态诠释、演绎、传承铜官窑文化，以此全方位再现瓷窑旧景、唐时风月。

他们希望打造这么一个平台，让故乡的历史沉淀下来，让传统的文化凝固下来，再现民族集体智慧，启迪当代人的心灵，让过去和未来在此衔接，个体和民族在此融会，为故乡乃至民族的文化传承贡献出新华联的力量。

如今，傅军斥资百亿、历时4年匠心打造的铜官窑古镇已在悠悠北去的湘江之畔盛大开放。该项目依托有着1200多年历史的长沙窑国家考古遗址公园，按照国家5A级景区标准建造，以历史文化为魂，以陶瓷文化为根，以唐风古韵筑形，以工匠精神铸品，再现大唐盛世风采，传承千年湖湘文明，已被列为全国旅游优选项目、“一带一路”战略样板工程、湖南省和长沙市重点工程。开园当日，3万余名游客慕名而来，整个景区内人头攒动、摩肩接踵。机器人博物馆、飞行影院、花鼓戏楼等景点更是备受游客青睐，人潮涌动。铜官窑古镇“一镇阅千年”，让游客在这里真正感受到了历史与现代、文化与科技、休闲与体验、教益与娱乐的完美融合。

铜官窑古镇开园后，将全面引爆湖南省的文化旅游业，为中国文旅产业再添一张亮丽名片。我们有理由相信，承载内心热望的工作结晶必能触动游览者的心灵。毕竟，心与心是相通的。

坚忍不拔的组织逻辑

在新华联，我们就看到了心灵对心灵的感染、影响和重塑。杭冠宇对傅军的坚守和执着感佩不已；傅济内心深处的梦想被傅军点亮，第一次以实现自我价值为事业驱动力，投入身心；而杨云峰对傅军感触最深的，是他的关注点竟然从大局掌控渗透到貌似不起眼的细枝末节。

他们几位对傅军的感触在新华联人中是很有代表性的。接受采访的新华联人都表示，自己在傅军身边，学会了如何坚守、如何认真、如何细致。

在心理学中，坚守、认真和细致其实是一种特质在做事不同维度的体现。这就是一个人的意识状态。

意识是造物主唯独赋予人类的礼物。所有的动植物从生到死都受天性左右，懵懂一生。唯有人类被赋予有意识生活的权力，由此有了改造自我创造生活的权力。但这种权力与自由相伴，我们可以选择无视它，迷迷糊糊地生活，也可以选择善用它，将自己的价值和能力淋漓尽致地发挥出来。

纵观人类发展史，每一次的启蒙运动，都是在唤醒人类的意识，激发意识的扩张。具体到我们的生活，意识水平越高的人，他的生活就越进步。

意识为什么如此重要？因为意识是生存的基本工具，拥有了意识，就掌握了以某种形式在某种程度上感知环境，并以此应变、指导自己行为的能力。

如果我们不能在生活中融入意识，我们的自我效力和自爱就会减退。生活在心智的云山雾海之中，我们又怎能体验到自己的能力和价值呢？意识既然是生存的基本工具，背弃了它，我们的自尊和自信就会受到削弱。

意识如此重要，但生活中存在着许许多多的功能障碍型家庭、功能障碍型学校和功能障碍型机构。它们为健康的心路历程设置了障碍。它们以各种方式削弱人们的意识状态，或许是向你灌输你无法掌控生活的自卑，或许是让你以为你不配拥有成功和幸福，或许是让你视被动生活为理所当然……

内心的障碍体现出来，是意识之光微弱，是浑浑噩噩、懵懵懂懂，是知行不一。譬如，“我知道自己在工作中没有尽心尽力，但我不愿想它”，“我知道种种迹象在表明我们的业务一天不如一天，但我还是以不变应万变，没准情况自己会好转呢”。

除非邂逅一位充满高度意识的人，否则我们很难感受到自己的差距。一旦这样的一位人物出现在生活中，我们就一定会耳濡目染，悄悄却不可逆转地发生改变。

傅军就是一位这样的人。与他有过面对面交流的人，都会不约而同地提到他的“人格魅力”。他走进房间的时候，整个房间似乎变得更加温暖明亮了。他给人一种自信、坚强、爽朗的感觉，这种感觉映射到在场人们的心里，让他们对自己的感觉也更好了。

人性原本相通，每位个体身上都隐藏着人类的全部特质。所谓“人格魅力”的辐射，就是发展完善的个体以其自身的存在暗暗感召着我们身上美好的部分。如果这样的人是傅军这样的企业领袖，那他还能通过对一件一件事情的示范性处理，将自己的意识状态传导出去，再由他们在事功中历练、完善自我。

在新华联不动产上市的庆功宴上，杭冠宇感慨万千地对傅军说：“在专业方面，我干了这么多年，对自己很有自信。可是在对事业的执着追求上，您真是一个太好的表率和榜样。”傅军对他说：“大家都要注意加强这方面的修炼。我也是多年历练过来的。你们只要慢慢跟我学，就能达到！”

傅军也曾在大会上告诉新华联人：“有目标，生活才有意义。一个人无论如何都不能日复一日地在有意无意中生活和工作。不管做什么，一定要有目标。一个月或一年之内所要完成的事，也要经过周密而精心的策划。”这就是有意识生活的典型体现。

当然，力度更大的影响发生在傅军与属下亲历的小事中。

杨云峰从湖南大学毕业后就来到新华联，分配在傅军身边，当他的秘书。杨云峰对“卓越”的认识，就源于发生在傅军身上的一件小事。

那是新华联即将从湖南迁移到北京的节点。傅军看好通州的一块地，也就是如今新华联家园的那块地。当时那块地在一个香港公司的手里，要转让过来，需要政府部门的层层审批，每一层手续都由傅军亲自去办。有一天，杨云峰随傅军到通州区政府，找负责城建的政府人员说明项目的细节，以争取他们的支持。按约定时间去了，政府相关人员却忙得脱不开身。他俩只好在门口等待。

那是天寒地冻的 12 月，傅军坐在门外的汽车里，足足等了两个小时，从傍晚等到天黑透，直到把人等到。两个小时里，傅军始终神色平和、沉稳，没有流露出丝毫焦虑，却于无声中透漏出一个坚定的信息：为达成所想，定会坚守到底。

此情此景落在杨云峰眼中，令他的内心深受触动。老板身为这么大的领导，却不惜为工作中一道小小的程序付出巨大的耐心和努力。这一刻他意识到，所谓卓越者即便在点滴小事上也会体现卓越，也会如此认真、执着地付出。

傅军长年奔走于一线，而且他在一线的工作视察不是走马观花、走个过场。就拿一次矿区视察为例。那次视察的是新华联矿业板块中的河南三门峡矿区，到达目的地已经是晚上 7 点了。随行人员以为老板仅在地面上巡视一下就够了，谁知傅军却提出要下矿井。下矿井受累不说，还有一定的风险。陪同傅军视察的新华联矿业总经理曾敏婉言劝说：“这么晚了，还是别去看了吧？”傅军回答：“反正矿井白天晚上都不见光，都要开灯，晚上看和白天看有什么区别呢？”一句话说得大家都笑起来，于是陪同他下井。

在采访中，曾敏提到，傅军有一个特点，他了解一个项目，不像有些人浅尝辄止，而是喜欢弄懂弄透。他会充分听取汇报，深入了解相关素材，而后独自沉潜，在脑子里形成对该项目整体与本质上的把握。新华联高管在汇报工作的时候，起初无从得知老板听进去没有，听进去了多少。然而，第二次来的时候，傅军就会针对上回汇报内容提一些问题。这些问题无不扣准了关键点，令他们不免有点额头冒冷汗，也促使他们拿出全部的认真负责去对待工作。

现在，全国上下都在提倡“工匠精神”。所谓工匠精神，就是意识力向细枝末节的充分渗透，对待再细微的事情都不会马虎，而是审慎细致，精益求精。

具有工匠精神的人，往往是专家型的人。他们以意识之光将窄窄的领域照耀得异常通透。他们是自己所在微观领域的权威。而傅军不但在微观领域把握本质，还能在宏观领域掌控全局，更能将每件事情推进到极致。他将意识之光调到最亮，将三维思维空间尽皆照亮。

通过精神的感召、思维的渗透、行为的影响，傅军将自己的意识高度传导给周围的人。杨云峰说：“老板的这种思维方式、做事理念，老板对人生的精神提炼，其实慢慢地就传输给了他周边的人，又通过我们的管理系统再传输到企业的每一个细胞。”他的看法在新华联高管中具有相当的普遍性。

心灵渴望成长，然而唯有从一位发展完善的示范者身上，我们才有可能看清并踏上那条正确的成长之路。

从常人身上，我们很难得到明智的教益。纳撒尼尔认为，我们的成长环境遍布障碍，阻止着人们进入健康的成长之路。这种障碍在中国历史中尤为突出。大一统的封建专制导致了自主意识泯灭的顺民，传统的农耕劳作日出而作、日落而息，辛苦而机械，不足以提供多样化的挑战来激发创造意识，反而将人推向宿命论的深渊。在每个中国人的内心深处，都潜藏着民族积淀千年的被动意识状态。这种意识状态不能激发挑战性的行为，畏惧困难的行为又反过来加深意识的被动，不断的负反馈造就了人们普遍意识萎缩的状态，体现于外就是思考不明白，做事不彻底。

人生的道理，并不是读到就懂了，唯有将自己投入其中，去经历，去感受，才能真正理解。除非一位发展完善的人物出现，否则我们很难看清自己的状态，洞见自身的不足。邂逅傅军，使新华联人尤其是他身边的新华联高管慢慢学会用他的思考方式来思考问题，用他的行事风格来要求自身，把他的理念融入自己的人生指导。在这个过程中，一个全新的自己塑造出来。

曾敏来新华联之前，在国企和港资企业担任过高管。论起来，来新华联之后工作强度要大得多。他作为新华联的“先锋官”，屡屡冲击新的事业高地。然而，他却以苦为乐，感受到自身价值得以淋漓尽致地发挥，感受到自己终于在新华联找到了寻觅已久的归属。

他说，自己骨子里就喜欢不断拓新，少年时曾经取过笔名“殷拓”，但是走上工作岗位以后，就渐渐融入那种世故型的职场氛围，内心的热望一再被浇灭，得不到发挥的机会。来到新华联以后，在傅军的影响和感召下，他的激情才得以苏醒，并在新华联所给予的广阔平台上淋漓尽致地展现出来。

我们将一个机构认作归属，只因在那里，我们找到了真正的自己。曾敏将新华联视为归属，就因为傅军让他找到了一个更好的自己、真正的自己。这又何尝不是新华联高管的相同感受呢？

杨云峰是幸运的。他在职业生涯的早期，就得以遇到傅军，发现一种正确的工作乃至生命状态，不断学习，践行于自身，避免了走弯路。

他在一次内部会议上说，要“努力到无能为力，拼搏到感动自己”，这同样是融入高度意识的状态。

如果说，在一个企业内部，工作不仅仅是工作，而成为自我成长的路径，那么我们可以说，这是一个为人才赋能的企业。

现在很多企业都在讲“赋能”，但并不是每个领导都能做到为他人赋能。人性的规律谁也逃脱不了——一个人怎样对待自己，就怎样对待别人。只有傅军这样骨子里对自身极为尊重和信任的人，才有可能将同样的尊重和信任给予别人，也才能将他人身上的蛰伏的能量激发出来。

偏向事成之后的利益分享是激励，而给予挑战、激发工作者内心兴趣和动力的，却是赋能。第四次时代大革命意味着创意的革命。在这个全新的时代，工作者的驱动力依赖于他在工作中获得的成就感和价值感。唯有发自内心的动力，才会激发持续的坚守。当然，坚守只是赋能的内容之一，赋能在新华联的更多体现我们将在后面展开。

了解到新华联高管们内心的“化学反应”，我们才能明白，为什么在新华联，连女性职员都拥有着绝不输于男儿的英姿风采和奋勇精神。

肖文慧是新华联集团的高级副总裁，主管人力资源工作，要查别人考勤，自己更不能迟到。她天天早上雷打不动地提前来公司，至少 8 点 30 分到岗。早几年住得远，每天早上 6 点钟就得起床，6 点 40 分从家里出发，晚上 7 点多才到家。人力资源部门培训是常事，培训一般选择周六周日，她周末也往往不得休息。

如此满负荷的工作日程，短时坚持还属平常，十几年如一日地坚持不懈，还伴以昂扬的精神面貌，仰仗的是什么力量呢？她引用傅军的话来回答：“有激情像太阳，照到哪里哪里亮；没激情像月亮，初一十五不一样。”

的确，傅军本人同样长年运行着“5+2”工作模式，无周末，无休闲，就连过年也是刚出初二就进入工作状态。朋友圈里有人看不过去，就对新华联集团高级副总裁冯建军说：“你要是能把傅老板约到高尔夫球场来，我奖你一台车。”这话说出口多年，傅军至今还不知道高尔夫球场的门朝哪个方向开——他的生活完全被工作充满。

这种生活，在别人看来相当清苦，傅军却乐在其中。他说：“创业的快乐是最大的快乐！一个玩世不恭的人是难以领略追求的滋味的。”

至此，我们发现了一个这样的事实：以傅军为首的新华联人，将内心深处的激情悉皆唤醒，故此将常人眼中高负荷高强度的工作转化为饱满的激情和深刻的喜悦，将常人眼中苦涩的坚守化为意气风发的自我超越。

对于新华联人而言，与其说困难是坎坷，不如说它是台阶。经由它，个人和人生才步步升级。

人类学家约瑟夫·坎贝尔在他的著作《千面英雄》里写道，在不同时代不同国家，都流传着各种各样的神话故事。这些故事的模式其实是相同的：英雄循着某种感召离开家乡，在路上战胜妖魔鬼怪，而后带着升级之后的更大自我回到家乡。

从巴比伦史诗到奥林匹斯山众神传奇到佛教故事，没有一个有关英雄的故事脱出这一路径。

唐僧师徒为取经文离开家乡，在经历九九八十一难，斩杀无数妖怪之后，得取真经，自身也得道成佛，回到唐都长安。

佛陀离开家乡，独自隐修，而后坐在象征不朽知识的菩提树下，成就正觉，照亮了整个亚洲达2500年之久。

耶稣给约翰洗礼以后，走入沙漠40天，从沙漠里出来以后，带回了天国的福音。

摩西走上山顶，带来镌刻十条戒律的石碑，昭告世人。

坎贝尔认为，梦是个人的神话，神话是人类的梦。这些有关英雄的神话，揭示的其实是全人类的心灵深层主线，体现了每个人内心深处的向往：我们渴望在全新的征程中，迎战挑战，克服困难，从中激发出身上沉睡的力量，发现全新的自己、真实的自己。所谓斩妖除魔，就是经历苦难的洗礼。

一个人若想拥有完整的生活，就不能不经历英雄之路。傅军的经历就是一条典型的英雄之路：循着内心的召唤离开家乡，远赴马来西亚，在那里战胜重重困难，而后带着升级的自我回到家乡。

归来之后，他将实现自我价值的激情熔铸入企业和社会的理想。在新华联内部，他以自身的存在，包括他的精神、思想、信念、行为、语言来感染身边的人，唤醒他们内心的深切渴望，同时给予平台和挑战，充分激发出他们的潜能与活力，引导他们经历一次英雄式的转化，放下小我对困难的恐惧，将自己交付给更高的目标。

有人说，企业就像一棵树，树根和树干是企业领袖和骨干。只要树根和树干长得粗壮，即便经历酷寒的冬天，第二年春天一样会发枝长叶，满树繁华。而在新华联，傅军赋能给高管，高管又赋能给员工。由于这“能”符合人性成长的需求，给予大树充足滋养，就连员工的流动性也很低。树根深扎，树干粗壮，绿叶长青，这才是新华联的企业之树。我们有理由想象，只要始终保有这样的赋能逻辑链，新华联就能在大大小小的风雨中坚守到底。

《清教徒的礼物》一书告诉人们，美国在1870年后的100年里，正是秉承了清教徒的自律、坚守的精神，才抓住了工业工程的应用从而傲视全球。1970 年至今，其不断滑坡的原因则是丢掉了清教徒的礼物，变得浮躁、自满、怠惰。

社会如此，社会组织同样如此。很多如日中天的企业几乎毫无征兆地从巅峰急剧走向没落。它们好不容易进入快速发展期，但很快会滋生出巨大的惰性，随之而生的各种负面能量就各个方向拖累着企业的步伐。

星巴克是傅军欣赏的一个企业。这个企业的名字就源于清教徒作家梅尔维尔的伟大小说《白鲸记》。小说里，大副星巴克说："责任和利润密不可分。"霍华德·舒尔茨为自己创立的连锁咖啡馆命名"星巴克"，就意在传承清教徒精神。而星巴克的盛况不再，究其根本原因，同样在于这种精神的遗失。

2000 年，在新华联集团成立 10 周年的酒会上，傅军满怀自豪地说："新华联集团经历整整 10 年的发展，从无到有，从小到大，滚动发展，取得了骄人的成绩。到目前为止，集团已有 30 多家全资、合资企业、5000 多名员工；10 年累计完成营业收入 80 多亿元，完成利税 5 亿元，其中累计上缴国家税收在 3 亿元以上。"

在这次发言之后不久，他又在集团庆功表彰大会上说："今天我们可以骄傲地说一句，新华联是一个强大的公司，但我们不能沾沾自喜，不能骄傲自满。市场在变，你今天强未必永远强。不进则退，我们唯有进取，唯有拼搏，唯有继续往前冲，才能永远强。"

随后，他又在大会上讲道："激情管理，员工不只是经济人，而是经济人、社会人和文化人的复合体。行政命令难以持久唤起员工的自主意识和创造精神，要进行思想沟通与情感交流，营造出一种关心人、尊重人、理解人、信任人的文化氛围，才能使他们真正成为企业和工作的主人。"

事实上，后两份发言所代表的内容在2000年以后频频出现在傅军的讲话中。这意味着，在新华联刚刚迈入大型企业的门槛之际，傅军就敲响了警惕大公司病的警钟，呼吁新华联人不要放弃创业初期的坚守精神。与此同时，他又全面赋能，促使新华联内部充满激情，保持活力。

过往的20多年来，许许多多的企业倒下了，新华联却依然保持活力，保持长势。其根本原因就是新华联内部的正反两个方向的动力激活机制，有效抵御着组织疲劳症。

吉姆·柯林斯是世界著名管理学家。他将自己定义为“见证伟大公司的人”，长期研究企业成长，重点研究企业如何从好公司转变为伟大公司，并以此为主题撰写了《基业长青》和《从优秀到卓越》两本超级畅销书。

柯林斯曾对1965年到1995年间跻身于《财富》世界500强榜单中的1435家公司进行研究。他发现，这些企业中，只有11家能够长期保持卓越业绩。这11家区别于其他企业的地方是什么呢？他的回答是：“它们的掌舵者全部是‘第五级领导者’。”

一项管理学研究，将领导力分为五个层次，“第五级领导者”高居五个层级之巅。除了拥有其他四级领导者特质如个人能力、团队精神、组织能力、职业素质外，第五级领导者还具备谦逊的品格和坚韧的意志力，谦逊以集合众力，坚韧以推进众力贯彻到底，重心还是落在坚韧和坚守。

英雄所见略同，傅军同样将“坚守”视为新商道的重要内容。

第四章

创新成就市场传奇

创新，桀骜不屈的时代动力

在人类跋涉向前的征程中，经历过的大事不计其数，唯有一件被公认为最重要——始于18世纪60年代的工业革命。

以1800年为分界，在此之前，世界人均GDP在漫长的1800年里，从445美元上升到667美元，增长不过50%。在此之后，仅从1800年到2001年，人均GDP在200年间就从667美元上升到6049美元，足足增长了8倍。

从1800年开始，人类发展突然加速，从缓慢宁静的乡村小路迈入狂飙突进的高速公路，从静态时代进入动态时代。

动态时代的特征是无穷无尽的变化，尤其是信息时代。我们所生活的这个世界已经变得动荡、无常、复杂，充满着不确定性。要想适应并生存于这个时代，沿袭前人的经验是远远不够的。在2013年夏季的达沃斯论坛上，世界企业界领袖们达成共识，新时代应以创新为应变之道。

早在2006年，新华联集团董事局主席傅军就提出，创新决定着企业的生存和发展之道。他要求新华联人充分发挥自主创新的作用，以此增强企业整体竞争力。

这一前瞻性要求的提出，源于对世界乃至国家发展前景的判断。傅军意识到，在这万变时代，我国正在迎来一场关键性的跃变——经济结构的调整。

40年来，我国经济建设取得了有目共睹的进步，但这种进步所依赖的人口红利、环境红利和政策红利已经透支，难以为继，经济发展亟须新的驱动力量。傅军认为，新的驱动非创新莫属，唯有创新才有可能培育出新的经济模式和新的经济增长点。

回溯历史，殷鉴不远。20 世纪 70 年代，美国、欧洲经济普遍受挫，起因是以美元为中心的布雷顿森林货币体系的瓦解和石油危机带来的冲击。十多年过去后，经济学家们发现，面临相同的经济困境，美国却没有出现欧洲那样的经济衰落。

经济危机陡然降临的时候，颓废情绪也曾蔓延至美国，嬉皮士运动就是这种情绪下的产物。少年时的史蒂夫·乔布斯就是一个不折不扣的嬉皮士。他曾经吸食大麻，去印度苦行，一生研究禅道，在时代的迷雾中沉沦、奋起，不断找寻生命的方向，而后在自家车库里开始创业，步入了载入史册的自我实现之旅。

他的追寻既是个人性的，也是时代性的。千千万万个乔布斯不懈地追索和不屈地奋进，造就了桀骜有力的时代动力。这股动力以硅谷为中心，辐射全美，带动了汹涌澎湃的创业大潮，成就了美国经济的低谷崛起。

从 1965 年到 1985 年，美国新增 4000 万个工作岗位，增幅超过其他任何年代，这些岗位主要来自创业型企业。这些企业所涉行业极为广泛，包括高科技、金融服务、家具、瓷器等，但它们的共同之处在于，将知识全新地应用到工作中。这种知识包括电子学、遗传学、新材料，还包括企业管理。而这，正是创新的真谛。

1995 年，基于对时代的观察，德鲁克写作了《创新与企业界精神》一书。他在书中指出，整个社会的创业精神和企业界的创新，是导致美国经济持续发展的根本原因。

而今，中国经济同样面临考验，是像美国那样不屈地崛起，还是像欧洲就此衰落，关键就在于我们整个民族能否焕发出奋进之心，在于企业家能否发挥出创新精神。正是基于这个层面的考量，才使傅军将创新作为核心内容纳入新商道。

傅军说："我觉得创新是一个国家强盛、民族进步的关键。企业要做大做强，它的根本动力和关键是创新。企业家的伟大、企业家的精神，也体现在创新。"

企业家精神有着丰富的内涵，其中最突出的一点，是企业家的逆向思维。他们在顺境中不忘危机，坚持自我批评；在逆境中总能看到希望，坚守信念，以内心的微光照亮脚下的路，带领一个企业乃至一个民族走出晦暗，走向光明。在充满不确定的年代，企业家精神、创新精神汇聚成国家的宏观力量和综合国力，决定了经济崛起的走向。

在头脑和灵魂中先完成创新革命

"不创新，毋宁死"，这是傅军对创新重要性的诠释，貌似极端，实则深中肯綮。

1982 年，麦肯锡咨询公司的顾问汤姆·彼得斯和罗伯特·沃特曼出版了《追求卓越》一书。这本书连续三年位居《纽约时报》畅销书榜首。然而，现实却跟他们开了一个大玩笑。就在该书出版两年后，被他们称为"卓越"的 43 家公司，有 14 家遭遇财务危机；到 20 世纪 90 年代，有一半走向没落，要么一蹶不振，要么干脆倒闭。

2002 年，汤姆·彼得斯发布了文章——"汤姆·彼得斯的真实忏悔"，承认从来没有什么"卓越"的公司。

为什么这些企业在短暂的辉煌之后走向衰落？人们历数原因，如固守昨日的商业模式、产品过时、商业流程日益烦琐，发现这些都是成功给企业带来的陷阱，源于人性的弱点。

保住成功的过程，就是战胜人性弱点的过程，而创新精神说到底就是破除旧有思维模式的限制，如实看清时代的变化，从而如实应变。

若是罔顾时代变化，即使你把每件事都做对了，依然会落入败局。

在诺基亚的收购会议上，诺基亚的最后一任 CEO 乔玛·奥利拉说："我并没有做错什么，但是我们失败了。"此话一出，全场黯然，几个诺基亚高管都落泪了。

2007 年，苹果推出了 iPhone 一代，这件轰动世界的事情在诺基亚引起的唯一反响是一份报告。诺基亚的工程师对 iPhone 做了一个抗摔实验，从 10 米高的地方把 iPhone 往地上摔，然后看手机是否完好无损，结果 iPhone 摔碎了。工程师因此在给总部的报告中说，iPhone 不抗摔。如此一来，诺基亚对 iPhone 采取了彻底无视的态度。时任 CEO 说："诺基亚最大的对手是摩托罗拉，而不是根本不懂通信的苹果。"

当时网上热传着这样一个段子："苹果说我长得美，诺基亚说我抗摔；苹果说我应用多，诺基亚说我抗摔；苹果说我很好玩，诺基亚说我抗摔。"

这个段子貌似戏谑，却将诺基亚对手机的定义暴露无遗——手机只是一个通话设备，智能机也只是带有上网功能的通话设备。形成鲜明对比的是苹果对手机的重新定义。苹果认为手机是带有通话功能的网络终端。苹果通过 APP 将互联网时代的一切便捷和趣味都呈现于使用者的手中。

一言以蔽之，诺基亚沿用的是电信时代的思维，苹果采用的却是互联网思维。

就智能手机的技术来说，诺基亚不但不落后，还长期领先。苹果直到 2007 年才发布 iPhone 一代，而诺基亚早在 1996 年就发布了全球第一个智能手机。当时诺基亚智能手机的出货量，占据全世界智能手机的一半份额。

固守过时的思维，使诺基亚始终将战略重点放在功能机上，将智能技术视为功能机的附庸。譬如，塞班系统的界面设计和交互体验需要与功能机保持一致，这样一来，诺基亚手机的智能功能就全被埋在层层叠叠的菜单和选项下面，很多功能都不为用户所熟悉和使用。

相比之下，苹果手机奉行了“至繁归于至简”的理念，将功能的丰富和使用的简单有机结合，用户得以在弹指之间尽享互联网时代红利。

产品为人所使用，人的需求随时代变迁。一味延续过往优势，却忽视时代变化，越是做得“对”，越是错得远。与其说是苹果战胜了诺基亚，不如说是新时代的理念取代了旧时代的理念。

20 世纪 90 年代初，在以胶卷为主的摄影界，柯达是当之无愧的天之骄子，在《财富》杂志的 500 强排名中也屡屡位居前列。然而，巨大的成功使柯达丧失了危机意识，对新出现的数字影像潮流视而不见，一如既往地维护已经成功的胶卷业务。

柯达的 CEO 卡普在 2005 年离职的时候承认，他在 20 年前就知道数字影像技术，却沉迷于在胶卷上的成功，导致企业不断走下坡路，最终被挤出世界 500 强。

如果说，企业的生命力悬系于创新力，那么企业的创新力就悬系于企业家的创新思维力——企业家能否战胜人性弱点，摆脱固有思维的限制，紧贴人心，紧跟时代，把握变机，灵活应变。

苹果的创新力与乔布斯的创新思维一脉相承。乔布斯曾说："你的想法会在自己的头脑中创建出模式，就像脚手架一样。在大多数情况下，人们会陷入这些模式，就像唱片上的针槽，再也出不来了……而我，谨记一点，我仍然是个学生，仍然在新兵训练营。""如果你想创造性地过自己的生活，就不能常常回顾过去。不管你做过什么、以前怎样，你都必须心甘情愿地接受一切，并将一切抛诸脑后。"

任正非曾被如此评价："常人只看到任正非火爆的性格、偏执狂似的颠覆、刻骨铭心的超越，却不知道，偏离只是表现，真正活在他内心的，是一刻一刻的回归，一刻接一刻的平衡。做人，办企业，绝不会是沿着一条既定的坦途走大道就能行的。"

如何摆脱固有思维的约束，同样是傅军时常思考并与新华联人探讨的话题。

譬如，1998 年，傅军在内部大会上说："我们在思维方式上要勇于创新，用跳跃式思维前进。知识经济时代是一个新技术不断涌现、新知识不断得以运用的时代。每个人应从传统牛顿时代的直接因果关系式中走出来，主动挖掘自己的意识，去感受社会的变化。最新的灵感比什么都重要。我们要用不怕困难、不惧失败的心理承受能力去开发自己的大脑潜能，全身心地投入到事业中，去创造令人难以置信的奇迹。"

2003 年，他在中国企业家论坛年会上讲道："21 世纪是新技术、新经济迅猛发展的世纪，是全球一体化的世纪，也是充满变革不断超越的世纪。在这空前绝后的世纪变革中，每一个企业或组织不但是变革的接受者，还是变革的参与者，更是变革的创造者。而所有这一切，对于企业或组织唯一的挑战是，能否以积极的姿态适应变革的环境、创造变革的成果。"

2011 年，他在企业高管培训会上如此表述：“为了快速提升应变能力，我们要从惯性思维中解放出来，要注意审时度势，捕捉先机，要学会灵活变通，寻找解决问题的最佳路径。”

此类表述渗透于傅军 20 多年的行思当中，不胜枚举。新华联作为民营企业，从一诞生起，就面临着没有荫蔽、从无路中找路的命运，在夹缝中追随体制演进的每一个动作、寻寻觅觅的每一个脚印，都充满着无尽艰辛和未知的风险。

恰恰是这样一个严酷的外部环境，逼迫傅军不抱有任何侥幸和幻想，不依赖既往路径，不给自己高枕无忧的机会。他未雨绸缪、枕戈待旦、走一步看三步，在迂回曲折中摸索前进，在无穷变化中自我调整，从而修炼出具有综合性的创造型人物特质。

一生致力于创造型人物研究的希斯赞特米哈伊发现，具有创造型特质的人，都拥有综合性的、包含大量矛盾对立性格的人。他们可以在相互矛盾的两个极端转换自如，既内向又外向，既有赤子心态又熟谙人性，既有想象力又脚踏实地，既善于创新又尊重传统，既坚定又灵活，既铁腕又柔性，既感性又理性。

我们已经发现，傅军就是这样的人。新华联的文化图谱也融合着传统与现代、坚守与灵变等矛盾特质。这种综合性是时代性的，中国卓越的民营企业家无不具备这个特点，譬如任正非的“灰度”理论，就是综合性的典型体现。究其原因，民营企业家特有的经历，逼迫他们中的卓越者不会拘泥于任何一种固有范式。

而新华联的多元化更是强化了傅军的综合性。曾在他身边工作的人，都亲眼目睹过，他经常在短短时间里接受密集的来电轰炸。这些电话来自新华联旗下各个板块的负责人，忽而是地产板块，忽而是矿产板块，忽而是贸易板块。傅军的思维在各个领域之间迅速跳跃，无缝对接，没有出现过任何迟滞、中断。经年累月的跨越性思考，已经使其磨砺出四通八达没有阻碍的思维高速公路。他不会拘泥于任何一种范式，开放而包容，善于在潮流面前做出改变，善于打破旧的规则，并参与新规则的制定。

可以说，像傅军这样的创造型创新型领袖，首先在他们的头脑和灵魂中完成了创新革命，规避了人性弱点，去除了性格局限，而后才在实践中将创新精神渗透于企业发展的每一步。

一路顺时而动，一路创新转型

傅军说，新华联 28 年来之所以做好了一些事情，取得了一些成绩，就是有赖于不断地创新。

这种创新是广义的，既包括狭义的管理创新、文化创新、模式创新、技术创新、产品创新等，还包括以创新的姿态和精神应对外界一切变化，譬如对市场的敏锐感知，对机会的及时把握，当机立断的决定和以快打慢的执行力。

1998 年，新华联召开了一个名叫“迎接知识经济新时代”的座谈会。傅军在会上指出：“当今世界经济正在发生着一场影响深远的变革，这就是知识经济在全球的兴起。无论是发达国家，还是发展中国家，都受着或即将受到深刻影响。这种影响的广度和深度都是空前的。这一全球热点问题涉及社会的政治、经济、文化等各个方面，将不断改变着人们的生产、生活模式以及思维方式和价值观。因此，面对知识经济时代的到来，我们应怎样迎接挑战？怎样去寻找新的发展方向？这是值得我们每个人深思的问题。”

纵观新华联的发展史，无论是时代变迁的新趋势，还是体制演进的新动向、商业进步的新方向、行业发展的新前景，乃至于北京奥运此类影响重大的社会事件的发生，无一不引起新华联内部的回应和调整。

从步入多元化之路的那一天起，傅军就在不断应时而动，调整优化着新华联的产业体系。事实上多元化本身就是一种颠覆性创新，它使得新华联可以不断发现并进入新的潜力领域，在哺育新生力量的同时也被反哺以生机和活力，从而始终保持旺盛生命力，从早期纳入的东岳化工、华联瓷业到近年投资的清水源、升华科技、华诺电子、国科戎安、五方科技等企业都属此列。

淘汰落后产能，吸纳新生力量，经历不断地新陈代谢，新华联成长得越发骨骼精奇、生机勃发，20 多年来 15% 以上的稳定增长率就是雄辩证明。新华联正在构建中的新兴产业体系，以高科技含量、高附加值、低能耗、低污染为特征，不期而然地契合着新常态经济环境的新要求，为新华联的转型升级首先奠定了天时的基础。

健康的组织，会时刻保持与外部世界的沟通和能量交换，持续吸纳外部的正能量，使组织长期处于耗散结构。当以往优势逐渐式微时，新的优势已经形成，如此循环往复，吐故纳新，组织就能持续保持活力。

相反，组织若自我封闭，能量就会衰减，最终导致系统的熵死。与其说一些企业死于不创新，不如说它们死于自我封闭。我们发现，从整个产业体系的层面来看，新华联以不断的取舍向外界敞开；从分支产业的层面来看，新华联秉持开放思路，一路发展，一路顺时而动，一路转型创新。譬如我们前面讲过的新华联地产，它的节节攀升，就在于步步踩准了时代心理的脉动、社会发展的节奏。

不断跟随外界环境变化达成自身的变化，企业就不再仅仅是静止的组织架构，而成为有生命的机体。它不断将外界的先进精神、思想和基因移植、内化为自己所有，成就自身的更新和成长，由此拥有了源源不绝的活力。创新力正是这种活力的体现，企业在这股活力的驱动下，才进入生生不息、不断壮大的闭合循环。新华联由小到大的进程，就是其典型体现。

从野性到理性，管理创新一部曲

古老而神秘的犹太卡巴拉智慧认为，我们的人生轨迹是由一级又一级的精神之梯构成的。梯级依次呈现，完成本阶段的人生任务后，新的契机和任务又会伴随新阶段出现。危机本身并不是消极的，它只是表明事物目前已经处于消耗殆尽的状况，到了该发展下一阶段的时候了。

这种智慧适用于个人、企业、社会等各种领域。民主、工业革命、妇女解放、量子物理，都是突破各自领域危机之后才缔造出来的。环顾周遭，今天所存在的一切事物，都是昔日危机所催生的。

有人说，企业家最本质的力量，在于从不确定中发现确定。若说企业的发展之路由一个又一个台阶组成，那么所谓从不确定中发现确定，就是先人一步发现企业的转变和上升契机，在众人懵懂、前路苍茫之际，独具慧眼地识别出企业面临的新阶段，并率领众人毅然决然地踏上新的台阶，踏上新的前程，踏出企业的发展通途。

1996 年是新华联发展里程中的一个重要节点。东岳化工、长丰汽车华联瓷业等几项影响深远的投资控股都发生在这一年或稍前。这意味着新华联早已走出荒野觅路、野性拼杀的草莽时代，开始构建属于自己的帝国。

在原始积累期，企业往往凭借激情、野性的力量冲出一条生路；进入稳定发展期，这股力量若不加以理性的平衡、正确的引导，极容易导致混乱、破坏。

企业发展到一定规模，内部因素变得庞大、复杂，若不对其加以理顺，组织体系的扩张必将同时导致内部因素的混乱、相互消耗。当破坏性的力量发展到失去控制，必将由内而外蚕食着企业，造成组织的解体、企业的衰落。

对内部因素的理顺，就体现为企业制度包括流程的系统性建设。系统的管理建设，将以理性的力量，平衡着原始积累时期人与组织的感性、野性，理顺企业内部各因素的关系，促使企业告别混乱和无序，步入现代企业有序治理的轨道。

然而，全新时势的悄然来临，并没有被新华联集团内部的所有企业管理者清晰意识到。他们依然在惯性的作用下，大肆扩张、招兵买马，忽视了制度的完善和组织的强健。

1996 年的内部大会上，傅军向新华联人敲响了警钟。他指出新华联当下存在的问题：不少人骄傲自满，华而不实，战略“花心”，过分追求做快做大，却忽视了企业内部的组织建设，忽视了对扩张起来的队伍和销售渠道的控制与管理，忽视了组织肌体的强健，忽视了对边际利润、资本周转速度、现金流等重要经营指标的有力控制。

他指出，新华联内部 50% 左右的企业游戏规则不健全，管理制度不完善，40% 的企业只奖不罚，不敢碰硬，30% 的企业岗位职责不明确，责权利不统一，没有实现“人人有事做，事事有人做”的目标。制度的漏洞正在吞噬着企业的宝贵资源，仅仅由于担保、借款制度的疏漏，就导致集团损失200多万元。

这种状况，是每个民营企业都绕不过去的坎儿。如何面对这个坎儿，决定着企业的未来是停滞衰落，还是勇敢向前、再造辉煌？有人甚至将这道坎儿视为企业的生死线。

一个正常的企业，在发展的过程中将面临三道生死线。

第一道生死线在企业诞生3年之内。企业置身于资源严重匮乏的荒野，如同嗷嗷待哺的斯巴达婴儿被丢弃在寒冷的野外，接受自然严酷的选择。绝大多数企业未能抗过交迫的饥冷，死于资金链断裂。

第二道生死线在企业急速发展期。在闯出生天之后的数年里，企业迎来突如其来的春天，生意节节上升，队伍快速发展。企业野性贲张的力量发挥到极致，此时若不对这股力量加以制衡，它将超越极限，转变为企业的混乱之源，最终裹挟着企业快速崩塌。

同是在20世纪90年代，沈阳飞龙集团在短短数年内，从十几个人几十万元资金扩张成几亿元资金，除了西藏和台湾以外全国其他各省都设有分支机构。然而致命的是，在资产规模、组织规模迅速膨胀的时候，企业的管理能力没有跟上来，从而导致整个资金链逐渐绷紧。一旦资金链的某一环节出现断裂，就会引起企业的全面危机。企业很可能立即崩塌，片瓦不留。飞龙的迅速膨胀和迅速没落就源于此，亿安集团、农凯集团同样如此。

明智的企业家在这一时期，往往通过管理的完善来消泯破坏力，呵护组织日趋强健。新华联就是以傅军的讲话为契机，开展了一场系统的管理改革。

然而，跨出这一步并不容易。它绝不仅仅是几条规章制度的制订，更意味着企业家对自身格局的跨越。

诚如傅军在那次大会上点明的，企业管理变革的要旨，在于从能人经济过渡到制度经济，“要打造百年新华联，创建一流企业，新华联必须从能人经济过渡到制度经济，必须贯彻制度是第一竞争力的理念”。

管理的变革，是从人治到法治，说到底是对个人权威的消灭，而首当其冲的，是企业一把手。对于新华联来说，傅军必须通过一场自我放逐的革命，实现个人权威乃至个人利益的让位，从而斩断企业对自身的归属关系，将企业送上现代化的治理轨道，最终实现企业化蛹为蝶的蜕变和救赎。

君不见，太多企业家在商场征战中英武明锐，杀伐果断，唯有在自我革命时，却不舍不甘，下不了硬手。他们一路呵护企业长大，将企业视为自我的一部分，只想将其牢牢掌控，而绝不愿意放松。

美籍华人王安创立的王安电脑公司之死就是前车之鉴。

1971 年，王安电脑公司推出的1200 型文字处理机，是当时世界上最先进的文字处理机。凭借先进的技术和产品，王安公司在 1978 年成长为全球最大的信息产品商。1985 年，王安个人以 20 亿美元的财富，名列“美国十大富豪”。然而，仅仅在 7 年之后，王安电脑公司却陷入资金匮乏，最终走向破产。

王安公司衰落的因子，就滋长于鼎盛时期。那时王安电脑公司精英云集，然而王安却在内部推行一种家族控制的权谋式管理文化，造成大批人才灰心离去。与文化封闭相应的是技术封闭。在共享时代，任何企业和个人都无法面对技术快速变化，王安电脑公司却长期坚持技术封闭的路线。公司在双向封闭尤其是文化封闭的主导下，江河日下。

傅军有别于这些企业家的，是他对个人与企业关系的理解。他的夫人吴向明一语中的："他（傅军）从来没有把企业当成他一个人的。"

傅军从创业伊始，就把企业视为实业报国的载体。企业扩张，他的责任感也随之升级。一些企业家将企业奉献给自己，他却相反，他将自己奉献给企业，又将企业奉献给更大范畴的事业和更大人群的利益。

将企业排序在个人之前，他就拓展了自我的疆界，实现了格局的跨越，总能实事求是地根据情势变化确定企业发展方略。譬如，在企业管理转轨的节点上，他提出"制度第一，总裁第二"，先把自己至高无上的光环给破除了。

早在集团车改政策颁布之前，傅军就想换一辆车。若是赶在车改前换车，就可以让公司报销费用，但他却不愿意占这个便宜，硬是等到车改政策颁布后才换，自掏腰包补足了超出公司补贴标准的部分费用。

按照公司的规定，傅军每月电话费标准只有 800 元，但他的公务要比其他管理者繁忙得多，话费也高得多，每个月基本在 2000 元以上，多出部分他总是督促财务人员从工资中扣除，一分钱也不含糊。

为与员工打成一片，傅军在集团培训中心买了一套房子。装修的时候，他想换上高档一点的暖气片，就让装修工人严把价格关，是多少报多少，然后督促夫人核对、补上差价。

昔日商鞅变法，以"徙木立信"的方式确立国家的信誉、变法的信誉。商鞅让人在咸阳城的南门立下一根三丈长的木杆，昭告百姓：谁把木头从南门搬到北门，就赏给他十镒黄金。百姓不敢相信，没人上前。他又宣布赏金升级到五十镒黄金，这才有个人半信半疑地把木杆搬到北门。商鞅当即赏给他五十镒黄金，以表明官方发言不会有假，随后才颁布变法的法令。

傅军的行为，本质与商鞅无异。他以严守制度的点滴行为，为新华联的管理改革正名，为新华联的规章制度背书，为新华联大大小小的能人做了示范。

在从无到有的原始积累期，能人的欲望和野心，促使他们大显神通，奋力拓路。当企业进入有序发展阶段，同样的欲望和野心却成为拦路虎，极容易导致纷争和内斗。飞龙公司就因创始人姜伟拜把兄弟、创业元老之间的矛盾，引发企业决策层和管理层的矛盾，导致与企业各路诸侯各行其是，最终分崩离析。

能人唯有服膺于制度，企业才能打通管理变革的道路。傅军的表率行为，在昭示着制度的权威性。于是乎，新华联上上下下形成了对制度权威性的共识。这种共识体现为企业内部人人皆知的一句话——“制度就是高压线，谁触电谁倒霉”。在新华联，无论你的职位高低，无论你与管理层的关系亲疏，只要你触犯了公司制度、损害了公司利益，都逃脱不了严厉的制裁。集团就有多位副总裁因触犯制度而被免除职务。

在这次管理改革中，新华联创建起独具特色的制度体系。该体系以“四凡四严”的管理原则和六个管理机制为中心。

六个机制是指谨慎科学的决策机制、全面的预算管理机制、规范的招投标机制、完善的内部控制机制、公正的绩效考核机制和严格的审计监督机制。六个机制的贯彻，目的是实现“凡事有章可循、凡事有据可查、凡事有人监督、凡事有人负责”的管理原则，以提高集团的整体管控能力，完善内控制度，有力防范和化解经营风险，由此进一步规范了管理。

企业的现代化转轨，既需要制度的建立，也需要职业经理团队的培养。随着企业的壮大，若是延续家族式的管理，管理过不了关，专业化的问题也无从解决。

在我国，职业经理群体的产生，与企业的现代化转轨是同步的，新华联也不例外。早从20世纪90年代开始，傅军就着手清除企业的家族倾向，就像制度改革中首先破除自身光环一样。在清除企业家族倾向的进程中，他改革的锋芒首先对准的是自己的夫人吴向明。

1997年，他对时任人事部长的夫人吴向明说："对不起，请你离开公司，回归家庭。"

提起吴向明，老新华联人都心怀眷恋和感激。钟国奇记得，1996年正值青春年华的他，原本是陪朋友来新华联应聘，阴差阳错，朋友没来成，自己却被吸引过来，为此放弃了国家机关的工作。

打动他的，就是人事部长吴向明由内心向外辐射的温暖如家的企业氛围。当时公司总部设在长沙，钟国奇和吴向明两口子一样，是醴陵人在长沙，因此不时来老乡的企业坐坐、聊聊。

一来二去，钟国奇感受到这个企业的特别，其特别之处就在于企业与员工建立的羁绊，独特而深入，远超过一般企事业单位公事公办的职业层面，而深入到心灵层面，使其感受到心灵的慰藉和事业的归属。

那时总部有十几个人，吴向明就像是一个大家庭的大姐姐，时不时地提醒他们："最近有没有给家里打电话啊？""你老婆在家照顾老的小的不容易，你要多打电话关心关心！"按说办公电话不许私用，她却主动提出让他们使用办公电话联系家人。有一回洞庭湖湖区发大水，她知道有个员工家是湖区的，就主动提出，让他放下工作，回去照顾家人。

如今的新华联规模壮大，已非往日可比，不变的却是企业里这种家一般的氛围。"忠诚"在当今企业几乎成为绝响，新华联却拥有不少工龄20年以上的老员工。新华联人眷恋这个企业，如同眷恋一个温暖的家，而早期人事部长吴向明正是这种独特企业文化、氛围的奠定者之一。

即便如此，当企业发展需要吴向明退出江湖的时候，傅军依然做出了貌似无情的决定。而吴向明对傅军的决定也全然理解，欣然接受。

随后，傅军又对公司内部的家族成员进行了一次大筛选。筛选的标准是是否拥有过硬的岗位技能，方法是考试。这意味着亲戚关系失效，他们必须回归普通员工的本分。

考场上，有人打小抄被抓到，当场被取缔考试资格、请到财务室办理离职手续；没有通过考试的都收拾行李回家。留下的这些人，受到震慑，在内心做了新的自我身份认定，不再以亲戚自居，工作比谁都勤奋，姿态比谁都低调，成为典型的新华联人，真正融入了新华联作为现代化企业的新里程。

与家族人员退出相对应的，是职业经理人的纷纷进入，譬如肖文慧代替吴向明成为新华联新的人事部长。

新华联是一个专业化程度极高的多元化企业，在多个领域都创造了不输于专业化企业的成绩，依赖的就是这么一批积极推动专业化进程的职业经理人。他们在多变的市场环境中不断进取，树立起强劲的市场形象，推动集团在不同领域勇攀高峰。

从人治走向法治，从家族管理走向职业经理管理，完成这两个重大的管理变革，新华联得以彻底告别过去，步入现代化企业的轨道，为企业更为迅猛、更大规模的发展夯实了新的起点。

规模经营的前提是用好用活企业资源，而新华联管理变革的要旨就是这一点。诚如傅军所言："对于一个企业来说，技术和人才固然是其发展不可或缺的，但我认为，企业真正的竞争力还是来源于内部，来源于自身能使技术发挥最佳优势、能让人才挖掘最大潜能的管理和机制。企业内部管理水平的高低，企业内部能够面对严峻的挑战迅速整合出一种强大的战斗力，形成自己的优势，这才是企业核心竞争力的关键。”

这次改革发端于1997年，进化于1998—2001年，在2002年以“管理年”的方式固化成果，历时6年。这6年同时也是新华联的腾飞之年。2002年底，新华联营业收入接近50亿元，成为当之无愧的大型集团。腾飞期的代表性事件则是总部从长沙搬迁到北京。新华联不再偏安一隅，而是作为一个实力雄厚的集团，迈入辐射全国乃至全世界的全新征程。

在这期间同时发生的管理改革和腾飞发展，显然不是巧合，而是一种因果关系。适宜的管理在最大程度上把资源化为动能。企业在强大引擎的驱使下，这才有可能锐意拓展，去捕捉更大的战略机会，去赢得前所未有的条件和能力，获取可持续发展的内在生命力。

以活力驱逐僵化，管理创新二部曲

不过，傅军乃至新华联并没有就此酣眠在功劳簿上。如同傅军的个人进取永不脱下跑鞋，如同新华联的经营发展永远在路上，新华联的管理改革也不会有一劳永逸的时候。

多年来回往复于实践和思考之间，傅军提炼出自己的管理哲学：制度是为企业发展服务的，而制度又往往滞后于企业的发展。因此，制度既需要相对稳定，又需要与时俱进，不断优化和完善。

秉持这种哲学，他注定不会固守任何一种管理思路。纵览新华联多年的管理进化史，我们发现，就在新华联迈入大企业门槛之后，傅军对于管理改革重心的思考又有了新的方向。

2004 年左右的一次集团高层会议上，傅军语重心长地道出下面这番话：“一个企业集团的组织结构如果出现问题，就会患上大企业病。患上大企业病，企业就会因为自身结构设置的不合理导致办事流程繁复，官僚习气浓重，相互难以协调，工作效率低下，企业内耗严重，同时战略上表现为多元而不明确，难以适应复杂、多变的外部环境。因此，企业做大了，如何继续保持自身反应的灵活性和办事的高效率，这是值得我们每个管理者高度重视的问题。”

企业创建之初，需要以严格的管理和控制来匡正原始期的野性、乱象，但绷紧了绷久了，又会造成管理的僵化、活力的萎缩。傅军意识到，企业的节奏要随时调整、松紧有度，企业管理要与时俱进、不断优化，这样企业才能始终处于既严肃又活泼、规范与弹性兼具的良性状态。当他敏锐地发现企业管理即将走向一个极端的时候，就及时地踩住了刹车。

在大会上，他总结出企业管理出现的八大问题：规范化程度不高，专业化程度不高，标准化程度不高，集权化程度高，信息传递速度慢、容易失真，压力上移、下属责任不到位，横向协调不畅、本位主义严重，总部对企业的服务和保障不够。

这些问题凸显出两方面的内容：一是管理不够规范标准，二是流程不够完善通畅。

管理和流程的目的，是将每天每月重复履行的事情付诸自动化，形成无为而治。道路设计需要设计师，道路建设需要工程师、建筑工人。道路一旦建好，行人可以轻松方便地上路，前去任何想去的地方，做任何想做的事情，而不用将精力耗费在出门这件日日行之的小事上。管理和流程上的任何一点不完善，都将导致资源流失在不该流失的地方，精力耗费在不该耗费的地方。八大问题中的每个问题都埋伏着无数这样的黑洞，而一个精力浪掷的企业，必然是活力不振的。

为此，傅军提醒大家深思："面对新的机遇和挑战，我们必须认真思考：企业的组织结构和体系是否充满着活力？能否让更多的人想事和干事？是否真正变成了高效的组织？我认为，民营企业的优势就在于机制灵活、快速反应。我们决不能丢掉这一优势。"

针对这一目的，他提出要着手企业管理的快速升级：一是要进一步完善管理制度，制度建设好了，企业才能健康运行、长远发展；二是要再造业务流程，理顺流程，完善流程，避免业务的交叉、内部的碰撞，在关键节点设置监控，有效堵塞漏洞、防范风险。

如何实现这两点，他的思考更加深入：管理和流程最终需要人来制定和执行。如果人有问题，制度也会出现问题。如何最大限度地发挥人的潜力，严格监督固然不可缺少，但有效激励的作用更加重要。

这一系列问题的思考，促使新华联的管理演进，从硬性走向柔性，走向人本主义、人文关怀，由此衍生出平衡计分卡这种先进的管理工具。通过制定平衡计分卡考核企业与员工，其实就是一种形式新颖的目标管理，70%的世界500强企业都在运用这一有效管理工具。新华联洋为中用，从2004年开始就立足于实际大胆拿来，迄今已有10余年历史，并使之成了集团内每个企业与员工都能张口即来的热词。这种新型绩效管理方法的具体操作是，集团以企业经济指标的完成、客户服务和开拓、内部管理、未来发展、团队的学习和成长等多方面内容为考核目标，再运用平衡计分卡，将年度考核目标层层分解，落实到每个企业、每个部门、每个人的头上，而后将考核结果与奖罚和效益工资紧密挂钩，切切实实地起到了甄别优劣、激励先进、鞭策后进的作用。

平衡计分卡的应用，使得组织成员的责权利变得明确。他们的每一分权力和利益，对应着自己所承担的每一分责任。组织成员不再需要有人来告诉他们该怎么做。他们可以自我定位、自我管理，以自己的努力来争取收获，真正实现了“人人有事做，事事有人做”的目标。

新华联将这一阶段的改革总结为“三个转变”，即管理风格从粗放式走向精细化，企业发展由多元化走向品牌化，由追求规模最大化走向追求效益最大化。其中管理的精细化又包含流程化管理、标准化管理、信息化管理、透明化管理等。

三个转变，共同把新华联的经营管理推向一个新的方向：激扬活力，减少内耗，避免臃肿，增强体质。这个方向与大公司衰落的势头逆向而行，使得新华联免受大公司之弊，却享大公司之利，将新华联引向继续攀升之路。

2003 年，现任矿产板块负责人的曾敏来到新华联。这位狮子座将才喜欢挑战新事物，爱好开疆拓土，冲锋陷阵。他先后在国企、港企担任过高管，却始终感到遗憾，感到自己的渴求和能量没有淋漓尽致地释放出来，直到进入新华联。

新华联为什么能打动他呢？答案就是新华联所同时拥有的大公司的资源优势和初创公司的创新激情。新华联不断吐故纳新，傅军把握时势，抢抓机会，一旦瞄准新的战略机会点，就迅速部署千军万马扑上去，以雄厚的资源、磅礴的气势占有压倒性优势，断非小公司能够匹敌，也不是一般大公司可望项背。他知人善任，曾敏由此得以屡屡冲锋新的领域，在新华联这个海阔凭鱼跃、天高任鸟飞的平台上，将血液里沸腾的激情充分燃烧，痛快淋漓。

管理哲学："变"与"稳"的辩证应用

尼采在他的书里谈到，他看到这世界由两股力量构成：一股是太阳神阿波罗的力量，一股是酒神狄俄尼索斯的力量。太阳神代表理性、平衡、逻辑、约束，酒神则代表野性、激情、本能、未被驯服的力量。若两种力量相得益彰，事物就处于良性状态；偏执和失衡则导致衰败和崩溃，就如中国人所说的阴阳失衡。

前面说到，企业在发展过程中，会遇到三道生死线：一死于初期资金链的断裂，一死于发展期的乱象和无序，而第三次死亡，往往死于大公司病。大公司病与企业的繁荣期同时到来，令企业变得臃肿、迟钝、僵化，不再敏锐，不再新锐，跟不上市场的步伐，迟早被时代抛弃。

第一道线决定企业能不能够闯出生天。一旦闯出来，企业所面对的威胁就是两股力量的失衡。无论是野性猖獗、理性不足，还是理性过度、激情湮灭，都会将企业导向下落的曲线。

故此，卓越企业家无不具备逆向思维。譬如傅军，他总能从混沌中寻觅希望的光芒，又屡屡在人们沉醉于繁荣盛世的时候，敲响危机到来的警钟。在企业快速发展、缺失章法的时候，他呼吁制度和流程的完善；当理性元素将要造成序列僵化、活力萎缩时，他又在企业内部引爆小小的震荡，提出改革，剔除钳制活力的烦琐环节。他在理性和激情两个方向来回往复，引导新华联绕开偏执的绝境。

进入历史，我们发现，从 20 世纪末到 21 世纪初，网络尚未普及，信息交互迟缓，中国的第一代企业家们不约而同地，在各自的情境里摸索着各自的管理之道。诚如傅军在当年的一份发言稿中所说：“1992 年，中国才真正确定市场经济的路线。我们的商业模式、制度流程与发达国家相比还有较大的差距，然而这些又都是企业发展的关键。我们不能因为没有经验就止步不前、无所作为。”

没有现成的经验，规律也没来得及提炼出来，为了企业发展，又必须勇敢而坚韧地前进。在这种情况下，企业家们唯有依靠强烈的危机意识、犀利的洞察力，见微知著，从青萍之末发现大风的方向，及时将企业的航船带出风险地带。在长达数十年的时间里，尝试，总结，总结，尝试，不断试错，不断完善，中国的第一代企业家们慢慢地形成了自己的管理哲学，形成了独特的企业文化和制度。

傅军曾说：“制度是为企业发展服务的，而制度又往往滞后于企业发展。因此，制度既需要相对稳定，又需要与时俱进，不断优化和完善。”我们可以将傅军的管理哲学简单归结为“变”与“稳”的辩证运用。

当代最伟大的思想者之一纳西姆·塔勒布在《反脆弱》一书中写道，创业路上大部分人的失败，都在于把自己当成了一个观光客，而不是一个理性漫游者。观光客抱有错误的目的论。他们认为自己的目的精准无误，无须修改。而理性漫游者却会持续、合理地根据他获得的信息完善计划，修正方法。

傅军的管理改革，并不是简单摆荡于理性和感性之间，就像面多了加水，水多了加面，搅拌出一堆稀糊糊，而是在对二者分别优化的同时，保持它们的平衡。第二次改革的重心是强调企业活力，但他并未忽略管理的改善，唯有更好的管理，才能为激情释放出空间，同时更好的激情才能将管理深入贯彻。二者都处在良好状态，才能促进对方、相得益彰。

由此可知，傅军的思维不是非黑即白，也不是顾此失彼。面对复杂而具体的现实，他始终以自身思维的综合性与丰富性，勾兑出因时因地实事求是的应对之策。

有了这一层了解，我们就不难理解，为什么傅军管理改革的指导思想是稳中求变、变中求稳，而没有沿袭中国历史上动不动就横扫一切、打倒一切的激烈变革传统。

回看几千年的中国历史，始终摇摆在稳定和动荡的两极之间。一个王朝站稳脚跟后，就极力维系现状，鲜有变革。然而炽热的岩浆在地壳之下翻滕汹涌，并非板结的地壳所能够抑制的。岩浆一旦从薄弱地段冲出地表，就爆发为肆意喷涌的火山。风雷激荡，山河血洗，生灵涂炭，王朝改姓，新王朝崛起于旧王朝的废墟，却又将旧王朝的故事再度重复。

稳到极点，是乱，乱到极点，是稳。“稳定”和“动荡”分居两端，从不融合。国家分了又合，合了又分，承受战火摧残的，永远是无辜的平民百姓。然而鲜血和苦难并没有换来更加先进的制度和更有希望的前景，历史学家孙皓晖先生因此将旧中国历史归结为几千年的“贴地涌动”。

是什么造就了这样的贴地涌动？几千年单一的农耕生活，塑造了中国人保守、持重、恭顺、任劳任怨的民族秉性和线性思维。这样的农耕民族，取得一定高度的成功后，就很容易趋于保守，恪守传统，不喜欢变化，不擅长创新。一个小小的例证是，中国历史上 31 位著名发明家中有 29 位都生活在乱世。

不同的生存方式，塑造了不同的思维，不同的思维惯性又缔造了不同的民族性格，生活和精神由此交相激荡。历史学家张宏杰因此提出，我们中国人不必存在毫无来由的民族自卑感，不要认为种种国民劣根性是我们血液里自带的。它们只是前工业时代的生活痕迹，是小农经济的产物。

也正是从这个角度，我们认为，中华民族迎来了真正的复兴契机，从未出现过的工商业时代来临了。人们为了寻找出路，开始了艰难而积极的探索，尤其是站在时代最前列的企业家们。

诚如傅军，他何尝不知道手头没有经验，前路一片茫茫，但他对新时代的来临既不愿意“视若无睹”，也不愿意“无所作为”，毅然决然地将此生付诸时代的探索。可以想象，层出不穷的挑战一定屡屡逼他走出自己的舒服区。他敞开心胸，接受洗礼，于是有了一次又一次心灵的扩容、思维的超越、力量的锻造、神经的磨砺，这才有了今天的傅军。

傅军，还有其他第一代企业家，任正非、柳传志、张瑞敏、王石等人，他们都不是极端分子。他们都兼具变通和坚定，前卫和保守。他们在保有农耕时代优秀特质的同时，还发展出了适应工业时代乃至信息时代的新特质，由此拥有了人格的七色板、视野的全维度、思维的综合性。他们是中国历史上从未出现过的一个物种。

以他们为中心，他们的思想和思维模式在各自企业内部层层辐射，成为推动企业乃至社会向高处攀升的巨大力量。我们甚至可以断言，“贴地涌动”的中华民族，只有在这种力量的推动下，才可能摆脱地平线的吸引力，实现再次崛起。

单单以傅军的管理变革为例，我们知道他是如何锐意变革的，却难以想象，他是以怎样的耐性和韧性，将变革的动荡化解在渐进的起伏之中。

请看：

2005 年，他提出三个转变。

2007 年，他将这一改革方向继续细化为“五更管理”，即管理更简单、更容易、更清晰、更制衡、更高效，以此推进管理的扁平化。

2008年，为了促进“五更管理”的落地，傅军又组织管理层深刻领会“五更管理”的内涵，责成相关部门完善了15份管理文件、简化了19项管理流程、向下属企业总经理下放了12项权力，将权力下放到直接与市场交互的一线。

在新华联，从来没有一劳永逸、一蹴而就的改革。改革始终保持动态，跟随内外部情势的转变，而不断进化。这不，就在2017年开年之际，傅军又提出了这一年新的转变方向，转变只求规模不求效益的发展理念，转变粗放式的发展模式，转变过度多元化的发展现状，转变执行力不强、不敢担当的作风。

塔勒布在《反脆弱》一书中，提出脆弱的反面不是坚固，而是反脆弱。反脆弱性就是积极主动加上保守偏执的组合，一面消除不利因素，保护自己免受极端伤害，一面让有利因素或正面的“黑天鹅”顺其自然地发挥作用。

这正是傅军“稳中求变”“变中求稳”的管理改革哲学的精义所在。稳定和变化两极的融合，使得新华联不会重复中国历史的悲剧，不会反复遭受僵化之苦和动荡之苦，而是以一种反脆弱性，与时俱进，良性生长，曲线上升。

许君奇，初识思维改变现实的力量

华联瓷业的前身是一个乡办小厂——嘉树乡陶瓷厂。工厂创建接近30年，却依旧保持着作坊式的规模，几十个人，几条生产线，几乎停滞的成长速度，说明这个厂和它所依附的计划经济模式一样，处于生命力长期萎缩的状态。如果没有新华联的介入，这种小厂最有可能的命运，是沦为市场经济大潮冲击下的第一拨牺牲品。

1994 年，傅军对嘉树乡陶瓷厂实施控股经营，并将工厂更名为华联瓷业。新的名称赋予小厂新的生命力。从那时开始，华联瓷业摆脱嘉树乡陶瓷厂时代的龟速蠕动状态，发足狂奔，不断超越，在 24 年后的今天，竟然成为中国综合实力最强的日用陶瓷企业，拥有 8 个生产分公司、1 个贸易总公司、1 个省级瓷业研究所、1 个世界级陶瓷设计中心、6000 名员工，年生产能力 1 亿件以上，日用陶瓷出口销量多年蝉联中国第一。

这种奇迹般的成长，并不完全是市场经济的功劳。横向对比同时期改制的同类企业，华联瓷业的高速成长是独树一帜的。尤其需要注意的是，华联瓷业的成长，并不是建立在廉价劳动力成本基础上的不可持续成长，而是以产品创新和品牌树立为特点的高端、良性、可持续成长。换言之，华联瓷业在市场经济的初级阶段，就完成了其成熟阶段的转型任务——从制造型企业升级为创造型企业。

这种时代先行者式的发展，一定不是被动跟随潮流，而是以主动思维洞见未来、把握未来的结果。事实证实了这一点，华联瓷业的企业变革史就是在傅军的持续引领下，推动企业主导者许君奇的思维不断破框、升级为前提的。

看来，要探寻华联瓷业的创新秘诀，就需要探寻许君奇创新思维的形成。

与华联瓷业高速成长相呼应的，是许君奇的超常成长。20 多年前，他是一名初中都没有读完的年轻人。20 多年后，他成为享受国务院特殊津贴的专家、中国轻工工艺品出口商会陶瓷分会理事长、《中国出口日用陶瓷技术指南》编撰专家组组长、全国“五一劳动奖章”的获得者。

他坦言，24 年前，他只是一个乡办企业的技术工人。在乡办企业干活的，可不就是农民、是泥腿子么？这种说法流露的是自谦，更是自信，是苏格拉底式的自信。唯有充分发展成长完善的人类，才敢于敞开自我，坦然面对他的一切，包括他的过去。

1994 年的许君奇，20 出头，醴陵出生，醴陵长大，初中没有毕业，就迫于贫寒的家境，辍学来到嘉树乡陶瓷厂工作。没有机会接受良好的教育，也没有见过外面的世界，在思维的高度和广度上都没有起步。他说，是傅军的出现，才引领他在思维的两个维度上迈开了无限开拓的步伐，引导他乃至华联瓷业开始了一系列的裂变。

当时，对于投资嘉树乡陶瓷厂乃至将这个厂的命运交给许君奇一事，新华联的许多股东并不看好。有人甚至将这次投资形容为“肉包子打狗，有去无回”，但傅军却透过许君奇并不出彩的表面条件，看到了他心性深处闪烁的光彩。

醴陵自古就是瓷器的发源地。生于斯，长于斯，许君奇对瓷器乃至瓷器文化，有一种与生俱来的热爱，对工作倾注了全部的热情。傅军本人就是热情驱动的人。他能够一眼辨识出这种特质，同时也心知肚明，唯有发自内心的热爱，才能赋予一个人超越自身、高于生活的理想，引导他不断跨越障碍，挑战自我，行长走远，精进不停，将一生付诸对理想的追求。

具备这种特质的人，他的未来是无可限量的。傅军投资的，正是许君奇的未来。他的起点是高是低，傅军并不介意。事实上，他相信这种心灵的可塑性，也约略知道自己能够在多大程度上影响和塑造对方。

对于傅军力排众议的选择，许君奇如此理解说：“傅老板在找合作伙伴的时候，着眼的永远都不是外部条件的高大上，而是内在，是本质，是人的素质。”这正是新商业文明的核心价值所在。它最终关注的不是别的，而是人，人的力量，人的能力，人的福祉。

在我们的成长过程中，几乎都会遇到这样的一个贵人：他给予我们由衷信任，让我们从自我怀疑的泥潭中超拔出来，自我价值被清晰确认，信心之灯被彻底点亮，发出十足的光芒，足以照亮前行的道路，激发出一个人慨然向前的勇气。如果这个贵人同时又是一位权威人士，他所带来的自我信任将格外确定，格外有力。

对于许君奇来说，傅军就是一位这样的人物。傅军出国创业之前，就因为在外贸领域的工作成就，被视为当地叱咤风云的人物。许君奇对他早有耳闻，心存崇敬，神交已久。就是这样的一位人物，将真金白银投资的企业托付给自己，如此毫无保留的信任，为许君奇这个年轻人所带来的内心震荡和力量注入，是前所未有的，是革命性的，足以催发新生的。

傅军投资有一个特点是，看人。只要找到合适的人，他就会一掷千金，毫不吝惜。在对待人才上，他曾如此表述：“人才问题是关系到企业生死存亡的重大战略问题。我们要坚持用优秀的人才经营企业，真正为人才提供一个发展平台、一个发展机会、一个发展天地，鼓舞人才干成事业，激发人才干成大事业。”

这意味着，投资许君奇，只是他赋能于他的第一步。

随后，他引导许君奇接受了全国最前卫最高端的知识渗透，推荐他到长江商学院进行 MBA 学习，邀请学者来新华联为许君奇等高管讲课，请管理学者讲授企业管理知识，请政府官员分析经济形势。

许君奇敞开心灵，接纳新知。这是一位悟性很高的学习者。他从老师那里接受到“鱼”，并学到“渔”，积累了知识，还试图掌握知识背后的思维框架。从那时开始，他再也没有中断过学习，从知识性、技术性的学习，到思维的磨砺，再到心性的提升。他的学习维度不断升级，最终成为不断精进的终身学习者。

如果说，讲台上的老师让他初步发现思维的美妙，傅军作为言传身教的实战老师，则让他见识到思维改变现实的力量。

从1994年到1996年，傅军在华联瓷业引爆了一系列的改革。他首先从新华联总部向华联瓷业派驻了3个人，分别担任常务副总经理和财务总监等。他们以摧枯拉朽之势，清除了旧有机制，以目标管理和绩效考核，制定了管理团队的年终绩效分配办法和各层级的奖励办法。富有吸引力的激励措施，将管理层和普通员工的工作热情彻底释放了出来。

经营管理层面的改革更是震烁人心。在当时，包括华联瓷业在内的陶瓷企业，普遍处于一个不利的境地，主要依赖较低劳动力成本进行代工生产，行业整体在技术、质量和规模上根本都无法与国外企业抗衡，屈居于产业链的末端，吃人家吃剩的“面包渣”。作为陶瓷发源古国，这种境况着实让人痛心。何况，随着劳动力、原材料价格的上涨、人民币的升值，这种不具备核心竞争力的发展模式是不可持续的。

故此，傅军从一开始规划华联瓷业未来时，就不打算重复老路。他放眼世界，决定上溯到产业链的顶端，在那里，以创新成就品牌，以品牌与世界巨头展开竞争和合作，夺回本属于我们自己的瓷器骄傲。

按照这种思路，他大力推进华联瓷业启动了ISO9000认证。ISO9000认证体系是国际贸易的通行证。它的本质是将一系列严苛而细致的质量标准、工作标准渗透到素来散漫的工人心中。改变个人顽习，绝不是一件轻而易举的事情。许君奇等人下到一线，蹲点督导改革。

从理念的灌输，到技能的传授，再到严格的检查和毫不手软的奖惩，历经一年多的改造、纠偏和完善，工人们终于适应了新的管理体系，企业精神面貌为之一新，积极、整肃、高效代替了消极、散漫、低效，ISO9000 认证也顺利通过。

华联瓷业成为国内最早通过 ISO9000 认证的陶瓷企业。在后来的一次竞标中，华联瓷业力克群雄，一举拿下万宝路价值 70 万美元的订单，就多得力于它是竞标企业中唯一通过 ISO9000 认证的。

通过认证后，华联瓷业又以中外合资企业的身份，拿到了自营进出口权。这意味着，华联瓷业摆脱了中间人，拥有了在国际市场上“与狼共舞”的门票。要在国际市场上征服群雄，需要匹配的标准，还需要匹配的产品。

标准其实还好说，它是硬性规定，原本就存在，我们从西方拿来大力推行就可以。产品却不一样，它关乎个人偏好。人是世界上最复杂的动物。一旦涉及人，事情就变得复杂，多变，没有标准，难以捉摸。何况华联瓷业面对的是远隔重洋全然陌生的外国人。

傅军和许君奇确定了“新产品引路”的计划。究竟怎样的新产品才能冲出一条通往世界之路呢？万一新产品不对路怎么办呢？

这就是创新对人性最大的挑战。它所面对的是不可预知、无法确定的未来。我们向往的未来，是可以抵达的人间仙境，还是可望而不可即的海市蜃楼？今天我们认为理所当然的事情，在成为现实之前却远不是那么确定。这就注定了，创新在被未来验证之前，常常需要经历一段前途未卜不无茫然的摸索。它挑战着人的胆识和自信，考验着创新者把握未来的智慧，也成为无数人无法逾越的障碍。

具体到傅军和许君奇，他们的新产品创新，则基于在空间和时间两个维度的超越性洞察。

就空间来说，欧美人的喜好与我们迥然不同。他们餐桌上更常见的是炻瓷瓷器。这种瓷器造型粗犷、釉色丰富，极具美的张力，从17世纪出口欧洲后，就深受当地人的欢迎。在餐饮日渐社会化的欧美，炻瓷强度高、热稳定良好的特点，也很适应批量洗涤、从冰箱到微波炉温度急剧转变的使用需要。

在时间维度上的前瞻，则使他们明确了炻瓷外形的定位。

以往，市场上的陶瓷分居两端，要么是高高在上的艺术陶瓷，要么是平平无奇的生活陶瓷。傅军和许君奇却决定，将这两端结合在一起，让艺术走下神坛，为生活融入艺术，将瓷器古国的瓷文化、瓷灵魂、瓷韵味注入原本平常的日用器具。

这种独辟蹊径的定位原理，与乔布斯苹果手机在底部是相通的，都是以人文关怀为冰冷的流水线产品赋予温度和灵魂，其本质是对用户全新生活品位的洞察。我们已经在新华联地产湖南阶段的运作中，感受过傅军这种思维的运用。人群中隐约萌动着追求独特而美好精神体验的需求，在1995年左右，这种需求远远不像今天这般明确。傅军却以前趋的思维触觉将其捕捉，并释放于不同领域的产品之中。

挑战接踵而至，华联瓷业乃至湖南瓷器行业都没有烧制过低温炻瓷。这一次，许君奇的热情与执着成为冲击障碍的动力泵。一次一次地失败，一次一次地重来，将心注入，无所旁顾，与其说是瓷胚在承受烈火的炙烤，不如说是他的心灵在接受反复淬炼，越挫越勇，越炼越纯，志在必得。终于，炉门开启处，一方莹净光洁的炻瓷呈现在眼前。这是华联瓷业自行研制成功的低温炻瓷。它的成功烧制具有历史意义，填补了湖南省的一项工艺空白，为源远流长的醴陵瓷器家族新添了一位成员。

1996年，许君奇带着将近300件自家产品，来到广交会。这是中国规模最大的国际贸易盛会，这是许君奇第一次面对面接受世界的检验。

自己的产品会一炮打响，还是无人问津？他的内心忐忑不安。

无论人们以怎样五花八门的方式解读创新，无论创新呈现出怎样千奇百怪的具体形态，创新最根本的意义，就是它对于现有存在的突破，在已有的领域空间之外，开拓出新的疆域。其中之关键，是人类生命积极性、思维主动性的充分发挥。

正是从这个层面来说，创新固然需要许多的外部条件，但最根本需要的，还是人的主观能动性，是对人性某些局限的挑战。毋庸讳言，对于中国人来说，这种挑战尤其生猛。农耕民族，固着于土地，看天吃饭。传统生活方式，并没有为我们提供更多主动出击的、主动改变的机会。

未来真的可以主动把握吗？基于主动意识的作品，真的能够击中现实需求吗？与其说许君奇忐忑于瓷器的命运，不如说他在叩问自身的命运、叩问自身改变命运的力量。

人群如同潮水一般涌来，在他们没有兴趣的展位旁顺流而去，又在他们感兴趣的展位前汇聚成浪花、成旋涡。许君奇的展位前吸引了越来越多的“浪花”。他们驻足，流连，欣赏，摩挲，瓷器的光彩辉映出眼中的光彩。多么神奇，一杯一盏，寻常物什，却不知怎的牵动内心情怀，使人倏忽之间时空逆转。置身于幽美而又辽远的古意境界，心灵所体验到的丰厚内涵，已经超越了产品的一般含义。

华联炻瓷一炮而红，带来了飞鸽般的订单。许君奇至今都难以忘怀来自国外的第一笔订单，那是外部世界对内心思维的认可，是未来对塑造未来的力量的邀约。感知到这种认可、这种邀约，他的内心就释放出足以冲破各种约束的张力。从那一刻起，他才真正从农耕时代来到商业时代，命运之船才真正从一个小山村里起航，奔向开阔而自由的世界、不可限量的未来。

创新驱动企业高速成长

此后，许君奇的行动疆域与内心世界一起，不断扩张，跟随傅军走出国门，先后前往法兰克福、东京、伯明翰、莫斯科……

傅军曾回忆说："我和许君奇一起出过4次国。每到国外，除参加展会以外，他把所有的时间都泡在商场里，如饥似渴地感受国外陶瓷市场的风向，捕捉当地人的瓷器偏好，临走时还要买上一两箱瓷器，带回国内慢慢研究。"

许君奇从材质、器型、花面、色彩等具体细节中，捕捉国际流行元素、各国文化背景、当地风土人情、用户喜好偏向、商家设计思路，再甄选优质元素，融入自己的产品创新。从具体事物中提取抽象元素，再将抽象元素落实到具体事物，他渐渐爱上认知的乐趣、思维的乐趣。

这一切发生在1996年到2000年期间，许君奇将这4年形容为"洗脑阶段"。他敞开内心，接受傅军的引领，接受新生事物对自己的冲击和重塑。内心世界和外部世界的扩容，是齐头并进、相互促生的。此后，他行走在内外世界不断扩张的单向道路上，趋向无限的开阔和自由，至今仍未止步。

若干年后的某一天，他在一次会议上，对自己的下属们说："起点不高，不代表未来的成就不高。可能你的学历不高，你接受的教育也不够多，这确实是一个遗憾，但你不必因此自卑。决定未来最重要的事情，不是起点，而是你的信心，你是否有改变自己的信心和勇气。"

许君奇在选拔人才的时候，秉持了与傅军相似的观念，不重眼下重未来，不重条件重内心。在华联瓷业，不少“隐形人才”由此才可能超拔而出，以信心之灯牵引出深藏的才华和力量。这些人一旦获得平台，几乎总能发挥出自主、创新的作用，因为创新原本就是主动、积极心灵的本有特质。

这才是创新者的伟大所在。他不在于创造了一个完美的结果，而在于用自己的实践证明了一种全新的可能。当他将自己从局限中解脱出来，身边的人也会获得信心，将自己解脱出来，将潜能发挥出来。从傅军到许君奇再到许君奇的下属，我们看到了一条创新赋能的环链，而这条环链一旦开启，就具备自动延伸、永不结束的特征。

从 1996 年到 2000 年，华联瓷业还借助各种国际性的展会，完成了重要的资金积累。不像一些企业，始终沉浸在依靠贸易赚快钱的阶段。华联瓷业把利润的相当一部分投入到产品创新当中，并在日后持续大力度地进行创新投入，形成了成熟的创新管理体系、强大的创新研发人员队伍和产品、技术领先的行业地位。

为了让创新不仅仅停留在灵光一闪的点子上，还具备系统化、可持续的特点，华联瓷业从一开始就创建了陶瓷研究所。

研究所直接面向市场。研究所向公司签订合同，承诺完成一定的任务，如每年向市场投放 30% 的新产品，新产品的收入还要占销售总收入的 40% 以上，科研人员的工资、奖金与研发成果挂钩，研究所的收入、提成与销售情况挂钩。

这种设计，使研究所成为一个开放的体系。当市场盈亏结果直接体现在工资单上时，研发势必会走出闭门造车，实现与市场的无缝接轨，设计甚至创造用户需求。

早在 2000 年的时候，华联瓷业就善于运用大数据洞察趋势。他们每年一开年，就搜集各种相关数据，从出口国的经济走势、国际竞争对手过去一年的表现到华联瓷业自己在世界各地的销售情况、销售热点等。信息海量集中，然后进行分析，未来产品发展方向基本就能了然于胸，新年的研发重点就有了眉目。

与理性数字互为补充的，是设计师的感性把握。华联瓷业的设计师经常深入当地，代入消费者角色，切身感知消费者的需求，捕捉市场的风向。就连傅军也自愿成为华联瓷业的“新产品调研员”。有时是在国外考察，有时是在会所喝茶，但凡发现一件设计新颖独特的瓷器，他或者让秘书拍照发给许君奇，或者直接买回来，给许君奇打电话：“君奇，我给你买了一件瓷器。你看一看对你有没有参考价值?”

事实证明，华联瓷业采用的开放式的创新研究，是有的放矢、卓有成效的。通常，新产品销售收入总能超过合同预期，至少能占销售总收入的50%。

技术创新和产品创新如同一支并蒂莲花，共同成就了华联瓷器独有的美丽。

从低温炻瓷、中温炻瓷、耐热瓷到高温白瓷，华联瓷业的技术研发没有止步。他们率先建造燃气辊道窑，实现低温快速裸烧；率先将艺术陶瓷中的结晶釉、窑变釉用于日用陶瓷并批量生产，率先将印花这一装饰工艺用于日用陶瓷；他们开发的红土胚料配方、镉硒大红釉、中温裂纹釉等产品在业界稳居首位；他们在色釉炻瓷制造、红官窑毛瓷制造、高端艺术瓷描金和高强高压瓷套制造等方面拥有多项行业领先技术。

技术创新为产品创新注入动力。华联瓷器从普通色釉、无光釉、裂纹釉到窑变釉，从单色、双色到多色，从烤花、彩绘到泥绘，从单杯、单碟、单壶到日式、中式、欧式系列产品，在产品的每个维度都能臻于极致的多元化和个性化，全方位满足用户喜好。

多年来，华联瓷业的研究力量不断成长。如今，华联瓷业拥有一个国家级瓷业研究所和一个世界级陶瓷设计中心，共有300多名科研人员。他们以一生一事、不断精进的工匠精神，构成了华联瓷业的创新生命力。

自主创新是实现产业升级的重要发展战略，但自主创新需要耗费大量资源，中国民营企业的资源又非常有限，这是中国企业家初期共同面对的现实——螺蛳壳里做道场，没有多少钱，还得往前走，往高走。故此，压缩成本、大力止血就成为他们的救命稻草和不二法门。

以华联瓷业为代表的新华联企业，抓住一个“省”字和一个“快”字，在资源和时间上追求节约、高效无极限。诚如傅军在不同场合所强调的：“企业若不能有效控制经营成本，就没有决胜竞争力。对于一个企业来说，削减成本的措施很多，比如工程与采购实行招投标，全员开展节约、杜绝浪费，彻底消除无效劳动造成的浪费，尽量减少库存，防止生产过剩，提高产品合格率。”他又说：“新华联人在自己的艰苦奋斗中，深深地懂得了速度制胜的道理。我们一向快速反应追求高效无止境。”

华联瓷业提出：“节约一分钱比赚取一分钱更重要。”他们采取一切能够想到的措施，严格控制成本和费用，尤其是非生产性的成本费用，譬如利用用电峰谷合理用电，重新制订纸箱包装标准等，有效地创造了成本优势。

在“快”字上，华联瓷业的表现同样让人印象深刻。

2004年的一次会议上，傅军指示，华联瓷业需要扩大生产，新建“现代陶瓷工业园”。同年，工程上马，华联瓷业采取同步施工、交叉作业的方式，只用80天的时间，就平地起高楼，建成占地1.8万平方米的厂房和生产线，并将相当复杂的辊道窑生产线安装、调试到位，创造了当年开工、当年建成、当年投产、当年收回投资的奇迹。

在华联瓷业，快速反应不是某一个环节的特殊现象，而是研发、设计、生产、销售整体链条的固有特质，渗透入工作人员的行为风格。一次展会上，华联瓷业的一个研发人员被附近展位上一件别出心裁的产品吸引了。他立马联想到自己正在构思的一项设计，若将该产品的创意融入，构思就能补完最后一笔，造就一件卓越产品。他当即买回产品，连夜研究，迅速完成研发、制作等环节，赶在展会结束之前，将新鲜出炉的产品呈现在华联瓷业展位前，引发了一场不小的销售热潮。

快速反应，不仅节约时间成本，还能创造更多市场机会。中国卓越企业普遍采取这种战略来超越对手。海尔同样如此。他们经常根据市场反馈，快速开发产品，投入市场。像洗地瓜、洗龙虾等洗衣机，都是这种战略的产物。相比之下，国外公司在反应速度上相对较慢。他们从概念形成到决策开发再到推广上市，需要较长的时间。

一快一慢之间，中国民营企业步履不停地追赶对手。通过压缩成本，他们在不利的环境中，挤压出一隙生存空间，于其中旺盛成长，点滴积蓄民族工业全面崛起的势能。

从 1994 年到 2007 年，华联瓷业始终高速成长，仅 2007 年一年，就创下销售收入 6 亿元、利税 2 亿元的成绩，稳坐中国日用陶瓷行业出口的头把交椅，成为商务部重点培养和发展的出口品牌。国家还把国标 GB13121、GB/T5009 标准、出口日用陶瓷质量安全手册修订工作、中国醴陵釉下五彩瓷行业技术标准的制定和编撰工作等交给了华联瓷业。许君奇本人也荣任湖南省星火计划项目出口炻瓷系列产品开发技术负责人、国家星火计划项目低温色釉炻瓷项目技术负责人、中国出口日用陶瓷技术指南编撰专家组组长。

以个人认知升级驱动企业转型升级

然而，成长从来都不可能一条道路走到底，S曲线注定要一再挑战前行的人们。

2008年，席卷全球的金融危机祸殃华联瓷业。金融危机造成欧盟各国经济恶化，中国产品的进入更导致欧盟产品丧失大量市场份额。为缓解自身不利处境，他们将手术刀对准中国，对中国实行反倾销方案，陶瓷就属反倾销商品。华联瓷器原本95%走出口，国际市场的急剧萎缩，使其顿时陷入前所未有的困境。此外，国内情况也不容乐观，劳动力成本的增加和人民币的升值，也严重制约着华联瓷业的发展。

反倾销、劳动力成本增加、人民币升值，在这“三座大山”的压迫之下，华联瓷业的发展从轻舟直下一日千里，转为身负重荷逆水跋涉。这突如其来的失速，让许君奇感受到了创业20多年来从未有过的迷茫和沉重。这一次，又是傅军怀着理解和支持，给予了他及时的纾解和启迪。

傅军说：“君奇啊，企业就像人一样，总有生病的时候，感冒发烧都是正常的。这时候一定不要过于担心，不要失去信心。”这确乎是傅军素来秉持的困境应对风格。他的一位下属曾不无纳罕地说，他跟随傅军多年，却从没见他惊慌失措过。无论面对多大的困难和挑战，他都能以淡定的心态从容面对。

话说，王阳明是中国历史上最伟大的哲学家之一。他的哲学用在政治上，王阳明成为一流的政客；用在军事上，王阳明就成为战无不胜的军事家。他的哲学要义就是八个字："此心不动，随机而动。"

王阳明和宁王作战，一个是"心不动"，一个是"心妄动"。内心处于妄动状态，宁王在行动中就会出现程度不同的失控，如同"盲人骑瞎马，夜半临深池"，犯了很多战略和战术上的错误。王阳明却始终保持此心不动，心不动就如同明镜，将对方破绽一览无余，由此可以随机而动，击溃对方。

王阳明不是天生的圣人。他认为个人的修为，需要在事功中磨砺而出。这一点在傅军身上得到印证。傅军的"此心不动"，归根结底在于，他从丰富的创业实践中，磨砺出一种与客观环境同范畴相协调的视野和胸怀，以及基于此种视野、胸怀的适宜解决之道。

从过往的案例中，我们发现，傅军有时候会跳出既有逻辑框架解决问题。面对华联瓷业的困境，他就提出了以下办法：一是要向国内市场转型。国内市场消化能力大得惊人。陶瓷产品是人们生活中不可或缺的日常用品，陶瓷餐具、茶具、各种器皿均也都有不同层次的消费群体。二，要提高国内市场占有率，关键是产品要做到精细、美观、有特色，更要有影响力。

一言以蔽之，他要华联瓷业扩大市场边界、提升产品等级，去到更高层级解决现有层级的问题。顺既有路径走到底后，很多人的反应是在原有层级解决问题，结果往往是泥足深陷、原地打转。傅军则打破思路框架，扩张做事的边界，以此达到主观世界与自己想要掌控的客观世界的合一，在超越困局的同时，反过来提升自我，实现企业的升级。

在万变时代，新型领导者所遭遇的挑战，与之前的领导者有根本的不同，其中最大的不同，就是需要不断重构知识，重构思维，重构认知，以此适应市场乃至时代的全新逻辑。2008 年，诺基亚声称，此时此刻全球9亿人因为诺基亚沟通无障碍；2013年，诺基亚世界第一的位置就被三星取代。诺基亚的沦落，就沦落于认知结构的落伍，在互联网时代来临之际，依然以电信思维来主导手机制造，将手机的互联网功能埋藏于复杂的功能层级之下。

王阳明的“此心不动”，不是心如死水，而是要平息内心纷纷扰扰的固有见解，让心在空明和静谧中感知外界，延伸到与客观世界同宽，然后以适宜于客观世界的逻辑，来解决客观世界的问题，而不是以固有见解，应对已然不同的外界。

这样的视野和胸怀，不是生来就有，需要在事功中，在一次一次面对挑战的时候，反过来挑战自我、重构认知。知识沉淀得越多，重构就越是艰难。唯有那些抛弃小我固执、放弃自我保护的人，才能敞开内心，接受外界的雕琢。傅军就是这样的人，早已将一生付诸超越自我的理想，随时跟进外界扩容自身，才能实现内心与世界的同宽。许君奇同样是这样的人。为了内心的追求，他心甘情愿地接受傅军的引领。

明了未来的方向后，许君奇迅速行动，第一个举措就是收购了醴陵的群力瓷厂。

收购时的群力瓷厂落后于僵化的国营体制，但它的奕奕光彩即便尘埃满布也难以掩饰。群力瓷厂的历史可以追溯到1906年，前身是清政府官员熊希龄创办的湖南瓷业学堂，后组建为湖南瓷业公司。

1915年，群力瓷厂制作的釉下五彩，参加巴拿马太平洋万国博览会，获得优奖金牌。1959年，群力瓷厂成功生产出人民大会堂、军事博物馆等首都十大建筑的国家用瓷。毛主席使用的瓷器也出于群力瓷厂。1971年，中国在联合国的合法席位恢复，群力瓷厂承担了联合国用瓷的生产任务。

群力瓷厂的辉煌历史和高超技术，正符合华联瓷业转型升级的高端定位。接手以后，许君奇要做的事情，就是洗净群力瓷器上的“蒙尘”，还原并彰显其原有的光彩。他们为此注册了“红官窑”的品牌。这三个字将群力瓷器出身之正统、文化积淀之深厚、技术之高超的内涵清晰传达。注册过程颇为不易，傅军跑了三趟国家工商总局，反复说服，才得到认可。

2008 年，北京欣逢千古盛会——奥运会，傅军和许君奇都看到了“红官窑”盛大出场的契机。在他们的运作下，华联瓷业成为 2008 年北京奥运特许生产企业，“红官窑”成为 2008 年北京奥运会特许产品。“奥运·中国红”系列陶瓷纪念品以其极为明艳的红色和极为华贵的造型，与全国人民喜庆奥运的心情交相辉映，在他们心中留下鲜明的印象。

随后，“红官窑”又高调现身于 2010 年的上海世博会、广州亚运会。令人瞩目的出场，和与之匹配的实力，使“红官窑”一举成名，确立了极致、稀缺、尊贵的定位，为华联瓷器在国内的畅销赢得开门红，拉动华联瓷业整体销售的明显回升。

许君奇闯过低谷，备受振奋，举一反三，大招频出，随后又收购醴陵电瓷厂，组建华联火炬电瓷工业园，就此向电瓷领域进军。公司先后生产出 13 个系列 1000 多种规格型号的电瓷产品，其中六氟化硫断路器瓷套和电流互感器等产品还申请了自主知识产权，填补了国内该项产品的空白。

电瓷领域的成功激发许君奇再接再厉。他又于 2012 年与蓝思科技公司合资成立了湖南蓝思华联京瓷有限公司，从事消费电子产品精密陶瓷部件的研究、开发。双方共同投资 2000 多万元，在醴陵新建了一条手机配件生产线。该生产线具有日产量 3 万片、月产值 500 万元的批量生产能力。

这一系列举措的目的已经不是走出低谷，而是走向产业链高端，着力于陶瓷新材料的研发生产、高附加值的精密制造，推动企业转型升级，从劳动密集型企业走向文化型科技型企业。

这些举措效果如何呢？2015 年华联瓷业的经营数据显示，公司业绩持续上扬，关键经营管理指标向好，其中华联瓷业本部、火炬电瓷、红官窑、特陶合计实现销售收入同比增长 11.6%，净利润同比增长 4 倍，销售回款同比增长 17.2%。

考虑到 2012 年以来陶瓷行业持续疲软、波折不断的不利形势，华联瓷业已经历练出逆势增长的能力。

什么样的企业才堪称优秀企业？一个重要依据就是，企业能否在负增长的经济周期里，实现逆势增长。具备这项能力的企业，才算具备了生长力，具备了生长力就具备了无可限量的未来。没有生长力，即便今天规模很大，未来也不容乐观。

企业逆势增长的能力，源于企业家的主动应变。譬如许君奇，他不是被环境逼着改变，而是以不断的自我提升促进企业升级，实现企业增长，以此应对外界变数。

许君奇为自己的成长感恩傅军。他对傅军怀有亦师亦友的深厚感情。一个人的困境也是所有人的困境。许君奇的幸运在于，当他在个人困境中苦熬的时候，傅军总能以其丰厚积淀，为他指引出路，使他免于无谓的弯路，得以建树性地应对逆境，以“坎坷”为“台阶”，从中破茧重生，扩容思维，扩张边界，获致更为通达的内心和更为宽广的世界。

换一种角度，傅军又何尝不幸运呢？人与人之间最为珍贵的，是思维的激荡、心灵的相通、精神的共振。个人以此走出孤独，与同侪携手向前，大道同行。尤其像许君奇这样满怀理想、自带动力泵的人，一旦以正确的方式前行，必将走到难以预料的高处。譬如，着力于陶瓷新材料，许君奇就走出了一条中国民营企业赶超对手的典型道路。

突破壁垒，不断跃升，走向世界高端竞争

许君奇对陶瓷新材料的兴趣，始于2005年，始于他对陶瓷内涵的开拓式思考。在他看来，陶瓷不仅仅是日用产品、文化载体，还是一种新型材料，无机非金属材料。这种材料具备其他材料所不具备的优势，如美观、绝缘、防辐射、耐磨、硬度高等。他相信，未来陶瓷新材料一定有着广泛的用途，前提是要想办法解决陶瓷的一个弊端——脆弱、易碎。

认准方向和痛点后，他发动蓝思华联的科研力量攻克难题。这是一个重构陶瓷本质的挑战。可以想象，研究人员经历了多少次的失败和重来。这种经历在华联瓷业不是第一次，这种韧性伴随华联瓷业创业始终。

早在1995年，华联瓷业接到第一笔来自香港的巨额订单，生产可以直接放在电热炉上的茶壶。这就要求茶壶具备相当高的热稳定性。但客户的要求不止于此，他们还规定茶壶必须厚薄均匀，外表不能有任何斑点和针孔，而且轻重要一致。整个茶壶的重量也不能超过80克。

条件不可谓不苛刻。华联瓷业以往还没有制作过如此高要求高标准的产品。面对大家的忐忑，许君奇表现出志在必得的豪气："决不能轻言放弃！必须突破这种狭隘的思维观念，要敢于挑战自己，否则企业就会止步不前。这绝不是一单生意的问题，而是关乎企业能否破茧重生，哪怕是赔钱也要干！"

他领着一帮人，关在只有十几平方米蒸笼一样的实验室里，反复烧制，屡败屡战，足足战斗了20多天，终于在耗掉上万吨的原材料后，烧出了合格产品。

这一次，许君奇他们依然是付出了被稻盛和夫称为“不亚于任何人的努力”，埋头探索，以全心投入的高密度能量，轰开了成功之门。他们研制出的陶瓷新材料，解决了易碎的痛点，从2米高的地方摔下来也不会碎裂，莫氏硬度达到8.5H，远高于镁铝合金的硬度，比普通金属外壳更耐磨，还具有抗划伤、抗冲击、信号穿透性好、色泽光亮等优点。

这种材料相比金属材质的手机外壳，优势明显，不会屏蔽射频信号，与无线充电、5G通信技术不冲突，符合新技术发展的需求，是未来手机后盖材料发展的趋势。此外，它还可用于智能穿戴设备的陶瓷结构件、陶瓷装饰件。

在这种时候，与蓝思科技合作的优势也彰显了出来。蓝思原本就是国际知名品牌智能穿戴式设备的部件核心供应商。华联瓷业的技术和蓝思的供应商身份，二者强强联合，直接把华联瓷业的产品推送到国际最高舞台，与对手同台竞技。

令人骄傲的是，在这个舞台上，即便与蜚声世界的对手——稻盛和夫的日本京瓷同类产品较量，华联瓷业的产品也技高一筹，挫败对手，赢得了苹果公司的认可。苹果公司iPhone8的后盖、iWatch的陶瓷表带全部交由华联瓷业制作。此外，三星、小米、金立手机的陶瓷部件也同样委托华联瓷业生产。

许君奇踌躇满志地展望，“十三五”“十四五”期间，国内将迎来明显的消费升级，会出现越来越多的智能建筑。陶瓷新材料的用途将变得越来越广泛。那个时候，华联瓷业就能携世界级的尖端技术，实现盈利能力乃至品牌力、影响力的大幅提升。借助这股势能，华联瓷业可以走向国外，收购外国品牌，从而突破贸易壁垒，完成企业的全球化转型，进而利用全球资源，推动企业的进一步提升，直到成为陶瓷行业的世界第一。

事实上，许君奇的战略部署是合纵连横，不仅向高处攀升，还向宽处延展。华联瓷业的兴旺已经带动起醴陵瓷业的百花绽放。许君奇同时还在收购、赋能产能低下的陶瓷企业。这种平台的设计，合起来可以抱团取暖，共同抵御风险，分开又以阿米巴的方式独立核算、独立经营，像排头兵一样直接接受市场的塑造和磨砺。当高度和宽度都臻于极致的时候，崛起于世界舞台的，将不止是一个华联瓷业，而是整个中国的陶瓷行业。

这个梦想貌似宏大，却并非可望而不可即。如果一个企业具备了逆势增长的生长力，具备了源源不绝的创新力，我们敢于相信，它一定能够走到它想要去的任何地方。到 2018 年，华联瓷业已成为宜家、星巴克、沃尔玛、吉普森的重要供应商，营业收入接近 13 亿元人民币，利润也实现大幅增长，产量接近 1 亿件。

这个梦想同样是令人振奋的，因为我们从中看到了一条中国民营企业家赶超对手走向世界的典型道路。

他们诞生于资源稀缺之中，清贫的出身没有阻挡住远大的理想。他们以极度的成本压缩、时间赶超和与之相伴的艰苦卓绝的付出，在国际强手环伺的市场环境中寻寻觅觅一线缝隙，以不高的价格提供质量不低的产品，而后一面在价值链的低端谋求生计，一面从牙缝里挤出资源来哺育技术创新。如此不断循环，以低端产出哺育高端研发，而后突破技术壁垒，不断跃升，最后在最高层面参与国际竞争，在荆棘中生蹚出一条中国企业崛起之路、民族经济复兴之路。

他们是任正非，是傅军，是许君奇。当他们数十年的积累到达临界点，当他们的势能呈几何级数爆发，世界竞争格局必将被全面改写。

结缘，解困，大醉，两个企业家的携手

吉隆坡，赤道艳阳和海滨落雨交相来袭，东方韵味与西方文化融合无碍。这是一个五味杂陈、五彩斑斓的城市，具备孕育新生事物的丰富内涵。1990 年，新华联在这里诞生；1996 年，东岳化工又在这里迎来新生。

新华联向东岳化工投资 800 多万元（累计投资不到 3 亿元），成为其第一大股东，合同签署仪式就放在马来西亚的吉隆坡。合同的签署，意味着东岳化工从一个乡镇企业跃变为合资企业、一个现代化的企业。放下签字的笔，张建宏也放下长久纠缠于心的束缚、冲突和痛苦，感受到久违的畅快与自由，同时依稀看到东岳化工的全新未来、远大前程。在庆祝宴上，他在被他视为大哥的傅军面前彻底敞开胸怀，放开酒量，喝了平生最多的一次酒。而后，他足足酣睡两天，方才醒来。

过去所以充满痛苦，恰恰是因为内心满怀了希望。张建宏对未来对事业的希望，萌生于青春岁月。

19 岁那年，在对越反击战的氛围中，张建宏加入部队，被派往海南守边。十几岁是自我塑造的重要时期。对于张建宏而言，从老百姓到军人的角色转变，同时引发了自我的重新定位。

从山东开往海南的军用列车上，张建宏感受到家乡被越来越远地抛

在身后，同时远离的，还有以往自我定位所赖以形成的环境。一种陌生而又强烈的“悬空感”向他袭来，“我是谁”亟待重新定义。

沿途不断有运兵车、军资车疾驰向南，加剧着备战气氛的严峻。目睹一辆辆列车络绎而来，呼啸而去，张建宏无比清晰地认识到，一己生命正在被卷入一场浩大的国情时势之中。在茫茫夜色中，张建宏第一次认知到，自身的渺小和国家的浩瀚。他不再单单属于自己，属于家庭，甚至也不再属于生他养他的热土，而是以一个“兵”的角色融入更大的范畴，隶属于自己的国家，以“保家卫国”为自身使命。

1979 年，“誓与海南共存亡”的军令下达，驻守海南的每一个军人，都在自己的包裹上郑重写上家乡的地址、父亲的姓名。当张建宏将包裹交给上级的时候，他知道，那同时交付的，是自己宝贵的生命。如果自己牺牲，这个包裹就会被寄到山东桓台人武部，再被送到家里，国家将给予家人 200 元的抚恤金。

在生死一线的极限境遇，张建宏迅速褪去少年的青涩和懵懂，褪去老百姓式的散漫和侥幸，不得不以极致的心理能量和意识水平来审时度势，思考问题，完成任务。这种心理模式一旦形成，就将不断地追求极致，追求超越，永不停滞。

结束 4 年的军旅生涯，返回家乡，张建宏随即组建了一支建筑队，四处出击，寻找机遇。当时的他写了两行对句明志：“当年从军守边防青春无悔，而今返乡建家园豪情万丈。”短短两句话，将他的自我预期和事业抱负展露无遗。

唯有明白这一点，我们才能够理解，为什么这个来自乡村的建筑队队长，在听说某化工厂拆出两台转炉的消息以后，竟然萌生了拉回转炉、自办化工企业的壮志。

1986 年中秋节前夕，张建宏带队在济南一家化工厂干建筑，听说厂里引进新技术，将两台转炉淘汰了下来。得知两台转炉还能正常运转，能够生产一种叫作“无水氟化氢”的化工产品，他断然决定，拉回转炉，在乡里办一个化工厂。

化工企业的专业性要求之高，不言而喻，按常理来说，并不是一般人可以问津的。由此，当张建宏和他的 38 位庄稼汉兄弟把转炉拉回乡里，自然遭到形形色色的质疑，更被笑说是“老乡玩老虎”。但张建宏不仅拥有雄心，还拥有与雄心匹配的头脑和意志。安置好转炉，他就领着 38 位庄稼汉返身回到济南，投入艰苦卓绝的学习。

他们向化工厂的技术人员学艺，白天得干活，只能利用晚上的时间学习。在那所简陋的工厂招待所里，39 位早已离开学校的庄稼汉们，用粗糙的双手，捧起天书一般的资料，一字一字生啃着、记着、背着。从傍晚到深夜，他们孜孜不倦地学习，直到困倦得捧不住书，才上床睡觉，第二天一早又要投入高强度的体力活。日复一日，早起干活，熬夜学习，体力和脑力的双极限付出，没有耗垮他们，反而催生出深藏于心的激情和豪气。

这批后来被称为东岳“黄埔一期”的人们，日后回首那 3 个月的时光，依然感觉亲切、怀念，宛如昨日。那是他们生命中的光辉岁月，同样是东岳历史中、又何尝不是中国工业发展史上的曙光时分！奋进，蓬勃，虽苦犹甜。

这些日子也奠定了东岳的精神源头、文化基调。1987 年 7 月 1 日，他们一手创建的工厂——济南化工厂桓台分厂 1200 吨无水氟化氢装置正式投产，年底完成产值 212 万元、纯利润 22 万元。和东岳的每一个重要节点一样，这个日子铭刻着一段艰辛的付出，同时开启了一段新的奋斗历程。

每一步向前，都犹如逆水行舟，需要人们竭尽全力、奋勇推进。尤其是项目会战，包括张建宏在内，干部工人统统吃住在现场，一连几十天昼夜奋战，即便下雨天也没人离开，谁累了就随便找地方打个盹。

有一回，正逢大年三十，氟化氢转炉却出现故障。为了不耽误生产，张建宏、刘传奇等领导当即带头行动，拆炉重装。管理层、生产线上的人员也自觉放弃过节，加入进来。炉温极高，手套和胶鞋都烫坏了，大家却全无觉察，一心工作。等到转炉重装完毕，这才发现手脚灼疼，饥肠辘辘，附近村庄已此起彼伏响起庆祝大年团圆饭的爆竹声。

有人认为企业文化是人为塑造的结果，但真正拥有生机的企业文化，其实是企业在应对挑战的过程中自然生成的，东岳文化就具有这一特性。譬如，早期氟化氢时期，就形成了能“吃大苦、耐大劳、干大事”的“三能文化”。

对这一文化，张建宏如此解释：“东岳刚起步时，我们国家在氟化工领域的技术、工艺和规模，与发达国家相比，只是落后50年。要想赶超发达国家，把东岳建成世界的东岳，唯一的办法就是‘以大补晚，以快补晚，以高补晚’”。要补晚就要分秒必争、在所不惜；唯有吃大苦、耐大劳，才能干大事。

他对国家工业乃至氟化工行业的现状，有着清晰的认知，并自觉承担起推动其快速发展赶超发达国家的使命。然而，却是要大步向前，张建宏越是感到身受掣肘，意图难达。

桓台分厂是乡镇企业，政企不分离、产权不清晰、权责不明确的体制弊病，使得张建宏的企业决策常常难以实现。企业命运如同旋涡中的小船，随时可能倾覆。此外，企业发展需要资金供血，乡镇企业却没有银行授信和贷款指标，融资无路。张建宏曾为了 200 万元的资金缺口，从北京辗转昆明，又从昆明奔赴丽江，途中还遇到劫匪，万幸脱险。如此涉险犯难，却依旧空手而归。

这段人生中最为艰难的日子，张建宏每每不愿回忆。他说：“与旧体制的碰撞，是一个痛苦的经历，对东岳来说，真可谓一次生死劫。”他和傅军一样属于永远在路上的那种人。他们可以承受路上的种种风险与艰辛，却最怕在原地泥足深陷，停滞不前。若不是害怕人生浪掷于无谓的会议和人际应酬，傅军也不会在政途一路高走之际，断然辞政从商，将未来付诸茫茫的未知。

缘分，使他们相遇；共通，使得傅军成为张建宏的解铃人。

1996 年，傅军偶然来到桓台，拜访朋友，听说张建宏的困境，萌生了见见他的想法。这一见之下，虽是新识，却如同故交。他们甚至从一开始就体现出行动者的相同风格。傅军与张建宏对谈半小时后，就果断决定投资桓台分厂。张建宏则连夜起草合作协议，第二天一早就来到傅军门外，手拿合同，等候签约。

于傅军而言，进军化工行业，实现了他实业报国的初衷；对制冷剂市场的看好，符合企业家的盈利诉求；最重要的一层，则是对张建宏的欣赏。第一次见面，他就发现张建宏激情饱满，思想活跃，雷厉风行，具备成大事的特质，足可信任，足可寄托厚望。

于张建宏而言，长久以来的困境和停滞，由于傅军的出现而一朝化解。桓台分厂更名为东岳化工，从乡镇企业蝶变为合资企业。东岳产权分明，责权清晰，指令必达，上下一心。

为了不束缚张建宏的能量，使其充分自主，尽情驱策企业驰骋向前，身为大股东的傅军，却把东岳化工董事长的位子拱手相让于他。和张建宏一样，傅军同样具备超越性的心理地图。张建宏在前往海南的军列上完成了自我的重新定位，傅军则是在跟随父亲开会的会场童年，不自觉地将自身之外的广袤世界纳入意识，而后顺其自然地将私事、家事让渡于公事、国事，将自身的理想追求融入实业报国的使命。尤其是在开放性的创业过程中，这种精神不断落实于实实在在的利他行为之中。

诚如傅军所言："一个人要有胸怀，没有胸怀是做不成大事的。比如说你能不能稀释股份？能不能相信职业经理人？你能不能用本事比自己还大的人？你愿不愿意去感激对公司做出贡献的员工？你能不能高薪水、高待遇去激励你的团队？这些问题太具体了，但很考验一个企业家的胸怀。"

稀释股份，任用能者，激励团队，分享利益，傅军的一路走来，一路舍，以舍其小而成其大，最终成就了卓越企业家的胸怀、气度和格局。新华联集团的规模及其生生不息的发展前景，就是傅军胸襟的外显。

面对张建宏和东岳化工，傅军以企业发展而非个人得失为出发点，决定将董事长之位让给张建宏。他说："企业涉及一个陌生的领域，需要专业化的管理团队，有利于企业的发展比谁当董事长重要。"

后来，在东岳化工的创新探索过程中，他始终给予充分授权和大力支持。东岳化工的跨越性发展和规模扩张，无不以资金链紧张为代价。在这种关口，傅军都以真金白银给予张建宏和东岳化工有力的支持。

张建宏回忆说："傅总先后六次投资东岳，从投资制冷剂，到高分子材料，从氟硅氯碱、氯甲烷、电厂，到有机硅、氢燃料电池，都是东岳资金紧张、规模亟待扩张之时。每次投资，经过论证后，傅总便对我说：'建宏，我信任你们！'也正是傅总这份沉甸甸的信任，使我们更加谨慎经营。我们有一个共同的愿望：无论何时何地，决不辜负傅总对我们的信任!”

2007年，傅军又积极斡旋，推动东岳化工上市。他联系世界银行旗下的国际金融公司和荷兰霸菱（亚洲）投资有限公司，对东岳化工进行战略投资。两个机构一共向东岳化工注入1.3亿美元，持有东岳化工27.3%的股份。东岳化工由此把握住机会，成为金融风暴爆发前夕在香港的最后一个上市公司。这最后当口的惊险一跳，使东岳化工在金融危机之前拿回了10多亿元的过冬储备金，为企业在危机中占领先机赢得了宝贵的战略机遇期。

在工作指导上，傅军更多地着眼于宏观层面。新华联转战国内外无往不利的关键原因，在于新华联的文化与价值观、管理与机制。与东岳化工结缘以后，这些逐渐向其渗透。

傅军和张建宏的抱负是相同的，新华联和东岳化工的核心价值观是一致的，这使得新华联的先进理念得以顺畅地输入东岳化工。如张建宏所说：“新华联集团‘诚信为魂、绩效至上’等企业文化的注入，成为东岳百年企业的基因和铁血DNA，使东岳彻底摆脱了乡镇企业、民营企业不可持续的怪圈和宿命。”学习并引进新华联的大力度人才激励机制，使东岳得以吸引各路精英，为技术创新奠定了人才基础。

与此同时，东岳化工的文化也反哺着新华联。傅军多次在大会上号召新华联人学习东岳艰苦奋斗的作风，号召其他企业学习东岳不断创新、不断超越的精神。东岳化工这支生力军，反过来又为新华联注入新鲜血液和勃勃生机。

傅军和张建宏的相互影响还发生在个人层面。当张建宏以工匠精神推进东岳化工发展的时候，傅军则以多元化领导特有的广阔视野和系统思维，为张建宏提供启迪。新华联的投资触觉向多个领域伸展，傅军由此获得大量一手、深度的行业信息，再加上他出身于国际贸易、起家于国外，向来留意以全球视野搜集具有风口性质、关键性质的信息，对社会网络的运作和发展形成了整体性的洞见，对于产业的发展趋势具有敏锐认知，形成了“第七感”式的整体式思维。用张建宏的话说：“傅总能够看到停留在概念阶段的事物。”

在这个充满不确定性的时代，唯有这种思维才能最大程度地捕捉未来，变不确定为确定，傅军正以此把握到东岳化工的发展脉动。张建宏说：“傅总在每一次董事会和重要节点上对我们的谆谆教导，并每次都会准确地把握东岳的节奏，为东岳每一个时期的发展指明方向。一次次聆听傅总的报告，与傅总一次次地促膝交谈，让我开阔视野，提高格局，增长见识，坚定信念，明白做人做事的道理。”

22 年前，就在双方结缘以后，张建宏向傅军讲述了对东岳化工的未来构想。氟化工的起点是将萤石提炼成氟化氢，然后以氟化氢为原料可以向四个方向发展：ODS（消耗臭氧层物质）替代品，也就是绿色制冷剂，还有含氟聚合物、含氟精细化学品、氟化盐。在 10 年氟化氢领域的生产之后，张建宏想要往价值链的上游、制冷剂替代品的方向发展。

傅军意识到制冷剂替代品的光明前景，尤其看好东岳化工向绿色环保方向转轨的战略，给了东岳化工 808 万元，支持张建宏往这个方向进军。甩掉束缚，却得到支持，张建宏对傅军心怀感激，意识到傅军兼具“农民的朴实、知识分子的严谨、商人的机敏、企业家的诚信，是不可多得的伙伴”，感受到柳暗花明又一村的幸运和放松，才有了一生唯一的那次大醉。

老乡结皇亲，东岳的创新起步

接下来，张建宏在选择何种制冷剂项目方面，面临着重要抉择。长时的冥思苦想，在一条新闻之后，有了头绪。1999年，《人民日报》刊登了清华大学朱明善教授在制冷剂替代产品研制方面取得重大突破的消息。张建宏当即决定，与清华大学联手开发绿色环保制冷剂。

决定传来，舆论哗然，有人说他是“老乡结皇亲”。这不是张建宏第一次因为自己的雄心壮志承受讽刺，也不是最后一次。和“老乡玩老虎”一样，这种说法很生动，充分体现了人民群众善于捧哏逗乐的民间“智慧”，而这种“智慧”由来有之，被孙隆基先生在《中国文化的深层结构》一书中名之为“铲平主义”。

他解释说：“在‘个体化’不发达的情形中，个人的自我价值，是必须不断地与他人比较才能确立。因此，自己在做一件事，就必须看看别人是否也在做同一件事；而自己不在做一件事，也要看看别人是否同时不在做这件事。如果他发觉自己做的事与别人不一样，就会赶紧地与别人一致。或者，刚好相反，他会想办法将对方搞到和自己一样。如果自己有权力，就会利用权力威逼利诱，甚至不惜动用权力去铲除别人的差异性；如果自己没有权力，就会用‘忠告’、揶揄等方式，向对方施加压力。”

“铲平主义”是小农经济的产物。在小农经济时代，人人都在自家小块地盘上遵循一样的天时，进行一样的简单手工操作，没有分工，也不需要精巧的科技。在这个同质空间中，没有任何多样性的发展，也很难容忍差异性的存在，倒是与众人同步，让人感到安心。

我们身上或多或少地留存着民族承袭千年的无意识思想，以貌似不经意的言论体现出来。然而时至今日，中华民族正在经历从农耕时代到工商业时代的历史性转型。迥然不同以往，工商业时代最需要的却是与众不同，尤其是企业。差异化战略是企业脱颖而出的不二法门。

设想，不存在差异化，企业就只能通过提高运营效率来获取优势，而运营效率是容易模仿的。企业很难维持自己的优势，只能沦陷于两败俱伤的同质化竞争，泛滥于化工乃至诸多行业的残酷的低端产品价格战，就是这种竞争的产物。

纵观全球卓越企业，无一不是差异化战略和运营优势合二为一的产物。中国企业要想实现民族复兴，雄踞于世界民族之林，就亟须一批不妄自菲薄、雄心万丈的企业家。

和中国所有的民营企业一样，东岳化工的起点极低，碍于缺技术、缺资金、缺人才的现状，只能以技术跟踪的方式蹒跚学步，但张建宏从一开始就具有相当的意识高度，着意提升技术水平，夯实企业的差异化优势。还是在乡镇企业期间，他就亲自带领同伴们四处学习，倍加关注行业前卫技术交流会。有时候会议方嫌他们是乡镇企业，不让进场。他们就全程站在门外听，等会议结束，再想办法找到专家补课。

世界氟化工工业崛起于 20 世纪 30 年代，我国始于 20 世纪 50 年代后期，东岳化工建成于 20 世纪 80 年代。我国起步晚，东岳化工更晚，足足晚了 50 年。从 1995 年开始，全球氟化工企业大范围地收购、兼并和重组，使得强者更强，专者更专。美国杜邦、3M、霍尼韦尔、日本大金等八大国际化工巨头在高附加值的氟化工下游产品领域，控制着 80% 的份额，拥有下游氟化工产品的绝大多数专利。而中国氟化工企业在大多时候，只能为国外化工巨头们提供原料，挣扎于价值链的低端，难以突破。

张建宏一方面认知到，这些巨头是绝不会把专利技术让给中国，另一方面又坚信，“美国人、日本人能做到的，我们中国人也一定能够做到”。他决心以技术提升、技术创新突破壁垒，向价值链高端挺进。由此，从一开始他就着意跟踪行业技术前沿。有了新华联的及时注资和傅军的大力支持，他更是决定结束10年的技术跟踪，以与清华大学合作为起点，步入自主创新的光荣里程。

“老乡玩老虎”也好，“老乡结皇亲”也好，爱咋说咋说吧。鲁迅针对此种现象已有言在先：“去罢！苍蝇们！虽然生着翅子，还能营营，总不会超过战士的。”

在随后的一年里，张建宏往返北京30余次，与清华大学接洽。

有一次，赶到清华园时正是烈日炎炎的中午12点，清华园里蝉鸣正躁。张建宏考虑到，朱明善教授可能在午休，就嘱咐同行的于修源，暂不跟朱教授打电话，先在外面等等他。两人在校园的长椅上一坐一个多小时，等朱教授将他们迎进门的时候，发现他俩的脸已经晒得又黑又红。小小细节透露出张建宏朴实的品质。这样的人做事一定认真扎实，朱教授愿意与这样的人合作，遂积极向系里斡旋与东岳化工合作的事。

东岳化工与清华大学联手，仅用一年的时间，就使传统氟利昂的替代品绿色制冷剂走向生产线。东岳绿色制冷剂被列入国家环保重点实用技术A类推广项目、国家级新产品，被授予中华环境保护基金会绿色产品奖，并被美国SNAP计划认可推广使用，获得国际统一编号，还获得国家技术发明奖。

东岳化工自主研发的东岳一号至东岳六号（DYR－1～DYR－6）、

DYR－406、DYR－413、离心二号（LXR2a）等，正成为制冷剂替代的新生力量。其中DYR－1是针对欧盟汽车空调R134a替代研发的新产品；DYR－2是适用于R500的节能环保替代品；DYR－3是适用于R410A系统的节能环保替代品，已经大量应用于格力、美的、海尔、海信、奥克斯等多家著名空调企业；DYR－4是适用于汽车空调等系统的节能环保替代品，其性能已获得国内外客户的高度认可；DYR－5是可直接充灌于R22系统中替代的环保制冷剂产品；DYR－6是适用于发泡市场的替代品，目前正在国外市场批量应用；DYR－406是适用于国内外汽车空调维修市场的环保替代品，目前正在国内外市场广泛应用；DYR－413是目前发泡市场正广泛应用的产品，使发泡厂家可节约成本并能达到最佳的发泡效果；LXR2a是适用于离心式冷水机组的环保替代品，是国内首创优势产品，目前已在广东大亚湾核电站等批量应用。

鉴于绿色制冷剂对臭氧层保护做出的卓越贡献，张建宏多次以中国政府观察员的身份出席联合国环境保护缔约国大会。

瞄准“塑料王”，向价值链高端挺进

制冷剂领域的成功没有让张建宏就此满足，反而催生出他继续向前的豪气。他决心向价值链的高端上溯，瞄准有“塑料王”之称的聚四氟乙烯。

聚四氟乙烯之所以被称为“塑料王”，是因为它无敌的耐化学腐蚀和耐老化性能。用它制成的容器，使浓氢氧化钠、王水甚至原子能工业中的强腐蚀剂五氟化铀终于找到了栖身之所。聚四氟乙烯自面世以来，已经在军工、航天、核工业、电子、化学、建筑、医学等领域获得极大应用，如宇航服、雷达、高频通信器材、耐腐蚀的化工管、阀和环、耐热防腐的电线电缆、人工血管、气管及心肺装置等。

但是，生产聚四氟乙烯的技术被垄断在少数欧美国家的手里，长期对中国封锁。冲破封锁，对东岳化工不仅仅意味着企业的盈利。张建宏愿意将企业的发展与国家的进步接轨起来，遂决定上马年产3000吨聚四氟乙烯的国内最大装置。

在首轮专家论证会上，一边倒的都是反对声。有人建议他，不如与国外企业合作；也有人劝他，实在想搞，就先搞个小装置，失败了也可以承受。但张建宏知道，仰人鼻息的结果就是食人残羹冷炙，在价值链低端与人合作。另外，上不了规模，也无法获得持久优势，他就是要以自主创新来上档次、上规模。

这个目标虽然远大，却建立在缜密判断的基础之上。创新技术唯有与规模结合起来，才能最大程度地占据市场份额，构建起足以同外国企业抗衡的壁垒。一个制冷剂还不够，聚四氟乙烯更为广泛的应用，才能成就规模优势。当然，远大的目标意味着艰苦卓绝的跋涉，但在东岳化工，这个目标是远大的，同样是清晰的，足以激励人们振奋精神，鼓舞斗志，将所有力量拧成一股绳，牵引着企业的再一次豪迈出发。

张建宏辗转北京、上海，邀请来数十名专家，对他们说："大家放心大胆地干，大胆创新，成功了算大家的，失败了算东岳的！"

2001年，东岳化工开始了3000吨聚四氟乙烯装置的建设。东岳"铁军"迅速投入忘我的战斗状态。他们没有正常的上下班概念，当天任务完不成没有一个人回家。工程最紧张的时候，正值大风呼啸的寒冬腊月，帆布帐篷撑起来没几天就被狂风撕破，水钻刚打开一个洞，壶里面的开水就结成了冰，原本就艰巨的工作量得以加倍。“铁军”们不为所动，以倍加坚韧的心态推进工作。有人手都冻烂了，手套一脱能带下一层皮，但没有人叫苦，没有人退缩。

正是这群平凡而伟大的人们，又一次造就了东岳的奇迹、历史的时刻。被业内人士普遍认定为三四年的工期，在东岳化工缩减到 11 个月。东岳人以同类项目建设的三分之一时间、投入和人员，造就了名曰“三个三分之一”的东岳速度。

2002 年 5 月 26 日，由东岳人自主设计、中国第一套单体年产 3000 吨聚四氟乙烯装置成功投产。这意味着中国氟化工行业逾越壁垒，向上攀升了一个台阶。

聚四氟乙烯装置一投产，张建宏又着手氟硅材料公司氯甲烷、氯碱、热电三大项目的建设。2004 年 11 月，三大项目相继投入生产，东岳化工的产业结构更加合理，制冷剂原材料完全依靠进口受制于国外的历史彻底结束。

回忆过去，张建宏感慨地说：“每过一年都很难。压力很大，每天都很累，那时我还在农村住。有天晚上 10 点回到家，感觉又冷又饿。当时还是秋天，家属从院子里摘茄子给我做了顿饭。我吃完饭躺在那里，一动也不想动。”

太累时，就从书里汲取力量。张建宏喜欢看王树增写的《长征》，在书里跟随老一辈革命家重走长征路。他会想：我们今天遇到的困难，比起他们还算是困难吗？于是重新鼓起斗志，再上“战场”。

刘传奇总裁是张建宏的“黄金搭档”。他从东岳创建伊始，就在一线工作。多年来，每上一个新的项目，他都盯牢现场，每年还会带领东岳员工，发起一到三项会战。他常常戴着老花镜，查看所有的生产、销售、技改报表，将那动辄5厘米高的报表一字不漏地阅读、分析，从中凝练出东岳短中期发展的目标和措施。

周光胜副总裁是东岳的“老生产副总”，长年耕耘于生产一线，心系于安全环保，24小时手机不关，遇到问题随时奔赴现场。他说：“我自从进了东岳门，就少了亲戚朋友，因工作需要一年到头也难得休息几个星期天。在有生之年我也不打算打破这个纪录了。”

王维东是东岳集团的总裁，同时兼任氟硅公司和有机硅公司两个公司的总经理。在每次新项目建设中，他总是将家搬到现场，夜夜在现场盯到12点钟。

……

这就是东岳人，他们将全部热情和精力都奉献给了工作，无暇他顾。他们的生活几乎空白，他们的生命严重失衡，而这失衡是出于超负荷的承载。他们承载的是一个企业乃至国家赶超发达国家的使命。

聚四氟乙烯投产后，东岳又将单体扩张达到6万吨，将聚合物年产量扩大到4万吨，产品广泛应用于航天航空、军工、电子、机械、化工、设备制造等领域，为包括“神八”和“天宫一号”在内的我国航天事业做出了重要贡献。替代原橡胶材料成为两列高铁车厢顶部耐磨板材料，承担了大飞机密封材料国产化替代子项目。

从2006年开始，东岳主导产品绿色环保制冷剂、聚四氟乙烯的规模、技术、市场占有率分别占据世界第一。东岳从工厂化管理转变为园区化运作，从生产制造型转变为科技创新型，从本土化经营转变为全球化经营，成为行业领军企业。

从长远看，规模带来的优势不止于此。东岳不仅摆脱了低端的血拼，还为冲锋更高端的技术创新夯实了基础。他们将以此为跳板，进入性价比更高的领域。

冲击技术巅峰，摘取化工世界的“明珠”

2002年，在一次氟材料展会上，张建宏结识了上海交通大学化工学院的张永明博士。得知张永明正在研究全氟离子膜，张建宏就邀请他来东岳看看。

离子膜，形状薄如蝉翼，意义却重如泰山，关系到国家的经济安全。它是氯碱行业和未来新能源利用的关键材料，被称为化学工业“皇冠上的明珠”。谁摘下它，谁就掌握了发展战略“制高点”。

而离子膜的主要原料是聚四氟乙烯的单体四氟乙烯。当时中国的聚四氟乙烯生产普遍徘徊在低档次、小规模的水平，像东岳这样具有规模生产能力的企业为数非常稀少。

张永明来东岳一看，就动了心，提出能不能在东岳建立一个实验室。没想到东岳人发挥“东岳速度”，不到1个月就将一个实验室从无到有建设好了。这下子张永明内心深受震动。他知道这样的速度在高校或其他企业都是不可想象的。而且，东岳在创新研究上，不仅速度快，而且投入也高，研究经费占到销售收入的10%，引进了国际一流的仪器设备，建设了一流的实验室、一流的中试车间。

张永明确信，在中国再难找到比这里研究条件更优越、工作配合更高效的地方。他先是带学生来，再是带项目来，后来干脆把实验室安置在这里，就此舍弃了上海的都市繁华，来到这偏居一隅的所在，埋头离子膜的研发。

设想，若没有聚四氟乙烯的规模生产优势，东岳又凭什么吸引顶尖人才呢？唯有大规模生产，才能以压倒性的优势占据市场份额，构建竞争对手难以逾越的壁垒，允许企业负担巨额研发投入，助推企业向价值链高端进发，最终将规模优势转化为技术优势、创新优势，谋求领先地位，促成了2009年9月22日，东岳离子膜的成功下线。

从《拜杜法案》解析东岳的创新密码

离子膜是氯碱行业不可缺少无法替代的关键材料。我国从1980年开始，就将离子膜研发列入国家重大科技攻关计划，历经20多年，投入几亿元资金，倾注无数人的心血，却始终未能研发成功。离子膜因此成为几代化工人无法释怀的“心结”。东岳，一个起先备受质疑的民营企业，为什么能够一举攻关呢？从绿色制冷剂到聚四氟乙烯再到离子膜，东岳节节胜利，它在创新上到底有着怎样的独到之处？

“他山之石，可以攻玉。”为了探讨这几个问题，我们可以将视线拉远，聚焦于大洋彼岸的美国，全世界的创新高地。

美国之所以成为全世界的创新高地，一个关键的原因在于，美国高校为企业提供了大量的技术专利，然而这一现象仅仅出现在30多年来。30多年前，美国科技成果转化率非常之低，譬如1978年，只有5%。

是什么造成了这一转变呢？答案是1980年美国出台的《拜杜法案》。

1980年以前，美国高校的科研项目多由政府资助。本着“谁出资、谁拥有”的政策，研发成果的收益归政府，一切后续性研发的收益也不能够由发明者独享。发明者不能拥有研究成果，也不能享受专利带来的效益，就没有太大的科研动力。企业若想把科技成果转化为产品，不仅需要耗费巨资，还要经过 26 个政府部门的批准。

如此一来，美国科研乃至创新就出现了发展滞缓的趋势。20 世纪 70 年代末，日本的崛起让美国感受到了极大的威胁，解决发明专属问题被提上日程，《拜杜法案》就是在这样的背景下出炉了。

《拜杜法案》把本来由政府享有的科研专利权还给了高校和发明者。同时，企业从高校获取专利的成本也大为降低，转让费用分为两笔：一笔是预付费，不高于 100 万美元；另一笔等到专利研发产品上市后，按照一定的比例，向专利所有者支付提成。

《拜杜法案》引发了高校科技成果转化的热潮。1981 年，美国高校的技术许可收入只有 730 万美元；到 2008 年，这一收入就超过了 34 亿美元。1978 年，美国的科技成果转化率是 5%；《拜杜法案》出台后，这个数字在短期内翻了十倍。

《拜杜法案》颁布后，世界 1000 强的企业里，有 712 家企业下榜，取而代之的多是具有高科技含量的美国企业，如谷歌、Facebook，如埃隆·马斯克的火箭公司、基因测序公司等。这些企业的技术源头，无一例外都是从高校获取的知识产权。

美国由此重塑了世界科技的领导地位。2016 年 2 月，李克强总理也在国务院常务会议上讲道："美国搞过一个《拜杜法案》，这对美国的创新发展起到了很大的撬动作用。像这样的国际经验还要好好研究。"

长年研究硅谷创新企业的中国学者发现，《拜杜法案》之所以成为创新引擎，是因为它带来了两点转变：一是发明者终于拥有了知识产权，获得了足以激励他们的市场收益，沉淀的科研成果得到了释放；二是创新由单纯的科学家驱动转变为资本驱动。科学家与企业家密切配合，对市场需求最了解的是企业家。他们通过投资，来指导科学家进行科研，使研发和市场第一次实现了无缝接轨。

我们发现，尽管在具体的方式和细节上有许多不同，东岳创新在本质上却体现出与硅谷一致的两个特点：一是以优厚的物质待遇回馈科研工作者，二是形成了企业家和科学家的黄金组合。

就第一方面来说，东岳建立了“股权、期权、奖励加提成”的人才激励机制。200余名管理技术骨干都拥有东岳股权。期权同样是公司重要的分配形式。东岳专门设立“董事长总裁特别奖”“优秀专家奖”“研发创新奖”“市场开拓重大贡献奖”等多项奖励，每年都拿出上千万元对有突出贡献的科技人员进行重奖。2010年东岳总奖励额达1729.28万元，2011年上半年奖励额达2200余万元。离子膜科研团队先后五次获得“董事长总裁特别奖”，被奖励高档轿车3部、中档轿车12部；奖金额最高的一次达到100万元。公司引进的科技人才65%以上成了“科技富翁”。

2002年，张永明教授从上海交通大学来到东岳，被聘任为东岳研究院首席科学家，全权负责离子膜项目。东岳为张永明配备了生活助理、科研助理、专职司机，还把他的母亲和姐姐一家都接到桓台安家落户，真正让他心无旁骛地投入研究。

中科院化学所博士的唐军柯在2007年进入东岳。他感慨地说：“选择做科研，我本已做好了坐冷板凳的心理准备，因为以前总是被告诫‘做研究要耐得住寂寞’。这除了说做研究要多花时间外，还意味着物质生活的清贫。但在东岳，这个老观念被彻底颠覆。我们科研人员也能获得财富和掌声。”

学者从事学术研究的出发点，是好奇心和兴趣，但并不意味着他们就应该视财富如粪土。学者也是人，有着人所共有的物质安全的心理需求。事实上，在世界各国，经济收入都有力地影响着学者们的学术表现。

在美国，教授的科研经费可以达到大学教员工资水平的4~5倍。有的教授还会从科研项目中拿到上亿美元的分红。而在欧洲的许多国家，譬如比利时、法国、意大利，大学教授属于国家公务员，不分学校不分专业，拿的是整齐划一的工资。这些教授自然没有创新动力。两相对比，美国吸引了大量的欧洲优秀学者，成全了自身的创新蓬勃。欧洲近几十年的科研成果却乏善可陈。

一位美国教授在谈到《拜杜法案》时说："联邦政府低调的政策变革，使研究成果市场化，大学成功地从纯科学的学术体转型成经济引擎。"

美国也好，中国也好，科研力量的善用，都可以为企业造就创新乃至经济发展的引擎。一位学者说到，我国在过去的几十年里，有相当雄厚的基础研究积累。譬如新中国成立后被封锁的30年内，为了自身工业尤其是国防工业的需要，我国实际上形成了相对完整的工业体系和自成体系的国防科研系统，培养了一批相当出色的科研成员，在技术方面有了一定的积淀。中国在研发方面有突破的企业，其技术源头往往都是某个大学某个机构。某个学者耗费多年研究出一项技术，与市场一结合，就成为一鸣惊人的应用。

张建宏很早就意识到，中国缺少的不是人才，而是合理的人才机制。除了经济激励外，东岳还创立了不拘一格使用人才、不求所有但求所用、特殊人才特殊政策的人才机制。

不拘一格使用人才，即重学历、重职称，但更重视能力，保证东岳内部任何人才都不被埋没。张建宏曾自豪地说："我们现在的几百个发明专利，其中很多都是由我们自己土生土长的科研人员研发的。”

不求所有但求所用。东岳即便偏居一隅，却可以不受地域限制，以敞开的姿态，在全国范围内建立广泛的人才合作。除了与清华大学、上海交通大学、山东大学等高校建立起产学研合作关系，东岳还在很多科研机构建立了研究所。以这种机制为黏合剂，国内外有上百名知名专家虽不在东岳编制表上，却一样可以向东岳贡献才智。东岳的人才库得到大大拓展。

特殊人才特殊政策，是指东岳奉行人才的需要就是东岳的政策。为满足人才的需要，东岳从不设限，一人一议、一事一策，只要是创新需要，你要我就给，做出突出贡献的，绝不吝惜重奖、重用。张永明初到东岳，最为惊喜的就是这种机制：“研究院人才‘三定’大权都交给了我——用什么人、给什么岗位、拿什么薪酬，这种支持力度很难遇见。”为了提升公司的科研条件，配合离子膜攻关，东岳投资 1 亿元，为张永明的科研团队建起了国内一流的研究院。

四大人才机制，使得东岳一方面可以最大限度地网罗内部和外部的人才，一方面让人才得其所需，生活条件优厚，工作环境优越，心无旁骛地投入研究。如果说《拜杜法案》释放了美国高校沉淀的科技创新力量，东岳的人才机制在这方面是有过之而无不及。它从高校、科研机构吸纳人才，同时挖潜内部人才，再为人才提供充分施展才能的平台，最大限度地夯实了科技创新的智慧沃土。

下一步，就是推动科研人才的研究结晶卓有成效地转化为创新产品。这是一个相当复杂的过程，它需要接通实验室与市场，需要两种不同维度的思维——向纵深处掘进的专家思维和向宽广处拓展的企业家思维，需要科学家专注科研，制造“武器”，也需要企业家把“武器”的潜力发挥到极致。

在美国，这种组合的主导者是企业家，一个极致的例子就是乔布斯。乔布斯不是科学家，他的计算机水平也没有合伙人史蒂夫·沃兹尼亚克高，但他了解产业大图，理解用户需求，知道如何把最先进的科技与最具人文关怀的应用结合到一起。他是交响乐的指挥家，以大规模协同能力，将多个精益求精的个体劳动升华为一项改变世界的创新之作。

不像中国，一种甚嚣尘上的看法是，年轻人才是创新的希望。美国创新的主导者可都是年龄超过四十岁的企业家。

《拜杜法案》允许高校把专利中的商业部分剥离出来，转让给企业，非商业的科研部门则留在高校，继续研究。企业购买专利的费用降低了，专利持有者初期所获的费用也就不高。他们往往将盈利的希望寄托在产品的销售分成上。如此一来，高校和专利持有者在选择专利购买者的时候，就会格外慎而重之。谁有可能将专利价值最大化，他们才会选择谁。

相比年轻人，他们更青睐年长者。企业家若没有在行业里浸淫至少10年的时间，就不可能对行业有足够深刻的洞察，也不可能对行业变革提出有价值的思路。另外，现在科技创新的门槛越来越高，商业转化越来越复杂，企业家需要创造大规模协同系统。科技专利只是一块长板，他还要拼起管理、运营、销售等长板。而这种协同能力是时间积累的结果，年轻人在这一点上同样不占优势。

由此，推动美国创新的主力，就理所当然地成为一批中年甚至老年企业家。我们在纪录片《硅谷大佬》里看到，光帆公司（Light Sail）的创始人兼首席科学家丹妮尔非常年轻，但与她搭档的企业家可是头发花白之人。科学家可以年轻，因为科学研究是站在巨人的肩膀上，是在继承前人研究的基础上，找到一个突破。企业家的洞察力却只能通过长时间的积淀才能获致。

在中国，优秀企业家同样都比较年长。经济的核心贡献者是傅军、张建宏这样长年奋战于产业前沿的人。中国企业身处的环境比美国更要复杂，尤其是民营企业的发展，始终需要面临诸多局限、困境和不确定因素。在这样一个复杂的大环境中，企业要创新，就必须想办法开辟出一个相对单纯适宜于创新的小环境。这件事情谁能完成？唯有资深企业家。

以东岳的离子膜创新为例。

东岳的每一次创新跨越，都是在重重阻力之下进行的。任何企业的重大跨越，都是以倾其所有、背水一战为代价，将企业的大量宝贵资源汇聚于一个战略方向，离子膜创新也不例外。为了离子膜研发，东岳在配套工程、配套设备、人才和研究院的建设等方面投入了近 10 亿元人民币。

张建宏明知道巨额投入有可能付诸东流水，却不能放弃创新，原地踏步。向前闯，有极大的成功可能，留在原地，却一定会失败。他在日记里写道："我知道创新的风险有多大，但创新对我的诱惑是如此之大，大到有一种不顾一切的冲动。"

这是企业家永恒不熄的内心之火，也是驱使他们实施超前战略的动力。

1965 年，美国波音公司做出了历史上最大胆的一个决策——研发 747 巨无霸喷气式客机。在产品开发期间，一位参观波音的人问当时的董事长艾伦："艾伦先生，那架飞机上寄托了许多希望。如果第一架飞机在起飞时坠毁，你该怎么办？"艾伦停顿了好一阵子才回答："我宁可谈一些愉快的事情，比如核战争。"无疑，为了波音的关键一跃，公司冒了巨大的风险，也下了巨大的决心和投入。而这次决策，直接造就了波音统治客运飞机制造行业30年的辉煌。

创新难免与风险相伴，而准确地判断并果断地承担风险，是一个成功战略型企业家的必备素质。这种冒险绝不是拍脑袋式的盲目冒险，而是建立在敏锐判断基础上的战略抉择。

然而，领先的战略往往超越它的时代，总要经历被人质疑的阶段，才能走到被人称道。东岳研发离子膜的消息一放出去，张建宏就遭到扑面而来的各种质疑与猜测。有人甚至说东岳是“科研骗子”“打着科研旗号另有所图”。

风险、敌意、压力，无一不是企业家创新路上的“标配”，也是妨碍创新的阻力。行走于这样的氛围中，企业家如同跋涉在逆流中，每一步都异常沉重。

当团队精神饱满地投入战斗，这些阻力还显示不出来巨大威力。然而创新经常是持久战，离子膜创新前后花费了整整8年的时间。可以想见，这期间必定会经历诸多挫败，诸多艰难时刻。当此之时，负面情绪聚拢，犹如乌云压城城欲摧。这是正负力量对决的时刻。任何人都可以表现出消极情绪，而领军者企业家却必须守定中正，以一己之力与负面力量相抗衡。

有一次，张永明迈着沉重的步伐来到张建宏的办公室，对他说：“董事长，1个多月了，各种路径都走了，却都走不通。我晚上做梦，常常梦见自己站在万丈深渊前面。”看着身心交瘁的张永明，张建宏紧紧地握着他的手，拉他坐下来，安慰他说：“你去休息一下，不要着急。我们一块儿想想办法。科学的失败是再正常不过的事情。”

温暖和力量从张建宏的手中传递到张永明的心里，科学家心头的重压有所缓解。然而，等他离开办公室，张建宏却跌坐在椅子上半天都动不了。后来，在使用碎纸机的时候，遇到卡壳，他就找了一把锤子，提着碎纸机来到洗手间，把自己关在里面，一点一点地砸，直到把碎纸机砸碎。

张建宏是所有负面情绪和压力的最后承担者。他接收到整个团队的消极情绪，却只能用砸碎纸机的方式独自消化，而后再以坚定的信念和顽强的精神，将希望之火传递出去。一如在每一次类似的坎儿上，他都会给张永明吃上一颗定心丸：“做成了算你的，做不成算东岳的。”

这种场景是否有熟悉的感觉？在新华联地产上市受挫的时候，在新华联铜官窑文旅项目受阻的时候，在企业发展太多太多的困难关口，傅军始终以满怀信心置换着下属的颓丧失落，以沉着坚定，从容领军，引领新华联的航船绕过一个又一个暗礁。

要做到对抗压力、逆流而行，领军者需要清晰的战略和坚定的信念。他们分别体现了高超的智慧和纯粹的情感，固然有天赋的成分，却主要倚赖后天的磨砺才成。好比进入一个黑暗的房间，我们一开始什么都看不见，后来开始在几不可见的微光下辨识东西，才把屋子里的一切看清楚。如果说经验不足的人只是眼前漆黑一团，富有经验的企业家却能把暗屋看清楚。长年应对层出不穷的挑战，企业家练就的直觉式的洞察力，使他能够看清楚别人看不清楚的东西，能够在黑暗中捕捉到微弱的光芒，并敢于跟随微光，把队伍带领到光芒万丈的所在。

企业家就是这样，以极其强大的心智，应对着创新路上的各种不确定因素及其导致的精神惶恐。但这仅仅是企业家工作的一部分，他们还需要各方协调，调配管理、组织、市场等各方面的长板，来配合科研这块长板，最终以系统性的运营来获取整体的创新优势。

离子膜研发成功，张建宏给张永明发了头奖。张永明却说："离子膜成功研发和产业化的头功，不是我和我们的科研团队，应该是董事长张建宏。东岳能够干成这件事，舍得投入，将每年销售收入的10%用于研发，而花费在科研以外的精力和时间绝对比科研本身多得多。"

这就是东岳创新的核心模式，也是新华联系共通的创新模式。譬如华联瓷业，同样以富有竞争力的人才激励机制，释放人才潜能，再以企业家与专家的密切配合保护人才潜能，实现实验室与市场的无缝接轨。此外还有新华联协和药业等旗下企业，善于将社会专业机构的科研力量为我所用、为我用好。

再来看《拜杜法案》，一方面提振了高校教授搞科研发明的积极性，一方面以企业家与教授为科研组合，将科研创新这块长板的价值淋漓尽致地发挥了出来，其核心机制与东岳是一致的。无论哪个国家、何种国情，人性总是相通的。创新的主导力量既然是人，创新的底部逻辑就不会有两样。和人类一切活动一样，只要充分发挥出生产力的作用，以激励呼唤其正面力量，以保护为其抵御负面侵蚀，以协同为其提供友好平台、适宜性土壤，创新本身就如同蓬生麻中，不扶且直。

试看东岳的创新，是怎样的一种状态呢？

全心投入。

12点是吃饭时间，但离子膜项目的科研团队经常12点多的时候还在热火朝天地开会讨论问题。

每天早晨6点多，张永明提前两个多小时便来到东岳研究院。留在实验室十四五个小时，即使是休息日，也几乎都是如此。他已经数不清自己在实验室度过了多少个不眠之夜。

充满信心。

高自宏，北京大学博士，离子膜项目百人研发团队中的一员。谈及自己的研发经历，她说已经记不清做了多少次设计，实验失败了多少回，但她始终坚信成功是“水到渠成的事”，“因为我们上百人的科研团队的探索，早已摸清了复杂反应的每一个环节”。

超常发挥。

牛晓刚，年轻有为。他曾与日本人谈成了目前全球最大的CDM（温室气体减排国际合作）项目。CDM项目每年减排1000万吨二氧化碳，相当于在地球上种植了吸碳能力最强的毛竹54亿棵，是一项造福人类的大型环保工程。如今他是东岳战略投资部的经理。他说：“是项目成就了我，从来没有想到自己这么年轻就能走到这一步。自己的努力固然重要，但更重要的是东岳的人才机制，给了我们这些人一个实现自身价值的平台和机会。”

在这样的状态中，8年来，东岳离子膜项目研发团队从基础理论研究开始，先后解决了科学、技术、装备和工程等一系列难题，攻克了全氟离子膜项目核心技术，在原料、中间体、功能单体、聚合物、功能膜、测试方法、工程技术、装备技术等方面获得授权发明专利140余项，建成了单体生产装置、树脂合成装置、助剂生产装置、膜成型挤出装置、膜定形转型涂覆装置等一系列实验和生产装置。最终，化工人梦寐以求的一颗明珠，就这样被东岳人摘得了。

张建宏在选择离子膜为高端研发项目的时候，显然融入了长远的战略思考。离子膜不仅对氯碱行业的发展具有至关重要的作用，膜技术经验同时构建了向新型膜材料拓展的技术基础，如燃料电池膜和太阳能封装膜。这是新能源产业激烈竞争的关键技术，尤其是燃料电池膜，已被列入《国家中长期科学和技术发展规划纲要（2006—2020年）》和《中国制造2025》。这就是说，离子膜研发，既是一条路，又是一座桥，可以牵引东岳冲顶世界氟化工行业的技术巅峰。

2009 年 9 月 22 日，东岳的离子膜成功下线，并实现产业化。东岳马不停蹄地向前，致力于燃料电池膜和太阳能封装膜的研发。2016 年，东岳在燃料电池膜的研发与试产上取得重大进展，量产的燃料电池膜经电堆台架的加速考评，电性能和耐久性达到世界先进水平。

2016 年底，AFCC（奔驰福特）前往东岳进行考察，对其燃料电池膜的所有技术指标进行了严格的技术审核。审核结果，东岳的燃料电池膜指标处于全球领先地位，其性能、寿命及其他指标皆满足了 AFCC 的技术和设计指标。AFCC 由此给东岳颁发了技术达标奖。

目前，在全球从事燃料电池膜研发的数家企业中，真正通过三个技术鉴定阶段的只有两家，东岳集团作为唯一的中国公司位列其中。

以创新为引擎，走出民营企业的典型升级之路

在总结东岳创新成就时，张建宏谈到创新人才机制，还谈到另外一点，就是企业的长远战略。

长远战略是创新冒险的支撑力量。我们看到，在团队精神消沉之际，张建宏若没有在内心点亮一盏遥远而又切近的战略之灯、希望之灯，是断定难以带领队伍走过黑暗隧道。

同时，创新又是企业战略实施的重大保障，一次创新就是一次跨越。企业得以摆脱贴地涌动的普遍性命运，拾级而上，脱颖而出。

回过头来看东岳的战略之路，从无水氟化氢到绿色制冷剂、聚四氟乙烯再到离子膜、燃料电池膜，东岳走过了一条中国制造转型升级的完

整路径：从良性的低成本制造或研发开始，逐渐形成规模，逐步突破技术壁垒，最终在更高层面，循环利用技术突破能力和成本优势，达到参与并胜出国际竞争，从而带领企业一路逆袭，从价值链低端到高端，完成了从生产型到科研型的转型。

纵观我国民营企业发展史，相当一部分优秀企业都走了一条这样的上升之路。东岳如此，中集集团同样如此。

在中集集团发展初期，中国的集装箱企业在全球市场上基本处于无足轻重的地位。全球集装箱市场份额几乎被韩国和日本全部垄断。即便如此，整个行业的繁荣依然造就了中集集团相当不错的利润。

但中集集团没有沉溺于低端血拼，而是抢抓先机，进行了产业布局。1991 年，中国集装箱行业普遍处于低水平竞争状态。麦伯良却看到了集装箱市场向中国以及东南亚转移的趋势。他意识到，只有主动出击，依靠规模经营和综合优势取胜，才能在诸侯并起的市场中脱颖而出，把握住市场转移的趋势。由此，中集集团开始以收购、兼并等方式扩张为中国规模最大的集装箱生产企业。

麦伯良说："我们相信在集装箱这样的行业，只有把市场占有率扩大到足以影响行业内的主要客户的阶段，企业才能生存下去。"果然，到了 90 年代末，集装箱产业进入供过于求的惨烈竞争。全中国 40 多家集装箱厂，三分之二沦入亏损状态，绸缪在先的中集集团却躲过了一劫，得以继续发展。

在干货集装箱市场取得优势后，中集集团以此为支撑，进入要求更高的冷藏箱领域，以巨大的价格优势和并不差的技术在市场上侵蚀原有的霸主日本企业，而后又继续进入更高端的罐式集装箱、折叠式集装箱以及其他特种集装箱领域，通过加强技术开发，逐步在高端产品市场进入收获期。

中集集团利用低成本和规模优势不断扩大市场份额，随后成为整个行业唯一能够做研发中心的，因为只有它有足够的规模。它的竞争对手，由于无利可图，韩国先退出，日本再退出，然后欧洲的企业基本全部退出，最后中集集团唯一的对手就是它自己。中集集团成为全球最大的集装箱企业。

华联瓷业同样如此。这是我国企业在面临相同情境下的必然选择。我国制造业与日本、韩国不同，几乎没有经历过封闭保护性的温室培育期，羽翼未丰就要在家门口与国际巨头过招。

再拿东岳来说，加入WTO以后，跨国巨头看中了我国的萤石资源，相继以合作、独资等方式进入我国。如霍尼韦尔公司、杜邦公司、苏威公司和3M公司就从2004年开始，分别在我国建立了研发中心，成立合资公司。

这些巨头一方面利用我国资源，一方面占领高端市场，将我国企业牢牢限制在低端市场。东岳如果不能奋勇向上，就只能和大多数同类中国企业一样，屈居于低端市场，受困于恶性竞争、利润微薄、资源损耗的不可持续怪圈。这种形势于企业或可暂时苟延残喘，于国家长远发展却毫无益处。

东岳化工、华联瓷业，新华联系这些企业选择了向上，选择了突围。这本是一条绝无可能的道路，因为在国际巨头的封锁下，要超越，就需要具备比较优势，但它们并不具备任何客观的比较优势。它们无一例外地都是从一穷二白的基础上起步的。它们唯一的优势其实是一群心系民族心怀大志的人。

傅军屡次在集团会议上强调："企业不创新，就没有出路。"苟活还是超越，小富即安还是实业强国，他永远地选择后者。故此，他将创新思维潜移默化植入手下大将的心灵；故此，当张建宏为张永明保驾护航的时候，他在更大的外围，为东岳、为华瓷、为新华联系的所有企业创新保驾护航，以强大的协同力为这些企业谋求支持性的资源。

张建宏知道，外国巨头绝不会将专利拱手相让。同时他也坚信，美国人、日本人能做到的事情，中国人也能做到。凭着这股劲头，他带领东岳人以吃大苦、耐大劳来点滴积蓄比较优势，进而将其转化为规模优势、技术优势，从而突破国际巨头的封锁，改变全球竞争格局。

许君奇心里始终有一个梦，让瓷器恢复瓷器之国本有的辉煌和尊严。为此他和华瓷人发挥新华联速度，节约时间，节约成本，由此把一线机会缝隙拓展为一片天空，一片雄踞于世界瓷器市场的华瓷独有的天空。

张永明回忆，埋头离子膜研发的 8 年里，激励着他的，是一个念头：“一旦成功，我们将是中国第一批为氯碱行业和新能源汽车制造心脏的人。”他说，是这种信念支撑着整个团队啃下了离子膜这块硬骨头。

如果没有这样的一群灵魂人物，很难想象中国能够从经济孤立中走出来，成为世界经济的一个重要组成部分。正是他们的创新超越，使得中国产业的生产力从 1995 年以来始终以每年约 17% 的速度增长，使得中国企业可以从底部挺进，与跨国巨头在高端市场狭路相逢。他们，才是中国创新发展、转型升级的竞争力内核。

创新遍布新华联系

技术创新不但驱动着东岳化工的跨越式发展，也在新华联系的其他领域发挥着引擎作用。在矿场板块，新疆天宇矿业长期面临着这样的难题：镍矿资源虽然丰富，但其品位低，选矿难度较大。如果不进行技术创新，这种困境是无法改变的。天宇矿业为此研究成功“低品位多金属镍铜矿石中矿再磨提高回收率项目”，并完成现场改造。

运行结果表明，该项技改平均提高镍回收率2.5个百分点，提高铜回收率7个百分点，确保了产品品位和回收率的整体提高，每年可创造产值300余万元。

哈密风沙大，原矿石中的含土量较多，对指标影响极大。公司通过创新工艺，不断研制浮选新药剂配方，有效控制了成本。新CMC的使用，使抑制剂成本由5元/吨降到3.5元/吨，粉状纤维素替代絮状纤维素，单耗由1200克/吨下降到300克/吨。仅此两项，每年可节约成本60多万元。另外，通过调整入选矿浆细度结构，对含土矿浮选和降低总尾矿进行持续攻关，使含土矿石尾矿控制在0.115%，原生矿石尾矿逐步向双零迈进。

在采矿技术方面，根据现场地质和矿体变化情况，天宇矿业将原设计院确定的分段崩落法直接更改为潜孔留矿法。此举大大降低了掘进成本，并得到设计院认可。

在残矿回收方面，公司采取中深孔技术，运用诱导式采矿方法，在确保安全的前提下有效回收了1450中段4穿至7穿采场底柱与间柱。

在回采方面，公司采取遇废不停的技术措施，确保了采场顺利上采，使采矿回收率由68%提高到75%以上。公司在井下由人工装矿改为铲车装矿，使矿山生产向机械化转变。通过技术改进与先进设备的引进，公司多回收矿产资源20余万吨，创造潜在价值5300余万元。

成绩斐然的技术创新，使天宇矿业被评为新疆维吾尔自治区创新型试点企业、管理创新先进单位，哈密地区企业产学研示范基地，在哈密地区有色金属工业自主创新中名列第一。

峪山金矿在技术创新上同样不甘落后，积极研究“铅金分离”选矿工艺改造。“铅硫分离”，就是将原有的产品金砂变成铅金砂与硫金砂两种产品。

这项试验虽然在选矿技术上较为常见，但因矿石性质不同，试验的难度就会有所不同。随着试验的深入，峪山矿区矿脉成因复杂、矿石可选性质多样、易选难选矿石掺杂的特点给试验增加了很大的难度，以致原有的试验思路被全部推翻。研究人员夜以继日地进行了大量研究与反复探索，最终掌握了峪山矿区矿石可选性质，重新找到了合适的分离工艺，使铅硫分离试验终于全部完成，各项技术指标合格。

接下来，是将铅硫分离技术成功地应用到工业生产中。选矿厂采用混合浮选工艺，将原 SF－2. 8 立方米浮选机改为 SF－1. 2 立方米浮选机，使装机功率较原来降低近 30 千瓦，电费也相应减少，全年可节约电费 30 万元。

经过技术改造后，浮选药剂费用也大幅降低，每吨矿石可减少约剂费用 6. 55 元，全年可节约近 40 万元。由于技改设备型号变小，相应地，易损件变小，加油量减少，维修更加便利，公司每年可节约零部件费用 3. 48 万元。

这项技改也使主要技术指标上了一个新台阶。在主产品——金的回收率保持不变的情况下，公司铅回收率可提高 5%，铅精矿品位可提高 1. 19%，全年可多回收铅价值 22 万余元。

金六福，一个被选入大学教材的市场奇迹

傅军常说："不创新，毋宁死。"因此，创新在新华联不是赶时髦的一阵风，而是新华联这个有机体的基因，伴随于企业生长的整个过程。而这一基因的根源，说到底，是以傅军为代表的新华联人的思维活性，创新思维。

说到创新思维，一个典型案例非金六福酒莫属。新华联本身不产酒，傅军本人之前也没有过白酒行业经验，但他仅仅凭借思维的创新、战略的运筹就实现了平地起高楼，从无到有造就出一个响当当的品牌，一个被铭记入大学管理学教材的市场奇迹。

金六福酒问世的时候，全国市场上遍布着近两万家酒厂的数万个白酒品牌。面对商店货架上琳琅满目的酒瓶，消费者眼花缭乱，选择困难。没有人认为此时进入白酒市场，有希望拔得头筹。然而金六福酒刚一露面，就以极为醒目的识别力，在消费者的心中占据了珍贵的一席之地。而后金六福酒业又狂飙突进，一日千里，3 年后攀升到全国白酒销售排行榜第三的高位，仅次于历史悠久的五粮液和茅台。在数万白酒品牌中，金六福单一品牌的销量则傲视群雄，无人匹敌。

追溯金六福的腾飞史，我们回到 1996 年。1996 年是新华联史上的里程碑之年。新华联地产在湖南完成了关键的品牌塑造，华联瓷业正平稳起飞，东岳化工刚刚加入新华联旗下。遍地开花式的成就没有令傅军志得意满。他看到的是新华联更加远大的未来，无时无刻不在思考如何为企业继续造血，由此看见了白酒行业的发展势头。

那时候人们生活普遍好转，却又没有进入后来对红酒需求大增的中产阶级时代。在那个特定的年代，人们酒桌上的王者是白酒，对白酒的需求有增无减。大势所在，往往是新华联的跑道所在。傅军由此决定大举进入白酒行业。这是一个果断的决定，却没有丝毫冒险的意味。此前傅军已经试水过一次，他们运作白酒品牌“川酒王”第一年就做到了湖南第一，只是碍于商标注册未能通过才宣告中止。用时下流行的话来说，他们的战略战术在小步快跑中已经得到验证。

新华联固然没有生产白酒的历史，傅军却是一个资源整合高手，擅长以自身的比较优势整合外部优势。

新华联的长板是营销和渠道，短板是白酒生产。白酒产业的特殊性，决定了较高的生产要求，譬如深厚的技术积累、适宜的气候条件、一定数量的老窖池。与其自己勉力而为凑出一块短板，不如借力他人的长板，如白酒名牌五粮液的产能，以自己的长板对接外部长板，最终形成竞争力强悍的铁桶合围。

傅军的这种思维是从耐克的运营模式中提炼出来的。耐克就是做品牌、做产品设计、做销售，把生产和物流外包。

正好，五粮液集团的设计生产力 25 万吨，实际销量却只有 15 万吨，亟须外部力量帮助消化多的产能。双方一拍即合。1998 年 12 月 10 日，第一批金六福酒在五粮液酒厂六车间下线，第二年在湖南各地试销，市场反响良好。2000 年 6 月 12 日，新华联集团在湖南五星级宾馆长沙通程国际大酒店召开新闻发布会，宣布金六福酒正式上市。此后，金六福酒业开始了全国的征战，除了湖南，还在湖北、山东、河南、江苏都设立了分公司。

金六福酒良好的市场反响，与它的名字息息相关。哲学家海德格尔认为，名字是一道召唤令，把它所召唤的东西带到近旁。“金六福”三个字，第一次听到的人，也不会觉得陌生，它仿佛老早就存在，一旦唤起，牵动的是内心深处与“福”有关的旧时记忆。它是过年时贴在大门上的那个大红字，是人们相互祝福时少不了的那个字，是对形形色色好运的期待和象征。一个原本陌生的名字，就这样伴随着旧时记忆潜入人们的心中。

信手拈来的名字不会达成这样的效果。为了取好名字，傅军调研过市场。他发现，市场上琳琅满目的白酒名字，唯有“小糊涂仙酒”和“酒鬼酒”令人印象深刻。这些名字乍一出现，就拨动人们的想象，在人们意识中呈现出丰富的、别具趣味的意象。究其根本，糊涂文化是中华民族源远流长的文化，酒鬼的形象在每个人的心中也有自己的原型，而对小糊涂仙、酒鬼形象的喜爱，又被移情到酒中。一个名字由此成为一道召唤令，一瓶陌生的酒瞬间成为人们的好朋友。

傅军由此发现，要让一个陌生品牌在一夕之间深入万众之心，这个品牌的名字一定要能唤醒消费者内心原有的记忆。什么样的记忆是万众的记忆呢？文化，唯有文化。文化是一个民族整体的记忆。从我们记事起，就在潜移默化中接受着文化的熏陶，譬如福文化，哪个中国人的内心深处不潜伏着有关福文化的活色生香的记忆呢？

而“金”字所包含的阳光色调，“六”字所寄予的顺利、齐备，又强化着这记忆。“金六福”，就是一声春雷，唤醒人们内心的种子，唤醒民族整体潜意识，激活了人们存储在记忆深处的情绪、体验。

“金六福”成为超级召唤令，将它召唤来的美好记忆嫁接到金六福酒中。傅军和吴向东没有满足于此，而是与时俱进，不断地为金六福刷新全新的体验和记忆。

从 1998 年到 2000 年，金六福的传播口号是，“好日子离不开它”“喝金六福酒，运气就是这么好”，寄予的是对消费者个人生活的祝福。

2001 年，北京申奥成功。逢此盛事，金六福没有置身于外，快速成为“中国奥运唯一庆功酒”。在庆祝申奥成功的广告片中，金六福以时钟为幸福时刻的表现元素。各种时钟不停运转，最后都定格于申奥成功的这一天——7 月 13 日。与此同时，金六福也被定格了“国家福”的全新内涵。

从那以后，金六福不断成长，相继成为第 28 届奥运会中国代表团唯一庆功白酒、第 21 届世界大学生运动会中国代表团唯一庆功白酒、第 14 届亚运会中国代表团唯一庆功白酒、第 19 届冬季奥运会中国代表团唯一庆功白酒，还赞助世界杯出线，搭车雅典奥运。

至此，从个人福到国家福再到世界福，金六福的品牌外延越来越广阔，内涵越来越丰富，消费者对金六福的认知一次次得到刷新和巩固。

从品牌认知转化到购买行为，需要钱包和味蕾的配合，要买得起，也要喝得惯。怎样让各个阶层的消费者都能喝上金六福酒？很多企业采取的做法，是创立多个品牌，迎合细分市场，但傅军采取了独树一帜、前所未有的做法。

他跨界借鉴了酒店的星级分类法，创造性地按照一星、二星、三星、四星、五星的划分方法，实现对产品品质和档次的区分。一星至五星金六福酒的市场零售价，分别为 20 元左右、30 元左右、50 元左右、90 元左右、200 元左右。星级越高，产品的品质、档次也就越高。

在具体操作上，以五星作为形象代言产品，以三星作为主导产品，以一星作为规模上量产品，采取主打五星、力推三星、跟进一星、切入二星和四星的产品组合策略。

金六福按照“星级”对产品进行分类的方法，开辟了一种全新的酒类营销思路，不仅有效覆盖细分目标市场、兼顾了不同消费者的需求，还统一了品牌形象，集中利用了品牌效应。

我国幅员辽阔，各地的饮酒偏好差异较大，如江浙爱喝黄酒，闽南多喝米酒，东北人青睐高度酒，西北最爱的是清香型酒，中国广大地区喝的是浓香型酒。为兼顾消费者的差异化偏好，金六福不避烦琐地推出适应当地消费者口感、度数的地方品牌系列酒，这就是人们所看到的“干杯”系列酒，如“为湖南干杯”“为江西干杯”“为北京干杯”等。

这两种营销举措都属前所未有的创新之举，也都收到了热烈的市场反响。何以构想出这些举措呢？我们不能不回到傅军反复提到的一种理念——重视用户需求。这不仅仅是理念，更体现了一种思维模式。我们发现，傅军思考问题总会回到原点，回到本质。他从现象中提炼出规律属于这种思维，始终把用户需求放在首位，同样是这种思维。只要你把用户放在心中，你就不会去改变消费者，而会想尽办法，主动适应消费者。

如今有一种备受认可的战略思想，叫作“升维思考，降维打击”，比别人以更高的维度想清楚方向，再以比别人更落地执行来落实战略。这种思想，一再体现于傅军的商业运作中，只是这一代企业家大多比较低调，没有广为宣传。在金六福的营销商，我们再一次见证了这种思想。金六福的升维思考，是傅军对白酒方向的把握，对品牌文化的定位。金六福的降维打击体现在星级分类、各省干杯，更体现在从空中到地上，铺天盖地、细如蛛网的市场营销网络。

金六福的市场营销细到什么程度呢？可以说是渗透到了市场的“毛细血管”。譬如，就连浙江嘉兴桐乡每年 10 月的菊花展，都有金六福的身影。在展览最显眼的位置，树立着金六福的广告。金六福还成为展会指定招待酒。这样的事例各地都有，不胜枚举。金六福每每借助当地的风土活动展示自身，将福酒福文化和当地文化嫁接起来。与此同时，金六福的业务员和经销商乘机铺货，达到引爆销售。

就连个人举办的结婚酒席、满月酒席、状元酒席、祝寿酒席，金六福业务员也会见缝插针，及时推销。金六福酒一露面，消费者感觉喜上加喜，心甘情愿地要消费。销售产生了，酒的品牌定位也强化了。

从电视广告到各地宣传，从世界级盛事到个人酒桌，金六福构建了全方位、全维度的立体网络，在最大程度上将市场的角角落落一网打尽。短时之间，满城尽知金六福。这种气势无疑使得金六福得以在与经销商的关系中占据着主导地位，促使经销商按照自己的规则办事。

当时白酒常规都是赊销，金六福却不但要求经销商现款现结，还收取 2 万元到 10 万元不等的市场风险保证金。当时，业内人无不耻笑金六福，做事太外行。谁料，金六福的经销商偏偏买这个账，心甘情愿地结现款，交保证金。说开了并不奇怪，其他白酒企业，都按照总经销商到二级经销商再到终端的顺序，层层启动市场。启动终端市场的责任落在经销商的肩上，经销商当然不愿意再承担更多责任。金六福不然，它凭借一己之力打通了终端市场，接过经销商的担子，为经销商开疆辟土。经销商乐享其成，也就愿意交这些钱。

风险保证金的缴纳，说到底也为经销商好。风险保证金杜绝了各地的不规则操作。市场变得规范了，对经销商有百利而无一弊。类似的市场管理措施，金六福还有很多，譬如用上海造币厂的防伪标签对每个酒箱和每瓶酒进行编码；率先成立全国范围内的市场管理部，向每个分公司派 2 人专职负责查处倒货假货。这 2 人还轮流调动。

这些措施保证了市场的规范，保证了金六福的“天地之网”得以在一个健康的环境里良性运行。

金六福的成功，人的因素不可忽视。金六福一脉相承了新华联待人的厚重，提供平台，提供竞争力很强的待遇。金六福内部的业务员凝聚力极强，不少人因故离开后，还念念不忘旧主，放出话来：“只要金六福叫我回去，我一定二话不说就收拾行李！”

同样的厚遇泽及经销商。从 2002 年起，金六福在 2000 多家经销商中遴选永久合作伙伴，组建“金六福营销联盟”，用长期利益纽带与经销网络、客户构建了战略伙伴关系。一个品牌的形成，全靠团队的努力，全权由吴向东负责。股权也由投资者 100% 自持到团队持有 60% 。金六福的具体统辖人物吴向东，一年的大部分时间都在行程中度过。其他白酒品牌经销商见主帅一面难如登天，吴向东却频频露面，保证了营销网络的回馈及时、指令必达，各个毛细血管与主动脉信息畅通。

在金六福之前，白酒行业从来没有人这么做过。升维思考如此高远，为一瓶酒接通文化内涵，又将它送到世界舞台；降维打击却又如此凶悍，几乎是将酒瓶送到了消费者的酒桌上。金六福就是这样全力以赴，大手笔投入，想尽所有办法，努力到无能力为。

金六福在上市当年就一炮打响，销售业绩冲到 3 个多亿，第二年又在全国范围内继续攻城略地，除西藏、青海、新疆、海南外，全国各地都设有分公司，销售业绩达到 7 亿多元。2002 年，金六福的销售额就达到了 10 亿多元。

这是一个奇迹。说到底，是思维的奇迹，创新思维造就的奇迹。

从云南到通化，辉煌持续

问世 3 年，就从一个新生品牌跃居到全国白酒第三名，金六福的超级成长，使它成为一个火车头，可以挂更多的车厢。2002 年 12 月，新华联成功并购云南香格里拉酒业；2004 年 8 月，又收购了通化葡萄酒 29.07% 的股份，成为其第一大股东。

新华联的创新基因，在云南香格里拉酒业公司体现出来的是产品创新。

香格里拉是一个令许多人魂牵梦绕的地方。英国作家詹姆斯·希尔顿在《消失的地平线》一书中，曾描述过一个神秘、纯净、美好、令人无限向往的人间天堂。后来人们经过多方考证，发现书里人间天堂的所在，就是云南香格里拉。香格里拉遂成为无数入世者寄托出世梦想的圣地。

香格里拉的纯净与美好造就其独特的地理优势与人文优势。海拔 3000 米的高山雪域，屏障出纯净的空气、水、土地以及淳朴的民风。云南香格里拉酒业公司第一任技术总监、国内知名酿酒专家彭德华，结合这两种优势，采取本地特有的作物青稞、特有的雪水，借鉴藏胞千年来的酿酒技术，再辅佐以法国现代葡萄酒酿造的科技手段，创造性地开发出青稞干红——香格里拉·藏秘。青稞干红的制备工艺在 2004 年 11 月获得国家发明专利。目前公司是全世界唯一一家酿造青稞干红的企业。

此外，在世界范围内，还没有其他机构使用高山雪水酿造干型酒，同时高原青稞富含人类不能自主合成的 8 种氨基酸、各种维生素和稀有元素。青稞干酒里的氨基酸含量是国内干红葡萄酒的1.9～2.6倍，有着“氨基酸口服液”的美称。

这些差异化特征，使青稞干红拥有独特的风格，酒质纯净，酒色红艳如同宝石，酒香浓郁优雅，酒味醇厚、细腻，酒体丰满、协调。中国酿酒工业协会的专家们在品鉴该酒的时候评价说：“其酿酒工艺和酒的品质，在国内乃至全世界都是首创的，是中国酒类中的一朵新葩，对推动中国酒的发展和技术进步做出了贡献，同时为中国酒走向世界开辟了一条新的途径!”

在青稞酒以外，香格里拉酒业还研制出以香格里拉高原葡萄酒和老树葡萄酒为代表的葡萄酒。

香格里拉处于低纬度高海拔地区，空气清新，阳光透射强，光照多而质量好。此地葡萄的天然含糖量可达到220g/L以上，酿造的葡萄酒酒度平均在13%voL，且酒中多酚类物质和矿物质的含量极为丰富，是国内其他产区所无法比拟的。以这种葡萄为原料酿造出的香格里拉高原葡萄酒，具有独特的口感和风格：浓郁的果香和橡木香相得益彰，还伴有微微花香，酒体醇厚、舒顺、平衡、味长、干净，典型性突出。这种口感和风格在国内乃至国际上都是独此一家。

香格里拉老树系列葡萄酒出自公司葡萄酒生产基地之一秦皇岛卢龙。卢龙位于东经118°45′到119°08′，北纬39°43′到40°08′之间，与世界葡萄酒之乡法国波尔多同一纬度。它前望渤海，背靠燕山，地处丘陵，日照长，霜期短，温差大，雨量少，非常适合优质酿酒葡萄的生长。

在所有葡萄树中，老葡萄树产出的葡萄酿出的葡萄酒更为优质。早在1971年，法国爱弥尔·贝诺就在他的《葡萄酒科学与工艺》一书中说到，葡萄树龄和葡萄质量成正比的关系。葡萄树的树龄越长，其根系就越发旺盛，可以扎入很深的土层中吸收营养，而深层土质中的营养物质、矿物元素和微量元素含量较高，葡萄的品质也越高，所酿葡萄酒中呈香、呈味的物质增加，酒质也就明显提高。

卢龙葡萄产区的最高树龄为70年。老树葡萄品质高而产量少，每一颗老树葡萄都如同红宝石一般珍贵，酿出的葡萄酒同样品质卓越。

“香格里拉·藏秘”青稞干红刚一投入市场，就赢得了消费者的青睐，尤其在东南沿海更是成为当地酒类消费者心中的一线品牌。香格里拉高原系列和老树系列葡萄酒同样销售火爆，在中国高档葡萄酒行列中占据了不可忽略的一席之地。此外，“天籁”“恒美”等品牌葡萄酒也赢得了广大消费者的信赖。

一系列创新品牌的开发，促使香格里拉酒业在新华联手中进入明显的上升曲线，销售收入增长200%，且始终保持着较为迅猛的增长势头。

进军葡萄酒首战告捷，傅军又展开了另一个大动作——收购通化葡萄酒。

通化葡萄酒始建于1937年，是中国葡萄酒生产行业中的大型企业和对外出口葡萄酒较早的厂家，技术实力雄厚，产品潜力巨大，拥有近5000亩的葡萄栽培试验园和世界一流的地下贮酒库，葡萄原酒总加工贮藏能力5万余吨，年生产能力3万吨，先后获得“原产地域保护产品”认定和“中国名牌”“中国驰名商标”称号。

这样一个历史悠久的品牌却在市场上表现乏力，原通葡股份总结是葡萄酒行业混乱所致。这确实是一个致命因素。当年，通葡股份风光无限的时候，通化地区数百家小酒厂一哄而起，争相效仿，混淆消费者视线。通化牌葡萄酒深受其害，从2001年上市以来，经营业绩连年下滑，2004年上半年销售收入仅为2000多万元，陷入历史最低点。

小酒厂打倒大品牌，是中国经济发展过程中一个十分常见的现象。茅台、长城都曾面临过这样的问题。欲胜他人，先强自身。傅军决定从内部着手，发动管理和营销上的改革，首先进行内部裁员和机制的转化。

傅军把原金六福常务副总经理王晓鸣派到通化葡萄酒公司，出任总经理。王晓鸣一番摸底以后，就按傅军的要求迅速推进：裁撤冗员，植入新华联的先进管理、机制和文化，同时改变营销策略，如引入金六福的现款现货政策。

针对外部作坊小厂带来的市场混乱，傅军的对策是，大力进行品牌建设，通过高起点的产品定位，把通化牌葡萄酒和通化地区的其他葡萄酒明显区别开来。

如何重新定位产品，傅军的做法一是重新诠释品牌内涵，二是开发新产品。

与横空出世的金六福不同，通化葡萄酒早已作为一种耳熟能详的品牌，被人们接受。新华联的品牌诠释工作，就着眼于深挖通化地区的历史文化精髓。

通化的集安市曾是高句丽600年的都城，又是通化葡萄酒的原料基地。新华联遂以集安作为思路的切入点。古老的高句丽王朝都城，曾经随处一种出现在瓦当上的美丽图案——八瓣莲花。新华联遂取八瓣莲花作为全新标志，取意通化牌葡萄酒道法自然、精彩纷呈、四海通达之意，使通化牌葡萄酒成为代表通化文化精髓的标杆酒。

莲花在佛教根基深厚的中国，向来是安宁、圣洁的象征。通化葡萄酒上的八瓣莲花又带来全新含义。旧的认知结合新的诠释，通化葡萄酒在消费者心目中就烙下了似新却不陌生、似旧却更胜旧的独特烙印。

事实上，这也是新华联对新产品的期待，既不割舍旧的通化牌葡萄酒的优秀元素，又顺时而变，根据市场的新趋势推出全新酒类，在保留原通化牌葡萄酒的部分经典产品如老红梅的同时，又连续推出新产品。2004 年推出的国宴 1959 高端酒，在当年就获得国际金奖。中国的第一支冰酒——雅士樽牌冰酒从一上市，就凝聚了万众喜爱。

内外的改革创新，唤醒了通化葡萄酒的活力，到 2003 年上半年，通化葡萄酒的销售收入同比增长了 60%。

创新的本质，是思维如新，是生命如新

从陶瓷到化工，从白酒到红酒，新华联系的活力悬系于创新的活力，那么创新的本质又是什么呢?

以金六福案例为显微镜下的切片。

从耐克看到 OEM 模式，并将其拿来运用，促成新华联和五粮液的合作，金六福横空出世。

从“小糊涂仙”“酒鬼酒”的命名，看到好名字的特征，是蕴含文化元素，足以引爆人们的集体潜意识记忆，由此原理给自己的酒命名“金六福”。

从酒店的星级划分，撷取“星级划分”的元素，应用到酒类划分之中。

从耐克到小糊涂仙酒再到星级酒店，这些被人们熟视无睹的事物，在傅军眼中呈现出不一样的内涵。从现象中发现规律，将规律运用于实践，于是有了金六福的诞生，再将金六福的运作从高瞻远瞩到落地执行一高一低两个维度，都推到极致，又有了金六福的超级成长。

新创一个品牌，在数万个白酒品牌中脱颖而出，这是一件绝大多数人认为绝无可能的事情。然而，在深具洞察力的眼光之下，现象披示出本质，芜杂显示出规律，一条清晰的道路在没有路的荒野中呈现出来。德鲁克曾说，创业其实是一件成功率很高的事情，谈不上什么风险，只不过大部分人对于应该怎么做毫无头绪。德鲁克应该是在说，具备一种洞见本质的认知能力，创业就会变得简单。

创业也好，创新也好，技术、资源等固然重要，但起到根本作用的，恐怕还属企业家的认知。企业家的认知往往决定着企业的创业、创新边界。

创新的成功，成功于认知的犀利。从金六福的案例中，我们已经感受到思维创造的近乎奇迹般的创新效果。同样，企业创新的失败，也失败于认知的落伍。

柯达的没落，一个简单的解释是，柯达被自己的成功所蒙蔽，完全错过了数字技术的兴起。事实上，这个说法与实际情况完全不符。

1975 年，数码相机的第一家原型机的发明者，就是柯达的工程师史蒂夫·萨松。柯达为了开发一系列数码相机，曾经投资数十亿美元。他们开发出一些新技术，让人们可以轻易将照片从相机转移到电脑，从而强有力地奠定了市场地位。

又有人说，柯达的真正被颠覆，发生在相机、手机合二为一的时候。人们不再冲洗照片，而是直接将照片上传到社交媒体平台以及手机应用上。但是即便这种技术，柯达也没有错过。早在扎克伯格创建 Facebook 之前，柯达就于 2001 年收购了一个名叫 Ofoto 的照片共享网站。

如果柯达洞见数字分享时代的来临，就会改弦更张，致力于将该网站打造为一个社交分享平台，供人们分享照片、新闻，更新个人信息。

这样做了，缔造社交分享帝国的，就不是扎克伯格，而是柯达。

遗憾的是，柯达的认知依然固着于原有盈利模式。他们对 Ofoto 的利用，还是着眼于吸引更多人冲洗数码照片。2012 年 4 月，柯达以不到 2500 万美元的价格将 Ofoto 出售给 Shutterfly。同年同月，Facebook 砸下 10 亿美元收购 Instagram，一个线上与 Ofoto 性质类似的网站。

诺基亚也有着类似的悲剧。诺基亚在智能手机技术方面，比苹果还领先，但它延续电信思维，始终致力于把诺基亚做成最佳通信工具。苹果通过调查发现，只有接线员每天通话时长超过 2 小时，一般人每天倒是会拿出 3 小时以上的时间玩手机。苹果意识到，手机的定义已经改变，遂重点打造手机作为互联网终端的作用，由此后来居上，引领了全新的手机时代。

难道诺基亚没有看到人们玩手机多过打电话？难道柯达没有看到人们不再冲洗照片，而将照片储存于网络？他们看到了表象，却没有洞悉本质。让它们落伍的，不是技术，也不是其他的条件，而是固守旧辙无视现实的认知缺陷。

对此，乔布斯曾形容说，大多数情况人们陷于思维定式，像唱片上的针槽再也走不出来。他认为，唯有那些永葆好奇心、永远如孩子般敬畏生活的人，才能一次次走出定式。如果用一个金句浓缩乔布斯的思想，那就是“Stay hungry, Stay foolish”，因他持续一生的创新经历，就源于这认知上的永不知足、永不骄傲的新兵状态。

创新思维在本质上就是生命如新、思维如新的体现。傅军的“不创新，毋宁死”，体现的何尝不是同样内涵。

“一个民族的文明发展，其根基在于社会实践，其灵魂在于思想精神。”一位老作家如是说。

创造性思想源于创新实践。它是一个民族对社会实践进行深邃反思和提炼的结果。这样的思想一旦传播开来，并见诸社会实践，必将成为推动社会向前的巨大力量。

这才是傅军、张建宏、许君奇、吴向东等新华联系企业家群体以其创新思想和实践给予社会的最大启迪和价值。

第五章

分享引领英雄之旅

不吝分享，构建利益共同体

1996 年，傅军明确提出“耕者有其田，经营者有其股”。从那时起，他将自己原本占有的 80% 股份陆陆续续稀释给集团骨干。直到今天，新华联将近 400 名骨干成员享受到集团股份，傅军的股份则只剩下 40%。这样做的结果，是成就了更多新华联人的经济丰裕。目前，新华联内部有不少千万富翁，还有更多的百万富翁。在采访中，不少高管坦承，他们之前有在政府、国企就职的，也有在外企、民企就职的，直至来到新华联，才实现了财务自由。

同样在创业之初就分享股份的，还有华为的任正非。任正非曾如此披露他的想法：“不要把我想得多么高尚。我要是当初选择做房地产，地是我跑关系拿的，款是我找门路贷的，风险主要由我承担。我为什么要把股份分给大家？华为是科技企业，要更多的聪明人、有理想的人一起做事，所以就只能一起抱团，同甘共苦。只有不断地主动稀释自己的股份，才能激励更多的人加入到华为的事业中一起奋斗。”

无独有偶，傅军也曾讲过这样的一段话：“坦率地说，一个人没有胸怀、没有境界是不可能把自己的钱分给别人的。可是，事业要发展，你必须这样做，因为人力资本远远比货币资本更重要。”傅军不仅有强烈的分享意识，更向员工喊出了掷地有声的分享理念：“让价值创造者分享价值，让事业成功者分享成功！”

傅军和任正非何尝没有过维护自身利益的想法。这种想法但凡是人都会存在，不然时至今日也不会有不少上市企业牢牢把控股份，吝于分享。傅军和任正非的超凡之处在于，当一己念头与事物发展规律发生碰撞的时候，他们会舍弃自己的私念，服膺事物发展的本来逻辑。一次一次自我疆界的主动破框，成就了他们的大器量、大格局，不再为个人得失所困扰。

新华联成立于一穷二白的基础，却立下宏大志愿，成长为世界性的企业。如何实现心中宏图？唯有极大地释放出新华联人的创造性能量。如何释放大家的能量？傅军对此有清醒的认识。他曾说，论聪明，中国人堪比世界上最聪明的民族犹太人，但中国的创新成就却还不能和美国、以色列相比，究其原因是中国人尚未形成自己的创新机制。

英国历史学家弗格森在他的著作《西方和其他世界的文明》中，概括了西方文明的六大优势。他认为，其一就是财产权。尤其是美国，从1776年建国之初，就格外重视个人私有财产的保护和对个人价值的尊重，并以此为基础，构建了一套法律体制。可以说，这就是哺育美国社会奋进与活力的沃土。

具有大历史视野的东方学者黄仁宇，则这样总结：中国历史上为什么没有发展出自由经济，根本在于没有产生过有力保护个人财产的制度。“普天之下，莫非皇土”，皇帝仅仅凭着自己的意愿，就能将一个世袭几代的大家族说抄没就抄没了，这与西方社会形成了强烈反差。“风能进，雨能进，皇帝不能进”，这是西方个人房产、财产神圣不可侵犯的表达。

自我保全是生命的本能。在对这一本能的追求中，社会成员才能将潜在能量激发出来，同时构成强劲的社会发展动力。这道理也适应于企业。傅军白手起家，为什么能够吸引一帮人投身于新华联的事业？除了其人格魅力以外，还因为傅军深谙人性真相，勘透企业发展的动力机制，早早提出“耕者有其田，经营者有其股”，认同并保障了奉献者获取财产的权力，在中国的企业中率先将股份低价转让给了员工。与其说傅军是旧时代的反叛者，不如说他是新时代的先行者、新商道的奠基者，清醒认识并顺应了新规律。

在新华联，股份分红是一个与时俱进的长期工程，这样就能保证后来的优秀人才也能受益于企业的发展。

2002 年，新华联创新性地成立了积分奖励俱乐部。这是新华联的另外一个“百万富翁”工程。俱乐部吸纳了 300 多名集团骨干员工加入。每年底，根据员工的全年表现，集团会对他们进行评级，有 A、B、C 三级，被评为 A 级者一次得 2 分，B 级者得 1 分，C 级者不得分。此外，获评其他奖项如杰出贡献奖再加 10 分，创业功勋奖再加 5 分，理财能手奖再加 5 分，等等。分数积累到一定数额，集团就对俱乐部会员进行统一奖励，比如 50 分奖励 5 万元、100 分奖励 20 万元等。此举极具推动力，10 余年来一直高效激励众多的新华联精英人才持续攻关、勇创佳绩，在为企业奉献更多价值的同时，也为自己赢得更丰硕的回报。

近年，新华联又推出了“千人持股”计划，设立发行了“新活力财富一号”基金。新华联不动产也推出了“新激情期权奖励计划”，第一年就有 30 多人享受到了新华联不动产的股权激励。为了充分体现“效益引领”的原则，傅军还不吝分享，不断加大激励力度，相继推出了优秀董事长、总经理奖和“效益分享计划”。前者偏重激励那些创造良好经济效益的企业一把手，让他们在享受以往所有回报的基础上，再在工资的浮动上大做文章；后者重在驱动每个企业不懈盈利，明文规定企业的年终奖金计划内按利润指标的 3% 提成，计划外按利润指标的 5% 提成，这样做不仅意味着奖金额的提高，还能让员工深挖潜力、挑战极限。

“财散人聚，财聚人散”的道理谁都懂，但真金白银往外拿的时候，许多企业一把手做不到，而傅军却做到了。在新华联，员工不是为傅军打工，而是为自己卖力。他们乐于奉献、不断奋进的动力均出于自发而非强制，由此源源不绝。

1998年，在新华联“迎接知识经济新时代”的座谈会上，傅军谈道：

“当今世界经济正在发生着一场影响深远的变革，这就是知识经济在全球的兴起。”

“今天的知识经济正在替代工业经济，从牛顿式的工业化社会中重新赎回创造力、人格化和跳跃性的自由。”

他认为，知识经济带来一个新的特征，人将成为新时代的主宰，知识生产者将成为生产的主体和社会的主体。

这一主体的改变，开启了企业管理新的探索——如何管理知识生产者？20世纪，科学管理的出现，基本解决了体力劳动者的管理，生产线把人变成了机器的一部分，以管理机器的强制性力量，提升了工人工作的效率。然而，这种方式却无法管理知识生产者，因为知识生产者提供的是创造力，而创造力依靠自发性，与控制是对立的。德鲁克因此指出，对知识生产者的管理，将成为21世纪管理学最重大的挑战之一。

在那次讲话以后，我们发现，傅军在不同场合多次强调：

“我们一直恪守‘以人为本’的经营理念，把充分调动全体员工的积极性和创造性当作企业管理的最高要求和完美境界。”

“我们要让员工活得有地位，有尊严，有价值。”

“公司一直营造着一种尊重人、关心人、理解人、激励人的文化氛围。”

德鲁克提出的挑战，傅军是如何应对的？知识生产者，傅军是如何管理的？从上面的表述中，我们不难发现，他从一开始就承认和重视知识工作者的价值。在中国的企业中，他是第一拨这么做的企业家，并在这种认知基础之上，构建了与个性化的知识分子分享、共创的机制。

除对骨干成员给予股份、期权激励外，新华联还面向全员多次大幅度地普调工资，让普通员工也享受到富有竞争力的薪酬。此外，新华联还面向全员设立了多角度的奖励、福利，从方方面面贯彻集体对成员的奖励、关爱与保障。

面向各岗位工作突出的成员，如业绩突出的营销人员、科研人员和职业技能超群的技术人员等，新华联设置了各种特别岗位津贴，津贴最高可达每月 5 万元。此外，新华联还先后设立了“创业功勋奖”“优秀管理奖”“理财能手奖”“营销金牛奖”“创新进步奖”“最佳服务奖”“人才伯乐奖”“杰出贡献奖”“终身成就奖”等 10 余个奖项，每年组织开展为期一周的“新华联功勋之旅”观光考察活动，让数以百计的获奖人员前往国内外旅游胜地休闲放松。

企业内部的弱势人群，新华联也放在心里。从 2002 年起，新华联就建立了一个“爱心基金”，目的就是帮助不幸遇到天灾人祸的员工度过困境。基金的来源是集团出一部分、高管捐赠一部分。第一笔 500 万元的爱心基金，傅军个人捐赠了 150 万元。员工只要遇到困难，都可以向集团申请。集团会根据他们的实际情况，发放数额在 5000 元到 10 万元之间不等的爱心基金。“爱心基金”不仅让企业的弱势群体倍感温暖、重拾斗志，还会感染更多的员工去自觉关爱他人、传递正能量。2017 年 7 月，傅军在再次带头捐款 100 万元的同时，也倡议员工为“爱心基金”捐款。在集团党委和工会的精心组织下，短短几天内就有近 100 家企业的 3000 多名员工热心伸出援助之手，为“爱心基金”筹集善款 220 多万元。截至目前，已有300多名生活困难或遭到意外的员工从“爱心基金”中获得援助，总金额已超过500万元。

作为市场经济的产物，企业毋庸置疑要关注效率、追求效益，但新华联在努力做大做强企业的同时，也同样崇尚公平与道义，一直不遗余力地演绎着“义利兼顾，以义为先”的经商之道。

走进新华联总部，你会发现自己置身于一个生活功能齐全的园区。总部大楼里，有食堂和咖啡厅；大楼对面是职工之家，里面有恒温游泳池、电影院、健身房、阅览室、乒乓球室、棋牌室，另外园区还有洗衣房、超市。

新华联人可以在园区里享受7项免费福利，免费吃中餐，每月可以免费喝10杯咖啡，每月有100元钱的洗衣费用。此外还可以每月免费看几场电影和免费进行若干小时的游泳、健身。

集团总部动迁之前先行设计好员工的各种福利保障，这是新华联固有的风格，让员工投入工作之前，先行解除他们的后顾之忧，保障他们生活无虞。新华联在湖南长沙和北京通州等地先后建造了近700套90～300多平方米不等的精品住宅，以极优惠的价格出售给员工。

在生存需求之外，员工的安全需求也不容忽视。为此，新华联严格按照国家相关法律、法规的要求和“平等、自愿、协商一致”的原则，与员工签订劳动合同。合同中关于劳动合同期限、工作内容、劳动保护和劳动条件、劳动报酬、劳动纪律、劳动合同终止条件、违反劳动合同的责任等主要条款都齐全、合法，以此切实保障员工的各项劳动权益。

新华联始终将员工的职业安全视为首要工作，不断改善员工的工作环境，减轻员工的劳动强度，加大职业病的防治力度。集团奉行“预防为主”的健康保障策略，为员工提供锻炼、健身场所，并组织多种运动和比赛活动。集团还与相关医疗机构合作，提供常年健康体检，并为特殊年龄段及女性员工增加相关体检等项目。集团每年还不定期地组织部分年龄较大、表现优秀的员工集中进行疗养休息。

此外，新华联为员工每人每年提供 2000 ~ 3000 元不等的福利费，用于员工的学习、健身、娱乐休闲、计划生育补贴、节日慰问、团队活动等。

对于化工、矿业、陶瓷等企业一线员工的安全与健康，集团更是高度重视，从人员、机器、环境、管理等多个方面，建立了一套严密的安全管理体系。为落实安全体系，公司不吝投入较大费用，购置必要的安全设备，并由下属企业负责人牵头，层层落实安全责任制，不断强化安全培训，制定严格的安全操作标准，实行严格的安全考核，确保无重大安全事故发生。

对新华联人来说，最令他们感念的，是这些福利措施背后的心意。2016 年 10 月 26 日，搬到北京通州新总部后，他们接受了几次问卷调查。集团细致询问他们对这些福利是否满意，有没有改进的建议。

新华联人偶尔会与同类企业举行联欢活动。活动过后，大家熟起来，相互打听企业福利。新华联人发现，同类企业从外表来看，也许显得非常高端大气，但他们的福利却相对单调，先进工作者往往就是奖励几百元了事，而新华联的先进者，不仅可以领到各种丰厚奖金，还有机会出国旅游。

新华联矿业板块的人员工作辛苦，集团总部尤其注意对他们福利补贴的倾斜，多年前就给予他们野外津贴、高原津贴、国外工作津贴等。这些津贴都不是一刀切的，而是依据实际情况，越是边远之地、越是辛苦工种数额就越高。

企业的心意就是在这点点滴滴的考量中传递到员工的心里。新华联一位员工在接受采访时说，他们能够感受到，企业给予的福利不是走形式，也不是施舍，而是出于真挚的关爱。若没有发自真心的情感，就不会有细致入微的设计，设身处地的考虑，很有可能就是随便发点钱走走过场。

一位新华联员工说，职场上能遇到一个好老板好企业真的很难得。他们对这个集体充满感恩，感到眷恋。新华联的员工队伍尤其是中高层管理队伍的稳定性很强。在采访中，我们遇到好几位在新华联工作20年以上的管理人员。他们之前有一人被奖励了一套海南的房子。

“亲情友情是人生命中的一盏明灯。”这是傅军常常由衷感慨的一句话，也是新华联员工耳熟能详的一句话。在2003年的一次讲话中，傅军谈到新华联人才政策中的感情留人、待遇留人和股份留人时，如此解释：“所谓感情留人，就是突破那种冷冰冰的雇佣契约关系，以尊重人格、维护自尊为前提，平等沟通，忠诚对话，水到渠成地获取员工的信任和感恩。所谓待遇留人，就是尽量为员工创造优越的工作和生活环境，比如花费巨资建造宽敞、舒适的现代化办公大楼、住宅楼、食堂以及各种体育、文化、学习场所和设施，并且提供较高的薪金和良好的福利待遇，让他们丢掉一切包袱，轻装上阵，全心全意为企业开拓市场，创造效益。所谓股权留人，就是公司实行‘耕者有其田，经营者有其股’的机制，让员工特别是高层管理者拥有数量不等的股权，把个人利益和公司的发展牢牢捆绑在一起，形成利益共同体和命运共同体，激发员工为公司的长远发展而倾心尽力。”

消除内耗，提供自我实现的平台

新华联拥有“四管齐下”的人才政策，在感情留人、待遇留人、股权留人之外，首当其冲的是事业留人。“所谓事业留人，就是说企业为每一个优秀人才都提供具有巨大发展空间的事业平台，让他们在企业发展壮大的同时达到人生的最高境界——建功立业。”

一个人的能量，若多一点在内耗，就少一点在建设。如何创造一个内耗更少、活力更强的企业，就成为企业家的孜孜追求。

职场内耗，究其根源，是基于我们传统文化中的毒瘤——唯上论。唯上论在官场、职场就是官本位。中国封建社会，人治大于法治，且等级森严，下级的升迁不取决于自身业绩，而取决于他与上级的关系，所谓上级说你行你就行，不行也行，说你不行你就不行，行也不行。这样一来，官场中人没有多少实心做事的，大多数精力都消耗在人际关系的维护，尤其是与上级关系的维护上。

封建社会早已中止，它所造就的文化毒瘤却还没有清除干净。官场、职场依旧蔓延着关系经营，人们不得不将精力虚掷其中。唯上论对一个民族的侵蚀是深入灵魂的。它耗去你的时间，更腐蚀你的尊严感。唯上论在官场是官本位，在家庭是父为子纲。在不平等中成长，在不平等中工作和生活，国人的人格呈现出扭曲的状态，在低位就极其萎缩，到高位则因过度反弹而极度膨胀。无论是萎缩还是膨胀，都是不完善的人格状态。而一个人的才华往往源自尊严，源自人格饱满、舒展的完善状态。

许多人都曾想要清除唯上论，将尊严还给国人，毛泽东就是其中之一。他生长于反传统的五四运动，血液里流淌着反叛的因子，小时候曾联合母亲和弟弟反抗专制父亲，长大后领导人民推翻压在头上的三座大山，晚年还发动了轰轰烈烈的“文化大革命”。

在这场以清除封建文化流毒为初衷的文化运动中，他鼓动革命小将推翻上级，想用“造反有理”去挑战等级思想，对冲“和合”传统。然而，文化的土壤不发生改变，单单依靠一场运动，文化的革命注定无法达成。“文革”把千千万万个上级推倒在地，却迎来了新的上级——“四人帮”。他们的特权无与伦比，造成的危害比前者有过之而无不及。

“文化大革命”以后，我国从重视政治转向重视经济，这才真正迈入从农耕文明向工商业文明的过渡中。工商业文明的一个特征，就是傅军所讲的知识经济的到来，知识工作者地位的提升，社会等级不再壁垒森严，世界变得越来越平。与之相应的，是唯上论的淡化乃至消失，关系不再决定着职场人的前途。

然而，绝大多数人的意识总是落后于社会发展。心理学家荣格认为，只有5%的人，他们的意识与时代同步。他们是真正意义上的当代人。更多的人从未有意识地生活过，可以说是随波逐流，也可以说是浑浑噩噩。他们的意识来自被动灌输，来自上一代，来自过去。

这就是为什么，文化的革新是如此的艰难，唯上论依旧充斥职场。令人耳目一新的，是科技类企业。科技类企业具有文化先进的先天优势。在这类企业工作的人，大多数属于5%的当代人。而在新华联这个传统企业里，居然也出现了全新的清新的职场氛围。

不止一位新华联人说，他们进进出出过数个企业，唯有在新华联找到了归属感，因为新华联是一个做事的地方。他们只需要专注做事就行，不用考虑维护上级、经营关系之类令人头疼的事情。

一个企业的内部氛围如何，外人是很容易感知到的。在采访的过程中，笔者留意到两个细节。其一是，采访傅军的时候，他双眼直视笔者，认真地说“我不喜欢不实吹捧”，希望笔者能够如实介绍新华联的管理沉淀。其二是，新华联的高管没有倨傲之气，新华联的一般工作人员也没有畏缩之气。在高位的谦虚平和，在低位的舒展自如，人与人之间的交互，平等，友善。身处其中的笔者也感受到了合宜的对待，安之若素。

这种氛围是如何形成的？唯上论在新华联是如何被解毒的？笔者怀着好奇正面采访，侧面打听，抽丝剥茧，梳理出相对重要的两点做法。

第一点说来很是新奇有趣，闻所未闻。在新华联，上级给下级送礼，上级给下级开车，上级给下级埋单。总之，上级对下级关爱呵护，下级只需要做好本职工作。

新华联集团高级副总裁肖文慧介绍说，他们是从来不用给傅老板送礼的，倒是傅老板总想着他们。有外地特产来了，傅军总会给身边人一人分一份。还在许多生活细节中体现出对下属的真挚关怀，譬如几个高级副总裁的生日，傅军都记在心里，赶上他们生日，傅军只要人在北京，总会创造机会和他们聚一聚。甚至是他们的家属过生日，傅军听说了，也会特意打电话问候一声。

总裁是这样的，核心高层深受感染，又原本与他价值观一致，对待下属同样会礼遇有加。新华联人出去吃饭，都是职务高的人付账。如果坐车出去，开车的都是上级，因为上级收入高，上级有交通补贴。

类似惯例层层蔓延，沿袭多年，最终造就了新华联一股独特的清流：新华联的上级对下级工作上支持，生活中关怀。新华联的下级感念在心，只需要以认真工作来回馈。逢年过节的你来我往，在常规职场是密集攀交关系的机会，在新华联却简化为短信问候。

这股清流所带来的意义，不在于一顿饭一趟车，而在于从行为到思想，一种全新意识在渗透，一种全新关系在构建。

唯上论怎么反？是下级反上级，还是上级主动放弃高高在上？新华联人选择的是第二种。事实上，也只有占据优势地位的人主动改变，改变才会较为容易发生。在新华联，上级的付出，传递的是尊重，取代的是下级对上级的巴结，凸显的是以业绩而非关系作为升迁标准。新华联有一个畅通无阻的人才成长通道：人才在每一个节点的升迁，唯一的依据都是他的业绩、他对集团的贡献。

与生活上的关爱温暖相比，工作上却是铁面无私，严守规则。而这正是新华联解毒唯上论的第二个特点。新华联对规则的重视我们在前面已有感受。当总裁的权威都让位于规则的权威，企业才是真正实现了法治大于人治。

这两个特点的结合应用，会产生怎样的效果呢？发生在北京悦豪物业管理有限公司总经理邓南宇身上的几件事，很有代表意义。

悦豪物业是新华联集团下属的物业公司，是邓南宇2000年从万科来到新华联后一手组建的。邓南宇说，在工作上，老板这个人一板一眼，非常严肃，不会有半分妥协。他也许终生都难以忘怀：在一次内部大会上，由于悦豪物业的一项工作没有到位，老板当着几百号人对他点名批评，严令他“必须整改”！他说，当时的感受真是无地自容啊，可算明白了什么叫想找个地缝钻进去。

确实可以理解，他毕竟是一个总经理，手下也带着上千人，就这么被老板当众说批就批了，一点情面都不留。即便他为此记恨老板，恐怕也是情有可原的吧？但邓南宇认真地说，羞愧是针对自己，对老板他丝毫怨气都没有。不止没有怨气，他对老板还充满感恩，并因此改变了自己的性情。

原来，邓南宇多年来亲身感受到老板的悉心关怀。就拿2008年邓南宇母亲去世那件事为例，老板委托集团高级副总裁丁伟和集团监事会的两位领导前来参加追悼会。他对此已经意外、感动，没料到原本老板是要亲自前来的，临时不巧，一个企业负责人突然到访，他才没脱开身。

傅军对邓南宇说："这可是大事！"要知道，新华联下属100多家企业，傅军长年国内外奔波，连周末都不给自己放假，却愿意为一个总经理的家事付出时间和关心。所谓大事，只因重视。

事实上，就在那次当众点名后，傅军在会下遇到邓南宇，对他的态度一如既往，和蔼可亲，毫无二致。这就是对事不对人，对人关怀尊重，对工作锱铢必较，不以一事论成败，也不为和合而放松规则，放弃严格要求。

如何将规则植入职场，取代中国传统职场不敢说真话、碰真相的假和气？傅军的做法是成功的尝试。对事不对人，在心理学上被认为是成长型人所需要的环境。相反，有些领导批评人，动辄上升到人身层面。他不说你这件事如何如何，而说你这个人如何如何。人都有自我保护的需要。为了保持自我评价不变，被批评的人会在内心否定领导的批评，拒绝改变，即便非要改变，那改变也是步步艰难的。这种批评方式造就的必然是固定型人，不愿意成长型人。

对邓南宇来说，他的自尊已经被傅军很好地保护了起来。有这个前提，傅军提出的改善要求，在他听来，就不是撕裂自尊的声音，而是催人奋进的号角。他羞愧于自己的失误，同时坦然听取意见，锐意整改，迅速将工作推进到位。事实上，这原本就是一位难得的干练之才。悦豪物业仅用6年时间，就从无到有并获得国家一级资质，这在业界都是罕见的案例。

傅军一手斩断经营关系的尘网，一手举起规则第一的旗帜，新华联由此截断了传统文化的流毒，构建出全新的、清新的现代化职场氛围、企业文化，最大限度地避免了企业能量的内耗。

进入新华联十几年的时间，邓南宇从老板那里感受到的关怀，点点滴滴地渗透，丝丝缕缕地改变着他的心性。他坦承，自己以往是颇有一点高高在上的感觉的。这是一位非常干练的东北汉子，眉宇之间确实透出一股掩饰不住的英气和自信。他说，刚来新华联时，这股自信是有点膨胀的。在与老板的交互中，老板慷慨的分享，老板无微不至的关爱，似乎在无形中校正着他的自我感受。他逐渐消却了膨胀，也褪去了坚硬的壳，变得沉潜，变得平和，变得谦卑。

思维重构，精神赋能，引领英雄之旅

当一个人的精力全部用于做事时，会达到一种怎样的状态呢？傅军本人就是一个典型案例。

在新华联人的心目中，他们的老板工作之勤奋、精力之充沛，和超人无异。他们说，傅军是一个只有公历没有周历的人。你问他今天几月几号，他非常清楚，你要问他今天星期几，他不一定答得上来，因为他自己就不过周末。他的周末或者和高管开会，或者接待外面人，或者出去参加会谈。他会利用别人的闲暇，办一些不适合平时办的事情。对了，我们对傅军的采访就主要安排在周末。

一个连周末都不放过的人，他的工作日是怎样安排的呢？曾经在他身边工作的人都知道，无论头天晚上熬多晚，他一定会在第二天早上按照习惯 6 点起床，不到 8 点就来到办公室。高管们不知道他几点上班，几点下班，单单知道，只要傅军在家，早上上班前找他，他一定在，下午下班后有事找他，他还是在。

从早到晚的时间表，都被排得满满的，性质不同的工作，有时候是办公室审批文件，有时候是外出应酬会谈，中间的小憩仅仅是在车上打个盹。这样的工作强度，一般人都会被累垮吧？傅军却始终精神抖擞。

有一回，年轻秘书随他到外地出差，接连数天将平时规律打乱，工作连轴转。年轻人都累得吃不消，傅军却一如既往地精力饱满。身边人在感叹老板勤奋之余，也非常好奇，老板哪来这么充沛的精力？

这样的“超人”也曾经引起了心理学家、“心流之父”希斯赞特米哈伊的好奇。他和他的工作伙伴耗去将近 20 年的时间，跟踪了 90 多位高效能者。这些人在一生、一天中的几乎所有时刻都以高效能的方式度过，而他们非但没有被高密度、高强度的日程累垮，还呈现出兴致勃勃、激情昂扬的精神面貌。相反，将大量时间浪掷于低效事件或者干脆无所事事的人，反倒常常一脸倦容，无精打采。

希斯赞特米哈伊发现，原来，高效能者在做任何事情的时候，都非常专注，由此可以进入“心流”状态。在心流状态里，人的意识聚焦于一点变得有序。意识有序是内心宁静的前提，内心宁静又是心情喜悦的前提，心灵经验因此达到最优状态，澄明无碍，甘醇酣畅。

心流体验越是多的人，越是善于控制自己的意识。即便在平时，他们也擅长对外在刺激进行筛选，不自觉地关闭其他资讯管道，只注意与这一刻有关的事情。

和不善于集中注意力的人相比，他们的意识有序得多，大脑皮质的活动会少得多，内心也会宁静、愉悦得多。

傅军曾说：“创业的快乐是最大的快乐！”莫扎特也曾说过：“工作让人精神抖擞，倒是休闲让人筋疲力尽。”

休闲为什么反倒让人筋疲力尽呢？希斯赞特米哈伊解释说，心灵的原貌是没有秩序。休闲的时候，意识如同脱缰的野马，四处奔逸，散乱如麻，最爱停留在负面事件中。你会发现脑子里出现两个甚至两个以上的声音，相互争执，喋喋不休，这就是意识无序的表现。

越是较少专注的人，越是不擅长控制意识。外部刺激来袭的时候，他会不加分辨地接受，有用没用的资讯一股脑地袭击大脑，造成意识无序，使大脑皮质的活动增强。

意识无序必然导致心情烦躁，内心不安，精神能量不得不为重建意识秩序而消耗再消耗。让人内心疲惫的，就是重建意识秩序的精神消耗之累，而不是做事。此外，专注做事时，我们知道，手头的事情正在夯实着我们的未来。它不仅在当下令人快乐，还构建着未来的快乐。我们会因此感到无比的充实。

跟踪研究高效能者接近20年，希斯赞特米哈伊发现，高效能者的身心状态比普通人要好得多，年逾70还在工作一线，属于常态，即便他们中的一些人早年可以说是体弱。

在企业界，这样的例子比比皆是。褚时健80多岁依然躬耕于褚橙种植一线；王石60多岁赛舟、登山不输于年轻人；稻盛和夫84岁还处在两个世界500强企业的领导者位置上；李嘉诚90岁仍在清醒地布局自己的商业帝国。

那么，傅军为何精力充沛胜于年轻人，也就可以理解了。新华联多名高管介绍，傅军做事非常专注、深入。这些企业家毫无二致，全都善于掌控自己的意志。他们付出不亚于任何人的工作努力，却由于高度专注带来的心流体验，精神消耗反而远远少于常人。

也有一些做企业的人，精神状态正好相反。休闲里没有心流，忙碌也不见得都会产生心流。如果是一个不擅长专注的人，焦头烂额的处境只会令他意识过度紊乱，精神过度消耗，这样的忙碌会对身心造成很大的伤害。

心流事件需要一定程度的挑战。在做事的过程中，你需要调动更高的技巧，不断完善技能。挑战不够的事情，产生不了心流。如果轻轻松松就能把事情做成，你就不会调动全副注意力，意识无从聚焦。

心流体验，是一个人从日常生活中所能得到的最大恩典。它是马斯洛所言的高峰体验，是修行者孜孜以求的正念状态，是超越性境界的入口。人类一产生自我意识，就被赶出了上帝的伊甸园。自我意识引导人类不断进步，却也令我们无时无刻不在自我批判。在心流体验中，大脑中喋喋不休的声音终于止息，自我终于消泯。在忘我的状态中，在宁静澄澈的心境中，人终于感受到日常生活无法提供的深邃喜悦。

这种喜悦在梵文中被称为“阿南达”。据说，有三个地方是超越境界的入口：一是代表喜悦的阿南达，一是代表意识的启特，一是代表存在的萨特。也许你不知道自己的意识是否健全，也许你不知道怎样才是自我存在，但若你感受到从心底涌流而出的喜悦，你就同时处于意识健全、全然存在的状态。

这种状态令人如此迷恋，古今中外不知有多少人对它上下求索，追求不止。乔布斯曾经跟随日本禅师学禅，曾经前往印度苦行，最终将一生付诸创业，因为他从创业中获得的心流体验，和禅修时的正念体验是殊途同归的。正念原本就是将注意力聚焦一处，不使其四散放逸。

一个人一旦领略心流，他的灵魂就发生了重塑。他将终身追寻这种体验。为此，他需要一次又一次设定更高目标、迎接更大挑战。在此过程中，他的自我疆界不断拓展，外部世界逐步扩张。

傅军具备心流体验者的全部特点。他喜欢钻研，喜欢挑战，从中收获深邃的喜悦，又将这喜悦传递到生命的所有层面，体现在对事业的热忱、对生活的热爱、对生命永不衰竭的热情、洋溢身心的激情和对他人的强大感染力。

他常常游刃于创业的快乐中，因此他对慵懒的员工禁不住慨叹："一个玩世不恭的人是难以领略追求的滋味的！"唯有深谙心流况味的人，才说得出这样的话。

心流对人最大的重塑，在于它将人引入英雄之旅。英雄之旅遍布坎坷，常人视为畏途，一再回避。害怕吃苦是人的天性，心流体验却发展出第二重天性——以苦为乐。体验过心流的人，喜欢全力以赴，应对挑战。他们在挑战困境中，感受到超越性的快乐，因此常人所回避的英雄之旅，却成为他们必然的选择。没有心流体验，仅凭苦捱硬撑，是反人性的，不持久的。

英雄，是步入英雄之旅的人，越早步入，自我越完善，成就越卓越。很难推断傅军是何时步入这一旅程的，只知道从做事效果有记载起的学校时期，他就是佼佼者。没有心流式的专注投入，他也不可能有稳定的优秀。

创业并不是他英雄之旅的开始，创业更符合英雄之旅的第二阶段。美国心理学家兼人类学家坎贝尔发现，英雄后来总会为更多人带来启迪和改变。

关于这一点，新华联人深有感触。几位新华联高管说到，跟随傅军多年，从他身上感受最深的，是他极富感染力的激情。他们不约而同地提起傅军的一句话："有激情像太阳，照到哪里哪里亮；没激情像月亮，初一十五不一样。"

多年来，他们眼见傅军持之以恒地挑战常人眼中"不可能"的目标。他们问："你知道吗？湖南有一句话叫'霸蛮'，说的就是我们老板。”

傅军在年初的时候，会定下一年的奋斗目标，比如哪个企业要上市，哪个企业要达到什么状态，等等。一些目标在下属看来太过高远，不可能达到，新华联地产上市就是一例。傅军却不受干扰，默默地在目标责任人一栏郑重签上“傅军”两个字。

与远大目标相匹配的是，艰苦卓绝的努力。为了推进新华联地产上市，傅军快速学习上市相关内容，从不懂到懂再到专业，最后在证券交易所答辩的时候对答如流，引起交易所人员的惊讶。为了取得各相关方的支持，他全力去跑，去协调，光牡丹江一个地方就去了十几趟。

付出全部努力，却没有得到想象中的回报。国家严控政策的出台，几乎可以断定之前的所有努力将付诸东流，多少企业都选择了放弃，傅军却依旧坚守。他要求大家，必须跟自己作战，把不可能变成可能。领导自己为了一个看似不可能的目标，都愿意去努力去拼搏，底下人还有什么可保留的呢？

在这样一个机会渺茫的关口，新华联人全体选择了坚守。这样的坚守，与其说在坚守一个外在的目标，不如说是在坚守一个勇于挑战无常、攻克障碍的自我。前面已经细述，新华联地产上市了，不可能的目标变成了可能。与此同时，可以想见，在新华联人的灵魂深处，一个原不可能的自我也在新生裂变之中。

一个人只要经历一次这样的事情，他大脑里惯常“可能”“不可能”的界定，就将重新划定，以往被认为“不可能”的事情，如今他会尝试往“可能”的方向推进。即便由于自身无力改变的原因，最后没有实现，他也会反省、复盘，剖析障碍因素，剖析自身得失，找出下一次可以改进的地方。久而久之，随着内心边界不断重构，他会成为主动、积极、掌控能力强的新人。

新华联人是幸运的，这样的机会，他们经历得不少。《中庸》里说："能尽其性，则能尽人之性。"意思是充分发挥出个人本性的人，能够带领众人将他们的本性发挥出来。傅军由此不可避免地推动新华联人将自身的能力边界拓展到最大。

邓南宇回忆，他初来新华联，就物业公司的发展方向与老板达成了一致——从高起点出发，做品牌企业。按他的想法，做品牌就需要高投入，高投入就不能讲利润。但他没料到，第一年述职的时候，老板就给他下达了利润指标，令他很有一点不适应。

老板开导他："你要重新认识这件事，做品牌和盈利不是非此即彼、相互排斥的！"以往他的思维是"如何能够打品牌"，一切行为都置于这种思维之下，为打品牌可以不计成本、不求利润。如今按照老板的要求，他需要在新的思维框架底下做事。

"如何才能既打品牌又有利润？"思考多了一个维度，方法就不能单一，要逼着自己打破定式，在常人认为无路的地方找出路来，要穷尽思考，不断挖潜，在常规界限之外用功，其结果必然是反激自身的能动性，拓展自身的思维边界和能量边界。

如此努力一年，悦豪物业居然创造了50万元左右的利润。跟老板汇报的时候，邓南宇笑了："老板，这个结果我可真没有想到啊！这完全颠覆了我以往做物业管理的理念。"

一般的物业管理，就是开发商养着，衣食不愁，自身没有多大成长动力。邓南宇有锐气，对工作寄予了更高的要求。正是在这一点上，他与傅军第一次谈话就意气相投。那一次傅军就明确提出，要高起点发展悦豪物业，推动其成为面对市场的独立企业、品牌企业。邓南宇没有想到的是，在这个方向上，傅军走得更远，要求更高。悦豪物业要面对市场，要做出品牌，同时还要盈利，要自主生存！

是啊，生存，活下去，在相当长的时期里，是新华联，也是同类中国民营企业最现实的处境。起步于一穷二白的荒芜，闯荡于机会渺茫、处境凶险的荒野，未曾享有过从容成长的空间。若没有在无路处找路的本事，这些民营企业根本就没有活下去的可能。

强将手下无弱兵，新华联集团麾下的这些高管人员，都善于行思结合。邓南宇自述，这件事情给予他很大的触动。他反复思考老板的话，将这件事情得来的全新思维用于其他事情，没有一事不思考更多维度，没有一个维度不推到极致。

2006 年，悦豪物业一举通过审核，拿到国家一级资质。短短 6 年取得这样的成绩，在整个业界都非常罕见，可以视为新思维的成就。悦豪物业的市场化步伐由此越迈越大，早期市场份额就占整个业务的 40% 之多。开放的市场反过来不断洗练品牌，品牌和盈利不仅没有对立，反而相互促进，共同提升，带动悦豪物业超常规发展，从初期的 100 多号人，发展到将近 3000 人，从一个项目发展到几十个项目。

相比半路来到新华联的邓南宇，现任新华联恒业房地产公司总经理的杨云峰，从傅军身上得到的感悟和启迪更加丰富。

1996 年，杨云峰大学毕业，分配到新华联，在总裁办公室工作。在傅军身边，杨云峰打开了全新的人生视野。

1999 年，傅军做出决定，买下现在新华联家园的地皮进行开发，并以此为契机进军北京，辐射全国。在当时的杨云峰看来，这一决定可谓气势如虹，因为每一步的幅度都非常之大。就拿买地皮来说，位于北京通州的这块地，单单转让费就超过当时新华联地产一年的总营收，更别说后续开发一应事宜所需费用。即便说傅军是拿新华联的全部身家来赌一个未来，也不为过。也怪杨云峰用“蛇吞象”来形容此举的雄心。

然而这正是傅军的风格。手拿一根杠杆就要撬动整个地球，是他们这一代卓越民营企业家共同的风格，也是中国经济40年高速发展的重要驱动力。傅军曾不无自豪地说，他从不小赌，要赌就赌大的。回看新华联在关键节点的跃升，无一例外都是富有雄心的大跨越。事实证明，傅军是擅长大赌大赢的。

在杨云峰的些许担忧和更多的兴奋中，新华联对目标发起了总攻。傅军当仁不让，首当其冲。杨云峰跟在傅军身边，注意到了一个细节。为了争取这块地的一项审批，寒冬腊月的天气里，傅军在政府门外等了两个小时，从天昏黄等到夜深沉。

杨云峰说，老板所做的其他努力就不论了，单单这两个小时的等待，就清晰传递出一个伟大人物的伟大所在。那时新华联已经发展成大规模集团企业，这种事情傅军完全可以找人代庖，但他却选择了亲自上阵。不但亲自上阵，他还甘愿以平和的心境耐心等待。这件事情传递出多层含义，不仅仅是意志坚定，不仅仅是愿意付出，还表明，傅军已经超越外部身份和一己情绪对自我的限制，认同了事实，认同了事物的本来逻辑。

这一点在傅军身上多次体现。比如，多名新华联高管提到，傅军对人才的宽容到了匪夷所思的地步。有些人离开新华联之后要回来，傅军依旧敞开胸怀，像以前一样给予机会，给予平台，毫无芥蒂。有位高管坦承：“如果换了我，是做不到的。”一心重用的人，说走就走了，恐怕谁都会感到一种背叛的滋味，但傅军用他的换位思考和理解消解了内心的不适，又以共同事业为重，再次接纳对方。马云曾说：“男人的胸怀是委屈撑大的。”傅军又何尝不是在一次又一次这样的戒急用忍中，消泯了个人的情绪，遵从事物的逻辑，使自我一次次升维，自我疆界不断拓展，直到与客观世界同宽。

所谓大格局，指的就是这样的内心境界。杨云峰敬佩傅军的等待，更敬佩他不急不躁的等待。他在传递出一种信念，他不介意自己尊贵的身份，不介意天气多冷，不介意还要等待多久。只要是事业发展需要，只要是客观事实需要，他可以付出最大的努力。

一个人外部世界有多大，与他内心格局和力量的大小是一致的。那一刻，杨云峰见识到老板的内心世界。这种体验于他而言是新鲜的，也是令他震撼的。

随后，杨云峰被作为先遣队员派往北京，负责新华联项目的初期事宜。在这一年里，他先后往返北京将近 20 趟，每次少则逗留四五天，多则十来天，将全副身心贯注于项目之中，却不言甘苦，只是轻描淡写地说，大领导都那么拼搏那么努力，自己还有什么可保留的呢?

第一次来北京，是去日本三菱公司开具商务函。他记得走进那栋壮观大楼时，内心的感受是：“这栋楼可真棒！我们什么时候能在这样的大楼里办公呢?”这一回，换了他自己，来亲身体验什么是“蛇吞象”式的自我实现。

新华联集团总部要从湖南迁往北京，办公场所选定在汉威大厦。把 900 平方米空荡荡的空间，变成装备齐全的办公空间，傅军把这个任务交给了年仅 25 岁的杨云峰。“你来搞!”他用湖南话言简意赅地对杨云峰说。

后来回想，杨云峰说，老板真的很有魄力，敢于对年轻人委以重任。当时什么都没想，直接上阵了。他从老板并不多的言语中，感受到莫大的信任，也感受到一种责任感。在新华联转型的重要关口，他只想倾尽努力，不负信任。

购置家具，指导装修，铺设电话线路，协调物业，甚至还要负责新华联人来京以后的住宿……应对平生前所未有的挑战，难免有些战战兢兢，但老板总能在他进展顺利的时候给予肯定，在他遭遇麻烦的时候给予支持。他感受到强大的后盾，也感受到自己身上所焕发出的潜质，在振奋、新奇、自豪、沉实等多种情绪的杂糅中，将任务推进到终点。

25 岁的年轻人普遍处于懵懵懂懂的状态，杨云峰却因着肩上的重任，逼着自己变得做事更加踏实，考虑更加周全，将意识之光调校到最强的状态，由此彻底走出了以前或曾有过的懵懵懂懂、随波逐流。

一个人也许非常聪明，但决定他人生成就高低的，不是聪不聪明，而是融入意识的多少。正确发挥意识，并不是天性就会，而是后天学成的。我们可以将意识之光调得更亮，也可以调得更弱，可以以十足的理性和智慧去行动，促成自己的目标，也可以摈弃意识，在浑浑噩噩的状态里任凭生活轨迹与人生目标南辕北辙。

新华联人，尤其是傅军身边的人，从他身上感知到，一个人是如何充分运用自己的意识，又在傅军的推动下、在应对挑战中，提升自己的意识水平。傅军对他们赋予信任，赋予重任，又保驾护航，在他们进展顺利时给予肯定，在他们遭遇迷茫时给予支持。这就是心理学意义上所谓的“抱持”，是一个人所能给予他人的最好的成长环境。被抱持者可以从中感受到巨大的能量源泉，转而激发出较强的意识状态，以审慎的思维、极致的努力，推动任务圆满完成，实现此前不敢想象的业绩。

两年前，杨云峰希望有一天可以在华厦里办公。两年后，他实现了心念，梦想的办公场所还是他一手督建的。存在于头脑里的梦想，就这样变成了钢筋水泥不容忽视的现实。通过自身努力，他可以实现梦想，即便是“蛇吞象”一般的梦想。这是千真万确的事实！于杨云峰于你我都是。然而，唯有在亲身体验中，我们才敢于相信，敢于接受这事实。

若是缺乏这样的体验，我们更倾向于像圣经里的约拿一样，口说希望为神发挥力量，等到神真的委派使命于他，他却表现出退缩，四处躲避。神只好到处找寻他，惩戒他，唤醒他，甚至让一条大鱼吞掉他，逼迫他接受使命，拯救了本该摧毁的罪城尼尼微。

我们知道，人会躲避自己的低谷，躲避自己的最低可能性，却很少意识到，人还会躲避自己的高峰，躲避最高可能性，在潜意识里为自己设定了许多限制。

一千次语言层面的心灵鸡汤，不如一次亲身克服困难的体验，对人的改变更大。在全新的体验中，我们才能重塑有关自我能力的定义。

这是傅军身边的新华联人普遍感受到的变化。他们以不同的措辞讲述着同样的事实。傅军是怎样用激情感染他们，怎样为他们赋予信任和重任，又是怎样通过肯定和支持，来为他们的克难攻关保驾护航？他们中的很多人，是在傅军身边，才开始将自己的动能开到最大。能力界限以内，都是旧我的重复。能力界限以外，我们才得以拓展新我，发现更深层的自己。

新华联文旅发展教育事业部总监罗靖说，这些年来在老板身边，最大的收获是自我的成长。包括她在内的新华联人，在老板的感染下，由衷地愿意做事，愿意付出，不避辛苦。

心理学家纳撒尼尔认为，真正的幸福，源于高度的自尊感。高度的自尊感，是我们相信自己有能力获得成功与幸福。而自尊感的提升，只能通过做事，通过竭尽全力地做事得来，其他任何方式包括名誉、地位都不能滋养内心的自尊。

每一次的全力做事，都拓展了我们的能力边界，提升了我们的自尊感，重构了新的自我。

在此过程中，我们体会到心流，体会到喜悦，摆脱了僵化生活中随处可见的令人厌烦的种子。在此过程中，我们会变得健康，延缓衰老。科学研究发现，衰老是因为细胞不再分裂更新。细胞不再分裂更新是因为端粒变短，而你对压力的态度会左右端粒的长短。如果你害怕压力，将压力视为威胁，端粒就会缩短。如果你对压力感到兴奋，将压力视为挑战，端粒就会变长，尤其是不胡思乱想、心思专注，更有利于端粒变长。

在此过程中，我们感受到充实，知晓此刻的努力正在夯实未来，此刻的喜悦和成就，可以延续到未来。我们对自我充满自豪，对未来充满信心。

傅军的人生目标是建功立业，造福社会。这意味着，他将做事融入对个人理想的追求，又将对理想的追求融入对他人对社会的奉献之中。做事于他而言，意味着个人实现，还意味着人之为人最高精神追求的实现。他知行合一，新华联人感同身受，激发出对共同事业的骄傲，对人生至高境界的追求，一己生命就这样融汇入浩浩汤汤的历史长河。生命突破自身固有界限，拥有了超越，拥有了恢宏，也拥有了与此相匹配的意义感。

人间万苦人最苦，因为苦难是人生标配，绝大部分人害怕吃苦也是天性使然。然而，有那么极少的一部分人，却改变了苦难的惯常内涵。他们以苦为乐，渴望挑战。究其原因，他们以更高的视角，看到了苦难所蕴含的个人成长和精神提升的契机。唯有在这样的深层动机的驱使下，苦难才变得不值一提，而他们跨越苦难以后，却不期然地发现新天地，感受到喜悦、充实、意义、成就等人生至味。这是生活呈奉给英雄的美酒。

在《千面英雄》中，坎贝尔描述了英雄共同的旅程。一个人是否步入英雄之旅，有两个标准：一是是否以苦为乐，不惧挑战；二是是否拥有高于自身的目标。以此来衡量，傅军给予新华联人最重要的生命礼物，是将他们推入了英雄之旅。

新华联人认同这一点。他们认为，在老板身边，所得到的物质分享固然重要，更重要的是获得了成长的机会、实现自我的平台。

新华联矿业董事长曾敏谈到，他在几个地方工作过，来到新华联，才实现了财务自由。但他认为，他从老板这里得到的最大的分享，不是物质分享，而是事业平台的分享。他生性喜欢挑战，喜欢开拓。而傅老板本身也是一个充满激情的人，知人善用，哪里需要先锋官就把他派到哪里。从通化葡萄酒公司到新疆矿业等地，他得以淋漓尽致地释放自己。

去通化之前，他写了一篇文章："接到去通化的命令，我二话没说，打好移交就奔赴前线。东北是什么样，通化是什么样，我这个来自南方的人只在中学的地理课上了解过。那里的冬天，气温冷得达到零下 30 多度。然而，有总裁的谆谆教导，不由得我不激情满怀，打好行囊，雄赳赳地跨过了鸭绿江……"当年他四十多岁。他说，很难想象留在其他企业，自己还能不能在这个年纪依旧保有这种属于年轻人的激情。而在新华联，他四处征战，经历风霜，心境却依旧如同那个笔名"殷拓"的少年。

对于曾敏而言，不是新华联使用了他这个人才，而是他使用了新华联的平台。他在新华联的共同事业中，守住了激情，守住了生命的初衷。

曾敏可谓新华联男性成员的代表。新华联的男人个个都是闯将。新华联的女人也不是等闲之辈，个个不输须眉。

肖文慧来新华联十几年了。她是负责人力资源的，涉及一个大型多元化集团的人才引进、使用和激励等多头工作，可谓事无巨细、极其繁杂。特别是众多的人力培训一般放在周末。这样一来，她不但把工作日，还把周末奉献给了工作。在新华联的十几年，她是将全部的生命奉献给了企业。

这样沉甸甸的人生，别说女性，就是男性也很难长期承受。她原本可以选择另外一种人生，轻轻松松地享受人生。福布斯榜上有名的她，想过那样的人生轻而易举，但她心甘情愿地选择了新华联式的人生。

家人的支持相当重要，丈夫曾是军人，婆婆是 1938 年入党的老党员，思想境界都相当高。没有他们的鼎力支持，她不可能在工作上全心投入，而最重要的动力，是从老板那里接受到的感召。

这些年，她亲眼见到，老板满负荷地工作，常年没有周末。就连过年过节万家团聚的时刻，他也要到项目上去，到工地上去。她很多次自问，老板这样超常负荷的驱动力是什么？在这样的追问中，她找到了答案，并为这个答案所激励，以其中的精神召唤出自己内心深处同样的精神。她曾经跟朋友说："我现在的职务是高级副总裁，上面只有老板了，但这个职务从来不是我的追求。我的理想是成为一名人力资源专家，帮助更多的人获取成功，让更多的人团结在老板周围，推动新华联事业的发展和壮大。"

如果说老板的驱动力是以自身的努力造福更多人，肖文慧同样发自内心，要实现个人价值的最大化，把专业才能发挥到极致，和老板一起实现建功立业、造福社会的共同理想。

有一件很有趣的事情。有一回，新华联的几个人因故先后到外面一个单位办事，负责接洽的人见到后面来的人，居然问道："你也是新华联的吧？"后面的人纳闷了："你是怎么知道的？难道新华联人脸上画着记号吗？"那人答道："你们新华联人有一种共同的气质。"

这样的事情新华联人不止遇到一次。到底是怎样的气质呢？先卖个关子。

数个新华联人讲到，来新华联后，感受到心灵的重塑。曾敏说，他在新华联有两个变化：一是更愿付出，二是更加自律。老板做事的劲头，激荡出他原本就有的动力。在新华联，他的付出程度超过以往。与此同时，他还变得严格自律。出差从来不要补贴，吃饭私人请客也不用公家的钱。出差到新疆20多次，他却没去过一次当地名胜天池。他说，自己不是不爱游山玩水，但若花着公家的钱和时间去旅游，心里总会有一种犯罪的感觉。而以往在国企，除了牢记一句话，不要把钱往自己口袋里放，此外就随大流了，不会对自己要求特别严格。

邓南宇到新华联以前，在万科工作。他坦承，自己以往是颇有些高高在上的。来新华联以后，事业发展明明是更好了，他却变得越来越谦卑，越来越低调。他说，是因为对老板的感恩。老板在物质上慷慨分享，在生活上关怀有加，在事业上又给了他放手一搏的机会。能够遇到这样的老板，他感到是非常幸运的。对这份幸运的感恩，让他成为一条奔入大海的河，消去了跌宕，消去了桀骜，只剩下内心的平和。

他们两人，一个更自律，一个更谦卑，体现的都是人格上的完善和高度的自尊感。可以说，较为完善的人格，较为高度的自尊感，是以新华联核心高管为主的新华联人的共同特点。他们的性格各有不同，但都不同程度上步入了自我实现之路。心灵的需求不假外求，不需矫饰，自觉自律，平和，沉实，心有真意。

2003 年，在中国企业家论坛第三届年会上，傅军发言说：

“领导力是一种相互凝聚的合力，即领导者与追随者相互作用而发出的一种思想和行为的能力，是一个团队显示出的整体能力；领导力也是一种相互作用的爆发力。它不是一个人、一个职位或一个项目的力量，而是领导者与追随者相联系时所发生的相互作用的关系。在相互作用中，团队的潜力爆发出来，成为推动团队前进的能量。领导力的产生过程类似于化学反应：领导者好比媒介物，通过一连串化学变化，激活团队潜在的各种能量，同时也激发出自身的能量。”

“企业的最高领导者必须不遗余力地为员工打造一个坚实的精神支柱，着力培育企业崇高的价值观，发掘员工无穷的智慧和精神力量。”

这段话应该是“赋能”的真切诠释。在《战争论》中，克劳塞维茨总结说，拿破仑对对手的胜利，其实是文化的胜利。以傅军为首的新华联人，所拥有的是这个时代最先进的企业文化、精神内核。他们勇于奋进，不畏挑战，充满开拓精神，是驭波而行的冲浪者，正好适应这个充满动荡和不确定的年代。事实上新华联在历次转型中所体现出的群体适应力，已经证明了这一点。我们完全可以期待，他们将以此完成企业转型，开拓新华联的新时代。

第六章

大担当托起大格局

一代人的情怀

傅军生于湖南醴陵。在中国人中，湖南人是一个特殊的种群。有一句话，“一群湖南人，半部近代史”，形容的就是这种特殊。他们似乎生来就有浓烈的救世担当和国家意识。

湖南，“三面环山一面湖”。闭塞的环境，逼得这个种群从一开始就必须胼手胝足、筚路蓝缕地艰苦开拓。汉代司马迁就在《史记》中称当地人十分剽悍，《隋书》中又称其“劲悍决裂”，都在形容这个种群在极致的自我开发之后，所呈现出烈度极高的生命状态。

生命的烈度总会伴随以高度和广度。湖南人坚韧、火热、直率，与中国人的传统性格殊为不同。他们喜欢将烈焰一般的生命，付诸价值最大化的燃烧。湖南人有句话，一辈子不做点事情，活得再好，活 10 年和活 50 年没有区别。他们口中的大事，不见得是挣大钱，而是建功立业，最大化地影响身边的世界。

傅军就认为，人生的最高境界乃是建功立业。

傅军出生于 20 世纪 50 年代。50 年代生人，是新中国成立以后出生的第一代孩子。他们和新中国共成长。新生国家特有的朝气和激情融入他们的血脉。共和国早期的跌宕经历，也深深渗透于他们的成长历程。

当时的国家虽然贫穷，但全国上下同仇敌忾，万众一心，惊天动地的事情不断发生。这些都体现在傅军自小跟随父亲所参加的一个又一个村支部会议上。

地域、时代、成长环境共同造就着傅军的生命底色。他的生命天然地难以自外于国家和时代，注定要在个人之外的更大疆域里驰骋一生。

新中国成立以后，80 年代之前，中国人始终将自力更生视为振兴国家的必由之路，认定我们的生活幸福无比，世界上还有三分之二的劳苦大众生活在水深火热之中，等待我们去解放。

80 年代，国门打开，人们才发现世界不是自己所想象的。西方列强已经遥遥领先，倒是我们还生活在贫穷之中。傅军当时正以坐直升机式的速度在政界快速升迁，却萌生了离开的愿望。

他见识过深山百姓的贫穷，也曾在担任公社党委书记时，力率当地人走出贫穷，最终却在对外经济贸易的职位上，以全球视野反观中国的处境，得出这样的结论：“中国现在不缺搞政治的，却缺少搞经济的能人。国家只有富强了，才能再次雄立于世界民族之林!”

由此，他于 1990 年毅然辞职，放弃辉煌在望的政界生涯，步入前途未卜的茫茫商海，以一生不止步息的跋涉，去践行这一句初衷。

他放弃了政治生涯，却没有放弃对国家和时代的担当。他选择从商，其实是选择他认为更高效的方式，去实现对个人以外更大存在的关切和影响。

新华联的矿业板块面临市场萎缩，别人纷纷关停并转，傅军却坚持经营，似乎忘记了新华联“效益第一”的理念，实则心存超乎效益的考量。为了数以千计的矿业员工的生计，为了当地的税收和稳定，他宁愿自己上下求索，以各种创新举措扭亏止损。

郑柏梁和傅军是同时代的人，也是骨子里仍旧保持纯正初衷的老共产党员。他说，老板其实还是在以搞政治的心在搞经济，做企业是手段，造福社会、惠泽一地生民，才是他的目的。做企业效益第一，但当企业利益与社会利益相互冲突的时候，他却会力所能及地顾全社会利益。

厚植实业，报效国家

从创业之初，傅军就将“厚植实业，报效国家”作为企业初衷。除亲自经营房地产、矿业、酒业等实体企业，傅军还四处出击，寻找前景远大却又处于艰难起步期的实体企业，为其注入资金血液，同时运用自己的视野、思维和经验，为其指明畅行大道，由此扶助起多家企业从小到大，发展为行业领军企业，譬如东岳化工、华联瓷业等。

如今，新华联集团每年产销化工产品 600 万吨，产销陶瓷产品 1 亿件，产销白酒和葡萄酒 10 万吨，产销镍铁 25 万吨，产销轮胎 4500 万条，产销黄金 500 公斤，房地产开复工面积接近 400 万平方米，并在变态反应原和炭疽疫苗、鼠疫疫苗等药品研发上保持行业领先地位。

傅军笃信，实体经济才是国家经济发展的基石，因此多年来始终不变地将实体经济作为企业的产业支柱。近年，面对实体企业发展维艰的处境，新华联集团内部也出现了不同的声音。一些高层管理人员提出，追求利润是企业的天性。如今实体经济不但难做，还严重亏损，新华联还是尽早关停并转实体企业，搞投资赚点儿快钱算了。傅军却坚持初衷。他说：“新华联集团作为一个大型民营企业，决不能只顾眼前利益和个人利益，而置国家利益于不顾。新华联的创业宗旨就是厚植实业，报效国家。越是在国家经济发展困难的时候，企业越是要承担社会责任。”

在集团董事局会议上，他声明，新华联不但不放弃实业，还要进一步明确集团大力发展实体企业的战略，并以更大的力度和更多的投入，来支持化工制造、陶瓷生产、白酒与红酒酿造、矿产冶炼、房地产开发、生物制药等实体企业的升级换代和提质增效。

一句坚守，谈何容易。就拿新华联一个产镍的企业为例，这个企业名叫内蒙古和谊镍铬复合材料有限公司，是新华联的全资子公司，位于通辽市奈曼旗工业园。公司依托在印度尼西亚14.5平方公里的红土镍矿矿权，采用先进、环保、安全的RKEF工艺及技术，致力打造年产60万吨镍铁、120万吨不锈钢的完整镍产业链。

国际大宗商品价格的持续低迷，导致镍的销售大幅减缩。同类企业都关的关，转的转，谁愿意把烫手山芋紧握在手里呢？然而傅军却选择了继续经营。

企业所在的通辽市奈曼旗是一个国家级贫困旗。此地耕地和草牧场沙化非常严重，沙漠面积占总土地面积的62%。当地人赖以生存的产业非常有限，矿业就属当地支柱产业，支撑着政府的税收来源和当地人的生计。新华联的这个企业拥有近千名员工。这近千名员工的身上，可是寄托着近千个家庭生活得以延续的希望。考虑到这种实际情况，傅军决定，一定要想办法，撑住企业，坚持生产。

在这种困难的情况下，要坚持生产，就不得不考虑降低成本。要降低成本，就不能仅仅沿用常规手段，而要创新性地寻找出路。

新华联的做法，一是采用先进、环保、安全的RKEF工艺及技术，从生产方面进行创新，二是从营销方面寻求创新。

傅军认为逆水行舟，不进则退，企业面临困境的时候，更是不能后退，只能前进到底，此时考量的就是企业家的坚韧。他在一次会议上说："面对困难，我们不能垂头丧气，要敢于在困难的情况下挑战困难，想办法迎接挑战。""在困难的时候要调整你的策略。企业家要有这种精神，千万要活着，千万要寻找机会，千万要坚守、坚持。成功者不管有多大的困难他也能坚持下去，撞了南墙也不回头。不成功的人不能坚守，遇到一点困难就往后退。其实成功和不成功中间就隔了一张薄薄的纸，你撑过去了就成功了，撑不过去退回来就失败了。”

他指出，人生的最高境界就是建功立业，企业的最高境界在于造福社会。什么是造福社会？就是努力解决就业，为国家创造税收。

这是他的语言，也是他的行为。在坚守实业的道路上，新华联绝不退步。2016 年，为了做大做强化工板块，新华联充分发挥东岳产业链和科研优势，使其成功获批含氟功能材料国际科技合作示范园基地和国家重点实验室，并进一步扩大产能规模，确保行业的主导地位。为了壮大实业，新华联还加快产业投资的步伐，成功投资赛轮金宇和科达洁能两家上市公司，助推中国传统产业实现由制造到智造的伟大跨越。

赛轮金宇是国内最早上市的民营轮胎研发生产企业，在青岛、东营、沈阳及越南西宁等地建有现代化轮胎制造工厂，在泰国建有天然橡胶深加工基地，在加拿大、英国等地也设有服务于美洲和欧洲等区域的销售网络与物流中心。2017 年，该公司已具有超过 4500 万条半钢胎和全钢胎的综合产能，规模优势明显。

傅军十分看好赛轮金宇的发展，认为中国汽车产业还有较大的发展空间。从 2017 年 7 月开始，新华联就通过二级市场竞价系统与大宗交易多次增持赛轮金宇（股票代码 601058）股票，成为其重要股东。

作为大股东，新华联不遗余力地支持赛轮金宇的发展，积极推动该企业的产业升级，并通过寻求与国际先进轮胎企业的合作和加快自身核心技术产业化，使其成为世界一流的轮胎企业。

与赛轮金宇的情况大致相似，科达洁能也是一个极具发展前景的制造型企业。为助其做大做强，新华联果断与科达洁能签订战略合作协议，并通过参与 A 股非公开发行的方式成为其战略投资者。傅军热切期待的是，企业持续加大创新研发力度，快速发展智能制造，并借助国际并购重组，成为陶瓷机械装备行业的世界老大。

厚植实业，报效国家，是傅军的创业梦想，也是他矢志不移的切实担当。

造老百姓买得起的好房子

担当，让傅军的肩上倍增压力，却也赋予了他更为宏大的视野。他总能洞察结构性变迁的大趋势，推动企业以富有远见的创新方式，创造可持续性的价值。

以房地产业为例。如今，国家正在考虑通过长效机制，通过租售并举等多种举措，化解中低收入者的居住难题。傅军则从创建新华联地产伊始，就决定拒绝投机，拒绝暴利，走为大众建房的路线，尤其是进驻北京后，这种路线变得越发明晰。

作为首都，极具区位优势，有着潜力无穷的市场，而始于 21 世纪初的旧城改造，又为房地产的发展释放出了巨大的需求和机会。在这些机会中，最瞩目的无疑是开发高档次、高价位、豪华型楼盘。这种楼盘名气大、利润高，投资商能够以极快的速度名利双收，很多投资商因此对其趋之若鹜。

傅军没有凑这个热闹。他发现，有实力的开发商都抢着去开发高档楼盘，没有实力的开发商只好去开发低档楼盘，这就导致了一个两极分化的现象：高档楼盘很高档，只有少数富人才住得起，低档楼盘又不免与低质联系在一起。偌大一个京城，真正适合广大老百姓的住房却少之又少。市政府开发的有限的经济适用房，也有很大一部分被有钱人买去了，而大多数初步富起来的老百姓和白领都被挡在门外。

是为 20% 的有钱人造房，还是为占据 80% 市场的老百姓造房？傅军选择了后者。他明确提出“造老百姓买得起的好房子”的理念。他认定，面对 80% 的大众消费者熟视无睹，不仅错失了潜在的良好的商机，也偏离了房地产开发的本义。他偏要逆风而行，闯一闯这条同行者稀少的道路。

如此新华联就定位于为 80% 的老百姓服务，以“低价位、高品质、打造老百姓买得起的精品房产”。低价位和高品质是一对相互矛盾的关系，变矛盾为统一，就需要付出大量心血，在房地产开发的每一个步骤上想办法，挖潜力，提质量，压成本。

首先是选址，傅军将目光投向了通州。当时的通州有一块不毛之地，足足空了 7 年无人问津。这块地原来是一位港商于 1993 年购进的，但他一直到 2000 年都没有开发，甚至连地上的拆迁项目也没有完成。他迟迟不开发的原因，就是认为在这个远离北京城区的地方建房子根本不可能卖掉。

与他抱有同样想法的开发商很多，这导致了当时的通州具有“三无”特点：一无高品质的社区，二无大规模、配套齐全的社区，三无智能化社区。

然而，傅军却独独看中了这块地盘，认为它是一块有着巨大升值潜力的宝地。这里紧邻国贸商圈，交通便利。当时的国贸商圈远不及今日繁华，国贸中心二期工程完工不久，但其未来前景指日可待。这里集中了一大批白领。这些年轻的白领有一定的积蓄，但积蓄远远不够在市区买房，若是在紧邻国贸的地方开发出优质低价的房子，一定能把他们吸引来。

当时港商正准备把这块地抛售出去，傅军积极斡旋，将其争取了过来，决定以优质低价的差异化定位，开发新华联家园、新华联锦园这对姊妹花楼盘。

要保障优质低价，在选址之外，选材和施工管理也是两个关键的环节。

要把好工程质量关，第一道关口原材料选购至关重要。新华联组织施工方、监理方和开发商共同以公开招标的办法来确定供货商，大到钢材和预制板，小到水泥钉和插座，都是如此。

这样做就保证了新华联的所有材料几乎都是名牌货。在供应商、产品和价格都确定好以后，再由建筑商去协调供货和付款的问题。这种流程既避免了原材料以次充好的问题，同时又杜绝了吃回扣的弊病，还确保了工程造价始终在预算范围以内，不会由于成本原因而涨价。

在施工管理方面，新华联同样通过正式招标来选定每个工程的建筑商。新华联有一个不成文的惯例，从来不与一个建筑商建立长期稳定的关系。所谓的长期稳定可能会产生一些弊端，而新华联选择建筑商唯一的标准是其工作效率和工作质量。

新华联素来就非常注重房屋的品质。早在 1999 年，新华联就参加了建设部组织的全国百家房产开发企业信守承诺的一个签约仪式。那时候，新华联的根据地还在湖南。从北京开完会回到湖南，傅军就立即召开了一个新闻发布会，邀请来湖南省建委、质监站、长沙市政府、新华联所在区区政府的相关领导，以及相关新闻媒体、业主代表。发布会上，傅军代表新华联郑重承诺，在房产开发过程中，决不搞价格欺诈，一定保证质量。

从那以后，傅军乃至新华联就严格践行自己的诺言，从来没有丝毫有违过。在北京开发新华联家园南区一期，交房的时候，房价已经上涨，再加上设计出现了一些不尽完美之处，傅军力排众议，坚决按约赔偿，一次性赔了300多万元。

傅军曾多次表示，新华联开发的楼盘虽然是面向广大的老百姓，但同样要视品质为企业的生命，一直强调要让社区始终站在现代文明的最前沿，让业主拥有居住的美好感受和生活方式的新变化。

新华联家园的设计极具现代感，白色线条装饰的赭红色外墙，镶嵌着淡绿色的落地阳台和大型飘窗，充满欧陆风情。户型设计南北通透，每一户都能享受到充沛的阳光。

在物业管理和智能化配套上也适度领先，有可视对讲系统、保安摄像系统、电子巡更系统、紧急呼救系统、出入小区门禁系统、100兆宽频网络接入以及闭路电视等数字化智能系统，还有近40%的绿地、7000多平方米的会所、4000平方米的幼儿园等。

这样的配套设施是按市内每平方米1万元的楼盘标准设计的，类似区位类似品质的楼盘，人家起价就喊每平方米3600～3700元，而新华联家园只卖每平方米2900～3000元。即使地处通州黄金地段的新华联锦园，也只以每平方米3000元的均价卖出。

品质优，价格低，新华联的利润从哪里来？从创新中来，从速度中来。在严格保证质量的同时，提升各个环节的速度，由此实现产品价值的快速实现、资金的高效流转、风险的降低，最终实现利润的提升，这就是新华联独具特色的“以快打慢”战术。

新华联每运作一个项目，周期从来不会超过3年，这样做首先受益的是一期业主。“造房人想着买房人”，是新华联地产一切运作的指导思想。像新华联家园近60万平方米的面积，一般公司全部盖完需要5到6年，这对于一期业主来说是一个多么漫长而难熬的等待。新华联家园二期的32栋楼当年开工，当年全部封园，业主得以免于漫长等待，很快就享受到了完备的社区服务。此外项目周期的缩短还避免了前后规划不一致导致小区品位的下降。

与此同时，对于新华联来说，周期缩短之后，可以保证资金的快速回笼和免于浪费。以时间置换为利润，新华联由此获得了一定的利润空间。

新华联从来不会为赶时间牺牲质量。要同时保证时间和质量，对于企业的管理和创新力度来说都是一个考验，而新华联的高效管理和不断创新就为此提供了强有力的保障。

比如，为了实现新华联家园的尽快封园，新华联采取了高效率、大规模组织交叉和平行作业等综合手段。按照常规，小高层的结构验收是在主体封顶以后才能进行的，但是新华联积极与有关部门进行协调，对新华联家园北区的小高层采取了两次验收的方式。楼房建到第三层的时候，进行第一次结构验收，封顶后，再进行第二次验收。第一次验收以后，前三层的室内装修和外墙装修就能提前切入，由此实现室内二次结构施工与主体工程同步进行。

此外，在土建工程外装饰落架以后，又提前插入配套工程施工。配套工程室外综合管线实现平行交叉作业，使综合管网、道路、绿化工程实行分流作业。

在施工过程中，为了充分调动大家的积极性，新华联在各个施工单位之间开展劳动竞赛，竞赛内容包括工程进度、施工质量、施工创新等指标。每个月评奖一次，结果都张榜公布在工地上，第一名奖励猪肉和啤酒，工头则能再获得一栋楼的工程。这种激励，促使施工各项指标都能达到一个较高的标准，保证了新华联房子的施工质量和施工时间。

事实证明，时间统筹法的运用和激励措施，取得了相当可观的成效。新华联家园北区 30 号楼等 4 栋多层住宅，只用了 82 天的时间；而新华联锦园一期楼盘也于开工的当年竣工。新华联速度刷新了业内纪录，同时对于建筑的质量丝毫无损。

而这还只是新华联速度的体现之一。在现场施工之外，新华联还在项目决策、规划设计、营销推广上加快速度，切实控制了成本。

傅军后来将这种做法总结为“用时间换取获利的空间”。从规划、设计、施工、销售，新华联人在每个环节都穷尽思考，不惮繁难，不断创新，不放过任何一个节约时间的可能，新华联由此才换取一点利润空间和发展空间，避免了高房价，保障了优质低价，实现了为广大消费者实实在在的让利。

突出的性价比优势，换来了新华联家园、新华联锦园排队购房的火爆热销场面。特别是新华联家园南区的建成，使通州这块闲置了 7 年没有开发的土地上，出现了 35 万平方米的智能化精品小区。小区因其品质优良、配套完善、环境优美，被北京市人民政府评为“金牌居住区”，带动了通州房地产建筑品质的提升。

在新华联家园、新华联锦园之外，新华联集团开发的北京青年城、新华联丽港、新华联丽景、新华联国际、运河湾、纳尼亚小镇等一系列精品楼盘，同样以突出的性价比优势满足了大众化住宅需求，切实做到了按照国家的产业发展政策，面向 80% 的大众市场规划自身产业，把新华联的发展纳入国家健康发展的轨道之中。

光伏扶贫，精准扶贫

2016 年全国“两会”期间，作为全国政协委员的傅军向大会提交了《建议国家进一步支持利用光伏产业扶贫》的提案，建议国家从融资、模式、补贴、电网等方面完善光伏扶贫建设。

这一提议基于新华联自身的产业优势，同时响应了习近平总书记“精准扶贫”的号召。

2015 年 2 月，新华联新能源科技有限公司在山东聊城市经济开发区成立。公司从事光伏系列组件、系统以及建筑玻璃的生产及应用，目前能生产薄膜太阳能玻璃幕墙约为 729 万平方米，是目前全球领先、国内规模最大的光伏建筑一体化玻璃幕墙企业。

习近平总书记在 2013 年 11 月视察湖南时，提出了“精准扶贫”的概念。傅军决心以自身产业优势为基点响应这一号召，利用光伏产业创新手段，在农村贫困农户闲置的屋顶上安装太阳能设备，通过发电增加农民的收入，使其能够在连续 25 年的时间中受益，由此做到扶持对象、项目安排、资金使用、措施到位、因地派人、脱贫成效的“六个精准”，切实增加农村贫困人口的基本生活收入，改变农村贫困现状。此外，光伏扶贫还能加快新能源产业的发展，促进节能减排。

光伏扶贫提案正是基于这一思路，提出后马上得到国家能源局的高度重视，并成为国家能源局重点督办的提案建议之一。国家能源局在 2016 年“两会”重点督办建议和重点督办提案座谈会上，对傅军的提案给予正式答复，表示将充分吸纳傅军的建议，积极会同有关单位健全完善相关制度、政策和措施。

在新华联内部，对提案的落实工作已然紧锣密鼓地进行。2016 年，新华联决定先行建设一个大型样板工程，以点带面，让更多的人了解并加入光伏扶贫。

这一年的 6 月，新华联集团与山东省聊城市政府共建的光伏扶贫示范项目正式开工。该项目总投资接近 3000 万元，其中新华联捐资 1000 万元，还在技术设备上优惠了近 500 万元。

2016 年 11 月，项目成功并网发电。该项目装机总容量为 2040KW，年发电量约 265 万度，年收益达 260 万元，使聊城市经济技术开发区北城街道办事处 3 个省级贫困村 1 年内实现脱贫，近 800 户农户受益，成为全国光伏扶贫的标杆工程。

以秦庄村为例。该村 259 户符合建设条件的农户都在屋顶上安装了 3KW 的薄膜光伏发电系统。村民们不需投入，不用劳作，每户每年都能发电 3600 度左右，折合收益约为 3600 元，且这种收益在新华联不断的技术攻关下，能持续 25 年之久。

该项目同时还可以每年节省标准煤约 870 吨、节省水资源约 7800 吨，并大量减少二氧化硫、粉尘、灰渣等污染物质的排放。新华联的光伏扶贫在造福贫困地区、贫困群众的同时，又起到发展清洁能源、改善生态环境作用。

聊城光伏项目发挥出巨大的示范效应，使村里面貌焕然一新。屋顶上的光伏设备与村民摆脱贫困的晴朗心情相互辉映，前来参观的人络绎不绝。新华联决定以聊城为轴心，迅速向四面辐射，把光伏扶贫项目又带到了湘西。

截至目前，新华联已开发建设 145 个光伏扶贫项目，占总体光伏项目的70%。新华联在这些项目中贯彻了“三优战略”，优先发展扶贫项目，优惠提供扶贫设备，优质建设扶贫工程。

凡是新华联承建的扶贫项目，务必集中人力、物力、财力等各种优势资源，予以重点保障和快速建设，以实现优先发展扶贫项目。

同时，新华联还不惜压缩自身盈利空间，以低于市场15%的优惠价格向扶贫项目供应光伏发电设备，分担政府的扶贫投入。

在为扶贫项目提供最优质产品的同时，新华联集团还不断研发新产品，以满足因地制宜地提高发电效率的需要，如先后研发了喜阳阳发电机分布式户用光伏发电系统、村级光伏电站系统和特别适宜偏远山区的光伏储能发电系统、锂电光伏组件路灯系统等。新华联还为这些系统提供了最好的技术支持，贯彻工程建设、过程控制和竣工验收的高标准，并制定完善的运营服务方案，确保每一个光伏扶贫项目零质量投诉、零安全事故和服务高满意度。

在湖南，作为湖南省委政策研究室光伏扶贫重点推荐企业，新华联还先后承建了湖南省委政研室重点光伏扶贫项目，涵盖湖南省怀化市辰溪、芷江、鹤城等地的29个村1744KW光伏扶贫项目，湖南郴州市苏仙区和资兴市的35个贫困村2172KW光伏扶贫项目等多个项目。

为了创新光伏扶贫的模式，新华联不仅在农村行动，还尝试“以城带乡”，利用城市公共建筑屋顶“沉睡”的资源建设光伏扶贫电站，如在聊城市市委办公楼、市行政服务中心办公楼和光岳宾馆的楼顶，分别安装上59.36KW、27.04KW和19.61KW的光伏扶贫电站，预计25年可发电310.92万度，总收益将达到267万元。以此推算，聊城市公共建筑屋顶共可容纳装机量200MW，年产生收益约2.3亿元，能帮扶2.33万个贫困人口实现长期增收脱贫。

在山东、湖南的光伏扶贫初见成效后，新华联还把项目推广到河北阜城、河南濮阳等地。

目前，新华联集团已开发建设的140余个光伏扶贫项目，总装机容量为8.86MW，每年总发电量达到1108万度，每年总收益为1085万元，惠及3000个贫困户、8000个贫困人口。

未来3~5年，新华联集团计划在国内15个省、市、自治区布局光伏扶贫项目，力争开发建设扶贫项目2000个，总装机量达到120MW，每年总发电量1.5亿度，惠及近4万个贫困户、10万个贫困人口。

一年3600元，对于贫困农民来说，意味着全新的希望，全新的生活。

在秦庄村，村民李慧芳的儿子不幸在10年前因为车祸变成了植物人，家里失去了唯一的劳动力。每年3600元的收益，对李慧芳来说，意味着儿子的被褥能多换几次，自己也能有钱买药控制一下“三高”、多照顾儿子几年。

她潸然泪下地说：“我儿子那么勤劳的一个人，一下子就倒下了。我眼泪都哭干了，觉得自己活着没意义，纯粹给社会拖后腿。后来，政府出台的各项政策让我感受到了社会的关心，真的感谢好政策！”

展望未来，光伏扶贫不仅能帮助农民摆脱贫困，还可以与农业、旅游、地产等其他产业融合发展，让他们走上致富路。

新华联计划再接再厉，加快光伏扶贫步伐，紧抓发展机遇，积极寻求与世界光伏产业巨头合作，让“光伏+”、田园综合体等新模式、新产品尽早落实，在全国各地推广前沿技术，带领广大农民升级产业结构，奔向富裕生活，进一步落实厚植实业的理念，以更大的担当和更多的奉献赢得长足发展、赢得持续超越，共建“美丽中国”。

支持科研发展，推动文教事业进步

新华联集团秉承“造福社会”的理念，积极选择与国内一些知名科研院所紧密合作，建立系列奖励基金，以更长久、更有效地回报社会，已取得明显成效。

北京协和医院是中国协和医科大学的临床医学院和中国医学科学院的临床医学研究所，也是国家卫生部指定的全国疑难重症诊治指导中心，拥有90余年的发展历史，并以学科齐全、技术力量雄厚、特色专科突出和多学科综合优势强大享誉海内外。

为支持北京协和医院的人才培养和学科建设，新华联集团于2005年10月28日成立15周年之际，以感恩社会之礼向北京协和医院捐赠1000万元，设立新华联协和医学奖励基金。该项基金主要用于奖励协和医学院和协和医院的教授、专家和医务人员。该基金实施以来，已奖励近百名在医学、临床、教育领域做出突出贡献的著名专家和数以百计的优秀医护人员，为推动我国卫生事业的发展做出了一定贡献。

作为国内干细胞移植与研究的领跑者，海军总医院儿科在小儿血液病、小儿脑康复等疾病的治疗与研究上一直居于国际国内领先地位。

为给广大脑瘫儿童带来福音，让更多的家庭免受痛苦，新华联集团于2010年10月向海军总医院先期捐助1000万元，成立了“海军总医院·新华联儿科干细胞研究中心”。

近两年来，海军总医院儿科以“干细胞研究中心”为平台，在细胞治疗儿童难治性疾病与临床研究方面取得了显著成绩，引领和推进了中国儿科细胞治疗学的发展，特别是在部分儿童难治性疾病的细胞治疗方面取得了突破性进展。

中国地质科学院是我国规模最大、技术力量雄厚的综合性地质科研机构，承担了国家多项地质类前沿性、基础性、战略性、技术性研究。

为推动国家的科技进步，激发更多科技工作者在地质找矿方面做出新贡献，2012 年 1 月，新华联集团又向中国地质科学院捐赠 1000 万元，用以设立科技奖励基金。

近 7 年来，通过重奖一批批成绩卓著的科研人员和专业技术人员，中国地质科学院在新疆等地先后发现了不少大型矿藏，实现了找矿的重大突破。

新华联不但热情关注医疗卫生和科技事业的发展，还把援助之手更多地伸向了文化教育领域。

中南大学是教育部直属全国重点大学、国家“211 工程”首批重点建设高校和国家“985 工程”部省重点共建的高水平大学，拥有 100 多年的办学历史，其两院院士数、国家重点学科数、国家科技三大奖获奖数、国家教学名师数、国家精品课程数和全国优秀博士学位论文数等重要办学指标均居全国高校前列。为了支持该校的更快发展，培养更多的优秀人才，新华联于 2010 年 10 月 28 日向中南大学捐赠 2000 万元，专门设立了新华联助学奖励基金。7 年来，该基金为 1000 余名优秀贫困大学生颁发了助学金，帮助他们顺利完成学业、实现快速成长，赢得广大师生的高度赞誉。

湖南第一师范学院作为中国唯一以培养优秀小学教师为主的本科师范院校和一代伟人毛泽东的母校，是一所特色鲜明、湖南领先、全国知名的高等师范院校，一直享有“千年学府、百年师范”的崇高声誉，在国际国内具有很大的影响力。新华联于2015年10月向湖南第一师范学院捐赠1000万元，用于设立“湖南一师·新华联助学奖励基金”，扶助优秀贫困大学生顺利完成学业，成为国家的有用之才。

北京外国语大学是中国外国语类高等院校中历史悠久、教授语种最多、办学层次齐全的全国重点大学，被誉为“共和国外交官摇篮”。2016年12月24日，新华联向该校捐赠5000万元，支持其教育、教学和科研的发展。

此外，新华联还向湖南、湖北、内蒙古、青海、海南、河南等地的10余所贫困中小学捐款1000余万元，帮助兴建教育、教学设施，完善相关办公、办学条件。不仅如此，新华联不惜巨资大举开发多个大型文化旅游项目，建设各类大型博物馆，不遗余力地传承和弘扬中华优秀传统文化。

作为一个深受党恩、心存高远的老党员，傅军深知一个企业家所承担的社会责任与使命。他常常在企业大小会上告诫员工：“企业越大，承担的社会责任也越大!”“创造财富是一种责任，使用财富更是一种责任!”

在快速做大做强企业的同时，傅军也用一系列造福社会、推动进步的感人行动，完美诠释了自己为富且仁、兼济天下的大担当与大情怀。

将企业发展战略与国家发展战略结合在一起

新华联充分利用大学科研力量，进军具有国家战略意义的项目研究，如2013年与原国防科技大学的科研人员合作，在长沙投资了一家专门研制手持雷达生命探测仪的公司——湖南华诺星空电子技术有限公司。

公司研制出来的手持雷达生命探测仪，可以清晰监测出50米以内的心脏跳动，可以在地震救灾、反恐、边防中发挥重要作用。如今，生命探测仪在短短几年里更新了三代，在功能和可靠性上全面超越了市场上的同类产品。

此外，该公司还以雷达技术为核心，研制安全防护产品。譬如，将核心雷达技术与视频监控设备进行信号级的融合，研发出周界防范（一维）、区域防范（二维）和中低空防范（三维）等系列安防雷达产品，可以满足各种高等级安防需求。尤其是周界安防产品创新性地将雷达与视频进行融合，很好地克服了红外、普通摄像头等受限于天气状况的弱点，为应用者提供了全天候的防护，主要应用于司法、电网、油库、军事基地等领域。

不仅如此，公司还研发了能够同时探测多车道车辆目标的智能交通雷达，以及具备前向避撞报警、盲点检测等功能的车载毫米波雷达传感器。目前，公司的智能交通雷达达到了国内领先水平，其多目标测速功能在全国率先通过了权威机构检测，已成为我国重要的智能安全装备和雷达装备生产基地，在国内业界占有重要的一席之地，并在国际上已初露锋芒。公司自主研发的“CE100＋手持式穿墙雷达”获第三届“芙蓉杯”国际工业设计创新奖。公司2014年承担的国家科技支撑计划的“生命探测与搜索关键技术研究与装备”项目集无人机、机器人搭载、水下探测等新型生命探测与搜索救援装备于一体，其技术水平也已达到国际领先水平。特别是其低空无人机防护系统，能高效实现反无人机入侵，被邀请参与建军90周年盛大阅兵式、金砖五国领导人会晤、内蒙古自治区成立70周年大会等一系列重大活动的低空安保服务。未来，该公司还计划将嫦娥的回收做成无人化程序，强势进军航空航天领域，意欲在太空探秘中大显身手。

盘活国有存量资产

1998 年，面临经济下行和消费过冷的局面，如何拉动内需，成为当时中国经济发展中亟待破解的难题。中央为此全面推进“国退民进”，允许民营资本收购、兼并亟待破产的国企，帮助其走出困境。中国企业的所有制格局由此发生了重大变化和调整。

在此之前，新华联已经成功收购了华联瓷业和东岳化工，使这两个在遭遇经营瓶颈艰难挣扎的企业获得了新生。为了顺应国家产业政策，新华联进一步发挥自身优势，一次次果敢出击，先后兼并了 10 余家濒临倒闭的国有企业，通过移植优秀的企业文化，将国有企业僵化体制的暮气荡涤一空，充分激活了国有存量资本。

就拿邵阳市酒厂来说，该厂始建于 1957 年，是一家拥有数十年历史的老牌国有企业，曾被评为湖南省酿酒行业的重点骨干企业，其主导产品邵阳大曲系列酒也曾在市场上风靡一时。由于体制与机制的束缚，企业最终无法应对急剧变化的新市场，生产经营一度举步维艰，进而在破产的边缘徘徊。

2003 年，新华联集团强势兼并了邵阳市酒厂。

入主邵阳市酒厂后，新华联集团下属金六福酒业公司迅速组建管理团队，通过置换身份、全面洗脑、降低成本、监控质量、开发产品、拓展销售等几记实拳，一扫“国老大”的陈规陋习，使其很快发生了翻天覆地的变化。

改制仅 5 个月，企业销售收入就比上年同期增长 40% 以上，利润更是增长了好几倍，员工收入也普遍增长 30% 以上。

随着湘窖酒、开口笑酒等新产品面世，企业的销售形势更是一路向好。尤其是利用数十年陈酿精心开发的湘窖酒，刚上市就一炮打响，博得了众多白酒专家和广大消费者的好评。

企业效益的迅猛增长，前所未有地激发出员工的工作热情。邵阳市酒厂就此起死回生，再展雄风，被前往视察的省委、省政府有关领导誉为“湖南省最成功的国企收购案例”。

如果说成功改制传统酿酒企业是值得称道的经典案例，那么参与重组高新技术企业则是新华联的又一次全新尝试。

湘能华磊光电股份有限公司是湖南省国资委下属的湘煤集团的一家高新技术企业。2008 年，湘煤集团出资 4 亿元组建华磊光电，主要从事 LED 上游产品的研发、生产。当时的华磊光电是一家纯粹的国有企业，除了台湾技术团队持有 2% 的股份以外，其余 98% 的股份均属湘煤集团。

2009 年 8 月，华磊光电建成投产。然而当年 LED 行业的投资过热，导致了产能普遍过剩，华磊光电也属此列，起步可谓艰难。2011 年，LED 市场的严重萎缩，使华磊光电受到严重冲击，连续 9 个月，营业收入持续下滑。台湾技术团队见势不妙，赶紧撤出，华磊光电因此元气大伤，陷入前所未有的困境。

主管华磊光电的湘煤集团拿不出脱困妙计，只好向社会抛出了橄榄枝，希望引进战略投资者，借助外力扭转华磊光电的不利局面。

作为一家富有社会责任感的湘籍民营企业，新华联集团很快接住橄榄枝。几经磋商和谈判，双方议定，由新华联集团牵头，与北京瑞华景丰投资中心、新理益集团有限公司、湘江产业投资有限公司、厦门来尔富贸易有限公司共同投资 8 亿余元参股华磊光电。

2011 年 4 月，华磊光电启动了企业重组的步伐。然而，资金的强力注入，并没能从根本上改变公司经营发展的颓势。面对这种境况，华磊光电股东大会郑重做出决定：控股股东湘煤集团暂时放弃华磊光电的经营管理权，邀请新华联集团主导企业的日常生产经营管理。

为了不负重托，傅军随即委派一位资深高管，在众人的期待中赴任华磊光电总经理，接手华磊光电的经营管理。这个企业的大股东虽然是国企，但总经理和法人代表都是新华联委派的人，完全用新华联的管理模式来经营运作。

经过一番严谨、细致的调研后，新任总经理毛自力在企业掀起了一场声势浩大的企业改革“大风暴”，迅速构建现代企业先进管理模式，推动企业技术升级，引入新华联绩效文化，多管齐下打造充满激情的创业团队。

“风暴”过后，华磊光电的天空阴云散去，晴空万里：企业经营规模迅猛扩大，经济效益翻番增长，行业地位大幅提升，国有资产实现了快速增值。

新华联管理介入之前，华磊光电年收入不到 2 亿元，在新华联介入之后的 2013 年就突破 4 亿元，2014 年更是达到了 5 亿元。新华联的管理为华磊光电注入了创新动力，公司仅 2014 年一年就新增专利 61 项，其中发明专利 49 项、实用新型 12 项。至今，华磊光电已经累计申请各类专利数百项，并与中国科学院半导体研究所合作研究低热阻高光效蓝宝石基 GaNLED 材料外延及芯片技术，获得国家技术发明二等奖。

新华联临危受命，再次让一个濒临倒闭的高新技术企业快速扭亏为盈、大展风采。

目前，新华联已在华磊光电 LED 项目中累计投资 2.45 亿元。傅军计划在未来帮助华磊光电完成 IPO 目标，并以 LED 产业化项目建设，带动 LED 产业原料、装备及中、下游领域发展，总产值可达 1100 亿元，形成千亿新兴产业集群。

十八届三中全会特别提出要发展混合所有制经济，为新的一轮并购热潮提供了理论指导。与 21 世纪初“国退民进”的并购浪潮不同，此次是以市场为主导，以产业链的整合为目的，实现企业的提质增效和新的利润空间的产生。

凭借丰富的并购经验、雄厚的经营实力和良好的企业声誉，不久前，新华联参与央企混改试点得到国务院国资委批准。其与比亚迪和中铁工程设计员工团队共同参加中铁工程设计咨询集团有限公司的混合所有制改革试点。其中，新华联投资 1.6136 亿元占股 6%，中铁工程设计员工团队持股 20%，比亚迪持股 4%。

随着央企混改步伐的加速，蓄势待发的新华联将会在新一轮激活国有存量资本的热潮中大展拳脚，演绎出更多、更引人注目的精彩。

走出国门控制矿产资源

资源永远是稀缺的，谁控制资源谁就拥有未来。企业到海外去控制资源，才是对国家最大的贡献。基于这种想法，当部分国企为收购澳矿一波三折的时候，新华联集团已经迈步走向海外，进军海外矿业。

新华联正式进入矿产领域是在 2006 年 6 月。按照“发现价值、创造价值”的发展思路，新华联矿业在较短的时间内就实现了由小规模到大格局、由单一矿种到多个矿种、由国内拓展到国际扩张的历史性跨越，快速发展成为一个集固体金属矿藏的探、采、选、冶、贸于一体的大型现代化企业，在新疆、陕西、江西、湖南、广东、河南、内蒙古等地成立多家分（子）公司。

2007 年底，新华联以赞比亚和刚果（金）为起点，着手开拓海外矿业。进军海外有很大的风险，目前在海外投资的国有企业，约有 80% 的项目是亏损的，新华联的海外之旅同样也碰到许多陷阱。

首先是政策陷阱。新华联在刚果（金）投资矿业的同时，当地政府还要求新华联在当地种植 500 亩玉米地，并需要每个月为员工发玉米面。这为新华联无端增加了人力成本。此外，当地官员办事效率很低，不给小费很难快速把事情办妥。这也为企业增加了额外资金成本。

其次是成本陷阱。在刚果（金）的基建成本非常高，比如建筑用螺纹钢价格高达 8000 余元/吨，是国内的 2 倍以上；当地水泥价格也是国内的数倍。

还有，文化融合也是一个难题。非洲文化与中国文化有许多不同，稍不注意就会造成分歧，这为企业管理带来了很大的难度。

面对这么多的困难，新华联奉行“办法总比困难多”的一贯作风，锲而不舍地探寻解决之道，为国内企业“走出去”积累经验。如今，新华联在刚果（金）的公司已经收购了一个年冶炼 1 万吨铜的企业和一个年冶炼 2000 吨钴的企业，投产后收效超过预期。

在赞比亚，新华联拿到 2 个铜矿和 3 个铀矿，其中 1 个铜矿接近 100 万吨规模。这几个矿业项目将陆续投产、见效。

数年来，新华联迈向海外的脚步从未中止。就在 2014 年 12 月上旬，新华联矿业与印度尼西亚央大资源正式签订合作协议。根据该协议，印度尼西亚新华联镍业公司与印度尼西亚央大资源公司将在印度尼西亚中苏拉威西省北莫若瓦力县共同投建高炉冶炼项目。未来，双方还将合作投资建设 RKE 镍冶炼项目及配套电厂，并在红土镍矿资源开发方面进行深入广泛的合作。

印度尼西亚央大资源公司是印度尼西亚三大镍矿上市公司之一。新华联矿业与印度尼西亚央大资源的合作，是新华联集团目前在海外投资的最大项目，也是集团倾力打造红土镍产业链的重要战略项目。该项目由新华联集团与印度尼西亚央大资源集团共同出资建设，总投资额近 40 亿元人民币。项目分三期建设，设计年生产镍铁 30 万吨。

一期建设项目年产镍铁 10 万吨，于 2015 年 4 月破土动工，并于 2017 年 9 月中旬全部竣工投产。

镍矿是不锈钢生产的重要原材料。我国 99% 的镍矿需要进口，其中来自印度尼西亚的进口量占比高达 50%，可见镍矿对于中国的重要性。未来新华联的矿业转型将主要集中在红土镍和金矿等优势资源。

如今，新华联集团拥有镍、金、铜、钴、钼等有色金属矿权近 100 个，在新疆、内蒙古、广东、河南、陕西、江西、湖南、印度尼西亚、刚果（金）、赞比亚、秘鲁等地成立分（子）公司近 20 家，已探明的矿产资源经济价值超过 3000 亿元人民币，其中新疆坡北特大型镍矿资源储量超过 200 万吨，规模仅次于我国第一大的金川镍矿。公司正依托雄厚的技术力量和资源优势，快速跻身行业前列。

新华联集团多年如一日地伴随祖国发展锐意前行，也获得了社会各界的认同和鼓励。新华联集团不但被国内主流媒体誉为中国民营企业的“多元化路标”，还得到了各级政府、行业协会的表彰和奖励。

2003 年，集团被中国企业文化促进会评为“全国企业文化建设先进单位”。

2004 年，集团被全国工商联评为“中国最具生命力企业 100 强”。同年，集团被国家劳动和社会保障部、全国工商联评为“全国就业和社会保障先进民营企业”。

2006 年，集团被中国品牌评审委员会等评为“中国 100 大品牌企业”。同年，集团被国家民政部、中国社会工作者协会评为“中国十大慈善企业”，还被中央统战部、国家人事部、国家发展改革委等部门评为“优秀中国社会主义事业建设者”。

2007 年，集团被北京科技报社、北京电视台评为“首都十大功勋企业”。

2008 年，集团被全国工商联评为“全国抗震救灾先进集体”。

2010 年，集团被联合国环境规划署等评为“世界低碳环境中国推动力 100 强企业”。

2012 年，集团被国务院授予“全国就业先进企业”。

2013 年，集团被世界杰出华商协会评为“全球华商领航企业”。

2015 年，集团被亚洲品牌协会评为“中国品牌 100 强”。

2016 年，集团被中国合作贸易企业协会评为“中国民营企业信用 100 强”。

2005—2018 年，集团连续 14 年被中国企业联合会和全国工商联排名为“中国企业 500 强”和“中国民营企业 100 强”。

人们之所以把一类商者称为企业家，而将另一类人称为生意人，其根本的区别就在于，前者有明确而坚定的使命担当，后者则只是为了赚钱。正是这一根本区别，决定了他们的不同方式、不同道路和不同命运。

商人，是利益至上，追求利润的最大化。企业家，不仅仅需要具备精明、能干、勤勉、创新的素质，更需要的是一种担当和情怀。傅军就是这样的企业家。

他有着超越财富目标的事业追求，有着强烈的进取精神和责任意识。他继承了中国传统文化中最优秀的精华，心怀超越“小我”的担当精神和家国情怀。

在这种担当和情怀的牵引与驱动下，傅军拥有率领企业攻坚克难的巨大勇气和坚定信心，也有志向高远的战略蓝图。他相信，不管未来世界经济形势多么波谲云诡，还会遭遇多少波折和困难，企业家更要坚持理想，承担责任，创造出新的发展之路！

第七章

合作彰显连接的力量

科研合作，对接国际标准接口

水是文明的发源地。从西亚的两河流域到非洲的尼罗河流域、印度的恒河与印度河流域、中国的黄河与长江流域，再到希腊、罗马的地中海区域，无一例外，都分别形成了西亚文明、南亚文明、东亚文明和欧洲古典文明。

究其原因，水不仅提供生机，还构成巨大的网络，将分崩离析的人类连接在一起。连接使人类文明具备了激荡、生息和演进的可能。

这种连接，随着时代的发展，呈现出越发清晰的趋势。到信息时代，文化、知识、资本、技术、人才的全球性流动比以往任何时代都来得快速、便捷。连接的重要性被提升到无以复加的地位。

有人说，傅军是一个“关系资本家”。这个评价其实并不全面。多年来，傅军致力于连接的，何止一种资源、一种力量。他是信息的传播者、思想的激荡者、正能量的输出者、人才的凝聚者、资源的整合者……也许是出于海纳百川的胸怀，也许是出于对时代规则的先知先觉，他总能连接起大量有形或无形的资源，为其所用，由此早早地突破了个人的限制，突破了环境的限制，以开阔的战略视野，在最大范围内自由配置资源，进行最大化的组合，构建最大化的优势，实现并依旧在实现着内心宏图。

这样的特质赋形于新华联，使其拥有致密内核和开放性的边界。傅军以分享将企业内部成员紧密凝聚，又以合作与外部机构共建协同繁荣的生态体系。新华联的发展，事实上就是这一生态体系不断优化与延展的进程。从东岳化工到华联瓷业到金六福酒业，无一例外，都可以视为合作的结晶、连接的结点。

人们说，连接改变了商业的本质。连接，或者说合作的巧妙运用，到底是怎样改变商业本质的呢？新华联的几个故事，可以揭晓答案。

2007 年 5 月，新华联集团与北京协和医院合作成立了新华联协和药业有限责任公司，专注于过敏原产业的研发和生产。

北京协和医院变态反应科是中国临床变态反应学的发源地（变态反应也称过敏反应、超敏反应，指人体与抗原物质接触后，发生的不正常的免疫反应，导致生理功能的紊乱或组织的损伤）。1938 年，张庆松教授赴美深造，学习变态反应，回国后于 1956 年在协和医院创建了中国第一个变态反应科。历经几代人的努力，协和医院逐渐成为中国变态反应学科的医、教、研中心，在过敏反应疾病的诊断、治疗及基础研究方面居于国内领先水平，在国际上也具有一定的影响。

随着社会工业化程度的提高，过敏性疾病的患病率持续上升。世界变态反应组织公布："全球范围内的过敏性案例越来越多，复杂程度和严重程度前所未有，全球 20% ~30% 的人口都在忍受着某种形式的过敏症。"世界卫生组织则把过敏性疾病列为 21 世纪重点防治的三大疾病之一。

2007 年，国家有关部门对过敏性疾病的诊断和治疗提出了更高的要求。协和医院作为领军机构，责任感与压力首当其冲。同时，医药行业是高投入行业，不但前期研发需要投入大量人力，后期药品生产线的建造更是需要投入大量资金，因为药品生产所需的专门设备多，有些重要仪器还依赖进口，药品生产还需要 GMP 厂房的建设，费用昂贵。

在这种情况下，协和医院开始对外寻求合作，恰逢新华联正处于新型产业结构体系调整期。就在一年前，傅军提出，新华联要构建以高科技含量、高附加值、低能耗、低污染为特征的新型产业体系。牵手协和医院，无疑可以推进新华联高科技产业的成型。双方一拍即合，北京协和医院遂增资改制，与新华联集团合作成立了北京新华联协和药业有限责任公司。

公司成立后，10 多名科研人员迅速到位，计划从应用层面的扩展入手，进行科技创新，对过敏原成品制剂做关键工艺的优化。

科技创新分为三个层次：第一是基础科研，第二是产品化过程，第三是应用层面的扩展。目前，新华联协和药业就结合协和医院的基础科研能力，致力于后两个层次的创新、微创新。

在以往，企业要想获得基础科研成果，只能靠购买，像贝尔、西门子公司，都曾把整个实验室从高校买过来，耗费巨大。如今，凭借积木拼接式的合作，新华联就能以自身在资本、市场和创新等方面的长板，拼接协和医院的科研长板，合围出具有相当高度的竞争力。

不要小看微创新，它微则微矣，一旦应用得当，却可能以奇点之力，撬动广阔市场，迸发出大爆炸般的能量。仅靠实验室里的研究成果，不见得能推动社会发展。唯有将实验室成果转化成最为受众所需的产品，解决受众的问题，如此才能真正推动社会发展。

新华联与协和医院牵手，本质上就是将实验室和急剧变化的市场无缝连接，以企业家的力量放大专家的力量。傅军的思路是明晰的，协和药业的研究方向是明确的。他们的发力点，就是弥合现有药品与市场之间的鸿沟，解决患者的痛点。

说到痛点，传统脱敏疗法，可谓患者的痛中之痛。

传统的脱敏治疗，是皮下注射。皮下注射已有 100 年的历史，协和医院数十年来，使用的就是这种方法，反复给病人皮下注射过敏原，剂量由小到大，浓度由低到高，逐渐诱导病人耐受该抗原，直到不再产生过敏反应。

这种方法操作起来很不方便。脱敏治疗的疗程很长，一般是 3 年的时间。病人不得不经常往医院跑，尤其是前期，1 个星期就得跑 1 次。特别是对于害怕打针的儿童来说，这种治疗无异于漫长而痛苦的噩梦。

科学家们由此不断寻找新的疗法。20 世纪 90 年代初，舌下滴剂疫苗诞生，广泛应用于欧洲等地。舌下滴剂比皮下注射方便多了，患者可以在家自行用药，但其缺点在于，每次滴入的剂量难以控制，患者的给药量不够精确。

是否还有更先进更方便的疗法？新华联协和药业的科研人员提出了问题。找到正确的问题，就等于成功了一半。他们发现，就在最近几年，国外出现了舌下含服的疗法，将液体状的变应原以可溶性材料包裹，制成舌下含片。滴剂导致的一切问题都可以因为含片迎刃而解。

关键的关键在于，这种舌下含片在国内尚无人生产。这意味着，将这个项目攻关，不仅能够解决市场的痛点，还能填补国内医学空白。相关团队迅速组建，着手研究 10 余种过敏原的提取、纯化、冻干等现代工艺及制剂技术。

新华联协和药业的长板不仅在于敏锐的市场感知力，还在于蓬勃的创新力。这是一脉相承于新华联集团乃至傅军的能力。

《中庸》讲过一句话：唯天下至诚，为能尽其性。能尽其性，则能尽之性；能尽人之性，则能尽物之性；能尽物之性，则可以赞天地之化育。

新华联创新力之秘诀，全在这句话里。尽物之性的前提，是尽人之性。尽人之性的前提，又是尽其之性。翻译过来就是，要把事情做到极致，前提是把人的尊严和才华全然释放出来。全然释放人才的尊严和才华，前提又是领袖人物先把自己的尊严和才华释放出来。

许多人口口声声尊重人才，但若他自身的人格没有发展完善，就做不到真正地尊重他人、发挥他人。毕竟，一个人怎样对待自己，就怎样对待别人。他在关键节点上做出的抉择，总是与他的内心意识而非口头说法是一致的。

领袖能不能全然信任人才？能不能真正放权？能不能将责、权、利统一交付？

对此问题，马博晨最有发言权。马博晨毕业于首都医科大学，自毕业以后就一直从事生物医药的研发及团队管理，曾经参加过中国和古巴合作的、填补国内空白的人源化单抗肿瘤治疗药物的开发等。他从一个中美合资企业来到新华联，亲身感受到从“螺丝钉”到一个全然释放的人才的转变。

在以前工作的企业，马博晨作为职业经理人，其工作职能和工作范围都是受限的。在封闭化、格子化的小小区域里，他既看不到全局，也无法调动超出权限的资源。局部的决策更是难以根据全局需要进行优化，无论就自身价值发挥还是就自身对全局的贡献来说，都相当有限。

来到新华联以后，马博晨感受最深刻的，就是老板傅军的十足信赖和十足放权。这匹千里驹得以从格子间奔腾而出，驰骋于开阔天地。他能够看到新华联协和药业这个单元与集团整体之间的关系，遂能以集团战略方向来调整企业的方向。他还能跳出企业看企业，以整个产业为背景，构思新华联协和药业的发展。他更能根据工作需要自由组织团队、调动所需资源。由此，在最大化撬动自身价值的同时，他也最大化撬动了公司乃至于集团的价值。

诞生于又开阔又自由的平台的发展规划，一定不会平庸，不会短视，一定是要冲击行业最高水平。

当这样的规划付诸实施的时候，没有人会浅尝辄止、轻言放弃，再加上傅军一如既往地给足创新以尝试和失败的空间，他们的坚守就更有底气。同样打一口井，人家打几米不见泉水就作罢，新华联协和药业乃至新华联人却能打到几十米深。我们已经见识过，坚守到底，直到捅破成功那张纸，同样是傅军和新华联人的作风。

在新华联，傅军以信赖、放权牵引而出的，不仅仅是人才需要的平台，还有人才系统、全面的思维模式和开阔、长远、深入的意识状态。就新华联协和药业的科研人员而言，这种状态使他们能够将商业触须深扎市场，以全球视野接轨尖端科技，再以单刀掘进的坚韧，克服研发过程中的各种障碍，推进研发成果。

这样的状态辅以正确的战略方向，新华联协和药业过敏原含片的研发成功，就令人惊叹，却不出乎意料了。

2012 年底，新华联协和药业的变应原疫苗含片研发成功。在经过采集、提纯、脱脂、过滤、载体包裹等复杂程序，他们制造出了中国第一批变应原疫苗含片，改良或创建了 10 余种过敏原提取、纯化、冻干等现代工艺及制剂技术，填补了国内空白，并逐步实现了过敏原注射剂、冻干剂等多品种、多剂型的广泛覆盖，为标准化疫苗研发奠定了坚实的基础。

几年来，新华联协和药业共制定了 25 个过敏原制剂品种的质量标准和检定规程，获批 10 余项国家发明专利，其中 9 个制剂品种获得北京市食品药品监督管理局批准，累计生产各种过敏原制剂 20 万毫升以上，服务患者逾200 万人，医学应用效果显著。

凭借在技术革新和新工艺改进领域的突出贡献，新华联协和药业与北京协和医院共同荣获了2014 年度“北京市科学技术进步二等奖”“中华医学科技进步三等奖”。

随着工作的深入，新华联协和药业的研发规划逐步完善、逐步系统，进化为“丰”字形结构。马博晨介绍说，“丰”字的一纵，是过敏疾病从预防到诊断再到治疗的整个进程，以预防、治疗、诊断三个环节为出发点，各自延展出相关的微创新平台，是为“丰”字的三横。

目前，新华联协和药业在这三个平台上的作为可谓成绩斐然。就治疗而言，在协和医院传统制剂的基础上，公司已研究出以舌下含服为代表的新型脱敏治疗。就诊断而言，公司以传统诊断方法为基础，开发出新型的体外诊断疗法。如2015 年7 月，协和药业开发的体外诊断试剂产品——化学发光过敏原IgE 诊断试剂，成功上市。该产品采用国际首创的化学发光技术，成功填补了国内市场空白，跻身国际一流水平。

最令人印象深刻、同时将合作这一利器应用得出神入化的，则属“预防”平台上的作为。

3 年前，傅军跟马博晨提过，大健康产业前景不错，嘱咐他要瞄准这一领域，寻找切入契机。当时马博晨还没有像现在这样，深刻感受到大健康领域甚嚣尘上的繁荣，对于如何切入该领域也不得章法。但他相信老板对产业趋势的洞察，由此萌生了关注该领域前沿技术的意识。

在诸多信息中，马博晨注意到一股生机涌动的潜流——肠道菌群平衡的研究。他发现，《自然》《科学》《细胞》这三个世界级顶尖科学杂志，都不约而同地频频报道有关肠道菌群平衡的研究。科学家们在对各种慢性疾病的研究中发现，几乎所有慢性疾病，如内分泌失调、糖尿病、胃肠道疾病、代谢失衡，甚至抑郁症、自闭症都与肠道微生物的失衡密切相关。

马博晨知道，在医疗、健康行业，基础研究累积到一定程度，就会引发产品转化、市场机会的爆发。他由此决定，将肠道菌群改善的产品研发，作为预防疾病的突破口和大健康市场的入口。

通过什么来改善肠道菌群呢？答案是益生菌。较高的压力、不规律的作息、饮食结构失衡、抗生素的滥用、环境污染，这些因素都会减少人体内益生菌的数量。益生菌的缺乏会导致肠道菌群失衡，免疫机能紊乱，进而引发各种疾病。一旦补充足量的益生菌，肠道菌群的环境就会改善，对人体有益的菌变成优势菌群，身体机能就得到修复，各种相关慢性病就能得到缓解甚至是治愈。

好的益生菌产品，需要满足两个条件：一是菌株好。好的益生菌菌株能起到事半功倍的效果。二是菌株稳定。只有活菌才能起到调节肠道的作用。益生菌产品中的菌株不但在保质期内保证是活的，进入肠道也还必须是活的。

纵观全世界，最符合这两个条件的原料供应商是杜邦旗下的丹尼斯克集团。丹尼斯克总部在丹麦，拥有 100 多年的菌株生产历史。它建有庞大的菌群库，由此能够从几千种菌株中筛选、分离出对人体有益的菌株，并进行培养。此外，丹尼斯克在菌株的纯化和冻干保存上拥有竞争力领先的专利技术，能够保证菌株、菌粉的稳定。

傅军素来倡导与巨人同行。新华联协和药业要生产益生菌，就要与领域内世界最高水平的机构杜邦合作，从他们那里采购原料。

2016 年，依托包括协和医院专家在内的过敏、营养、消化领域的临床专家资源，吸纳世界顶级营养原料供应商资源，再结合自身优势，新华联协和药业上马了“协和益生”益生菌功能食品项目，持续推出专注过敏的Aller－5、过敏与肠道健康平衡型的Pro－4和针对孕妇人群的协和孕宝等系列产品。

一件有趣的事是，连接自身会创造连接。即便是一个初具雏形的协同网络，只要运行起来，就具备野蛮生长的强大动力。新华联与协和医院的合作，引申出与美国杜邦的合作。新华联先是以自身长板对接协和医院的长板，又以二者相加所生成的新优势，去对接美国杜邦。

原来，新华联协和药业在数年的运转中，不期然积累起一个相当庞大的用户群——1000多家的用户。

新华联协和药业与这些用户之间不是一锤子买卖，而是持续、密切的互动关系。他们不断从用户这里收取反馈，完善自身，并在这个过程中积累了大量一手的临床数据。

新华联协和药业以自身的技术力量和协和医院的专家力量，对这些数据进行分析，就得出了中国人肠道环境的特点。根据这些特点，进行有的放矢的益生菌组方，就能击中靶心，实现精准治疗。

让数据成为业务中的一个自然组成部分，从数据中不断获得新的洞察，企业就具备了智能特点。而新华联协和药业对数据的分析和洞察，恰好能够消除美国杜邦的一个盲点。

杜邦希望它自己的益生菌产品在中国市场上能有更好的表现，所缺的就是对中国本土数据的掌握。中国人和西方人的生存环境不同，饮食习惯不同，肠道环境也不同，适合西方人的益生菌产品，不见得就适合中国人。若能结合新华联协和药业的本土数据乃至本土研究，杜邦就能真正融入中国本土。

新华联协和药业对自己组方思路的介绍，令杜邦方面印象深刻。他们认为新华联协和药业对益生菌的理解，比其他公司更加深刻，由此触发了深入合作的动机。

2017 年 7 月 4 日，傅军亲自会见了美国杜邦营养与健康亚太区总裁李永敬博士一行，并明确表达了新华联进入大健康领域的决心。双方很快就在营养保健品领域的多方位战略合作达成了合作意向。

未来，新华联将与美国杜邦携手开展益生菌的临床研究，合作开发、挖掘适用于中国人群大健康功效菌株。美国杜邦将支持新华联营养保健品综合转化平台的坚守，助力新华联打造营养保健品示范工厂，并在生产运营商方面提供帮助。

杜邦在益生菌领域拥有完整产业链，与外部合作，新华联尚属第一家。这意味着新华联协和药业在进入大健康领域之初，就凭借自身的独特思路和连接的力量，站在一个很高的平台上，找到了国际标准接口。

新华联与杜邦的合作意义则更加深远。在随后的密切互动中，新华联协和药业将紧跟领域内的世界顶尖技术，吸收先进知识和科研成果，反促自身科研能力的更快进化与成长，在整个创新生态环境中，将扮演越来越重要的角色。

资源整合，1 +1 >2

1 +1 可以大于 2，也可以小于 1。合作的双方，可能以我长补你短，实现互补共赢，也可能以我短挫你长，导致两败俱伤。是共赢还是相挫，考验的是合作者的胸怀和智慧。

近年，越来越多的中国人在法国波尔多购买酒庄。截至 2016 年 7 月的数据显示，至少有135座酒庄被中国投资人买下。这些酒庄在中国人手里，到底有多少实现了良性发展呢？调查结果并不乐观。不少酒庄经营不善，更有五六家酒庄杂草丛生，无人打理，已然处于荒废的状态。极少数酒庄产出了好酒，却又遭遇国内高端酒市场的下滑，销售无路。

与此现象形成鲜明对比的，是新华联在法国波尔多收购的两个酒庄。自从2013年7月新华联入主以来，玫瑰酒庄和双塔酒庄的酒每年都会主动接受专业测评，2015年更是通过了法国中级庄评审委员会5年1次的评审，荣获中级名庄称号，将两个酒庄的历史辉煌再度延续。同时，这两个酒庄的酒在国外、国内市场的销售势头都始终处于上升的曲线。

新华联的妙招在哪里呢？

位于波尔多左岸的梅多克，西临大西洋，东交龙德河。梅多克的拉丁文意思就是“在水之间”。千万年来，海水与河水不断地涤荡、冲刷，为这里留下大量的沉积物。沙、砾石、黏土、卵石和碎石，形成了这里独特的、适宜于葡萄生长的多重土壤结构。

多重土壤结构，既为葡萄生长提供了丰富的营养成分，又帮助葡萄藤锁住雨季的水分，为葡萄塑造坚实的酒体和丰富的单宁打下了良好的基础。

从18世纪以来，梅多克就一直是波尔多地区最显赫、最尊贵的葡萄酒产区。1855年，国王拿破仑三世命波尔多商会将波尔多产区的葡萄酒进行等级评定，结果评出的61个特级酒庄几乎全部坐落于梅多克产区。

新华联优中选优，玫瑰、双塔酒庄都位于梅多克中部地区，历史悠久，又都获得了中级庄的称号。中级庄即中产阶级酒庄，是1932年由法国的波尔多工商协会和农业委员会共同制定和实施的一个分级制度。它在列级名庄之外最有盛名。近年来，波尔多地区评选出的中级酒庄始终徘徊在200多家，仅占波尔多众多酒庄的2%。

目前，新华联玫瑰酒庄和双塔酒庄共拥有45.8公顷获得梅多克AOC认证的葡萄园，年产近30万瓶优质红葡萄酒。

不过，最终成就美酒佳酿的，是此地人与天地的和谐关系。法国人感性、深情，波尔多人尤甚。多年来，他们在葡萄园里劳作，在酒窖里忙碌，在古堡里以酒为媒，与好友聚会、交流。酒庄里缓慢而隽永的生活，塑造了他们的品味，也为他们植入同样悠然的生命节奏。

他们不急功近利，不拔苗助长，一任一瓶好酒按照它本有的规律，缓慢酿成。就拿葡萄生长来说，法国人全然听任自然的造就，不加以任何打药、催熟之类的人工干预。

当这样的酒庄被收购的时候，法国人不免会担心：中国人会保持酒庄的历史传承吗？事实上，确有中国人在收购酒庄后，因双方文化冲突，导致法方的团队在不到半年里就集体辞职。

中国企业“走出去”需要注意什么？傅军在一篇讲话里说到，中外文化的融合非常重要。新华联入主酒庄的前提是，充分尊重酒庄的传承和法国的文化。

中国文化具有丰富的内涵，这是她数千年来能够包容、吸纳异族的原因。新华联将其尽皆吸收，灵活运用。新华联有速度制胜的一面，也有工匠精神的一面，而后者与法国文化实属异曲同工。

新华联聘请拥有20年酒庄管理经验的法国人史蒂夫，按照当地传统，结合科学方法，对酒庄进行工匠精神式的管理。

酒庄里的葡萄，按照品种分为四块，其种植完全忠于自然，任凭当年独特的阳光、雨水和土壤将葡萄塑造出独一无二的风貌。每块葡萄的成熟期不同，酒庄会等到葡萄完全成熟的时候进行手工采摘，逐粒精选，去除未成熟的、破碎的、腐烂的葡萄，有时候三分之一的葡萄都会被丢弃。

在繁复的酿酒过程中，发酵后的陈酿至关重要。在陈酿的过程中，葡萄酒需要与微量氧气接触，进行缓慢的有氧熟化，使粗糙、艰涩的单宁变得柔和顺滑。但氧气若是过多，又会加速葡萄酒的老化，酒会变得像醋一样酸。因此，葡萄酒与氧气的接触量需要严格的把握，可以忠实履行这项工作的，是橡木桶。橡木木质的疏密适中，可以使适量的微量空气进入桶内。

酒庄收购一次性的花费不多，后续投入却多得超乎想象，如橡木桶就需要 3 年更换 1 次。新华联接管以后，不吝投资，对酒庄各种设备全面更新，更换了橡木桶，选取的还是最好的法国橡木桶。一般橡木桶的价格在 800 欧元左右，法国橡木桶却达到了 5000 欧元，因法国橡木桶的制造过程最为烦琐，能够赋予葡萄酒更加细腻复杂的香气，更加馥郁的口感。

在洽谈收购的时候，法国双塔酒庄的老庄主表达了一个愿望，希望新华联保留酒庄的原班酿酒工作人员。傅军答应了，他不仅留下原班人马，还重金聘请世界一流的酿酒师和酿酒顾问，并要求酒庄向本地拉菲、木桐等知名酒庄学习酿酒工艺。

一般来说，波尔多左岸梅多克地区的混酿以赤霞珠和美乐为主，通常赤霞珠占比可达 70%。赤霞珠被人们比喻为葡萄品种中的男人，美乐则是女人。如果一款酒赤霞珠的比例高，则这酒单宁、酸都比较高，整体的风格就很硬朗、有劲。而新华联酿造的法国玫瑰和双塔酒庄酒，美乐的比例相对较高（美乐 47%，赤霞珠 46%），酒的风格柔和而饱满，达到了完美的平衡感，更适合东方人的口感。

为保证酒的品质，酒庄还采取限产。目前两家中级庄最高年产量不超过30万瓶，比大名鼎鼎的拉菲还少，且两个酒庄的所有产品都要经历最短18个月的瓶贮时间。从灌装到上市，新华联的每一瓶法国葡萄酒都要经过2年以上的酝酿和等待，在时间中成就完美品质。

无论是酒庄管理还是酿酒工艺，在每一个环节中，新华联不但忠实传承了酒庄的传统，还以大笔投入和科学管理，将这些环节打磨到极致，这才有了葡萄酒品质的稳定和提升，有了再写酒庄辉煌的可能。

2015年4月，在阿基坦大区首届中资酒庄代表交流会上，阿基坦农委对新华联在两个酒庄的管理和生产经营商的作为表示了高度认可。

2015年5月，新华联双塔酒庄通过中级庄协会的评审。

2016年，新华联双塔酒庄2012年份酒在英国《醇鉴》杂志组织的世界葡萄酒大赛上获评为推荐酒。《醇鉴》在英语国家有着巨大影响力。各大酒庄均以获得《醇鉴》的推荐为荣。

2017年4月，新华联法国酒庄再传捷报。在法国索恩－卢瓦尔省首府马贡举办的马贡葡萄酒大赛上，法兰西玫瑰酒庄2016年份酒获得大赛铜奖。这是新华联集团自2013年收购法兰西玫瑰酒庄、双塔酒庄以来，所获得的第五个国际葡萄酒顶级赛事奖项。

2018年，新华联法国酒庄法兰西玫瑰和双塔2015年份酒又是在德国最著名的葡萄酒赛事——蒙德维尼大奖赛中双双拔得头筹，荣获金奖，成为国际葡萄酒品牌中的佼佼者。

新华联法国酒庄一系列骄人成绩，在中资收购法国酒庄中无人匹敌，同时彰显了新华联集团在酒业合作中的再一次成功。

好酒也怕巷子深，尤其是近年高端酒在国内销售下滑的趋势，令诸多中资法国酒庄面临困局。有一个中资酒庄手握右岸列级庄资源，却愁于销售不畅。不少中资法国酒庄的没落，就没落于此。

新华联没有坐以待毙，而是打破思维限制，采取多种创新举措应对困境。

首先，新华联法国酒庄在高端酒之外，开发了中端的副牌酒，以应对全新的市场需求。

其次，新华联寻求多方合作，打通线上线下的销售模式。

传统酒业销售，原本就是新华联的一个长项。从2015年起，新华联又着手对其升级，将传统销售转型为大区承包责任制，以聚焦力量，充分调动销售人员的积极性。

同时，新华联还大力开拓电子商务渠道。

2016年4月和7月，新华联与湖南的一家电商平台签订了共计65万瓶副牌酒的销售合同。同年6月，新华联又与惠州一家电商平台达成合作。随后，新华联酒业汲取经验，在广州、深圳等地开发新的电商平台。

为适应全新的线上销售模式，新华联酒业还作了相应的组织调整，于2016年3月成立了创新平台事业部，建立了责任到人、专人专职24小时备战的半军事化管理体系，实现了订单获取、合同签订、货物配送、后台服务等环节的迅速反应和流程之间的无缝配合。

同时，创新平台事业部还与法国酒庄、华南大区等单位每天召开工作会议、联席会议，将前线的销售动向及时向后方反馈。

如此一来，围绕葡萄酒线上销售这一业务单元，新华联创新性地构建了一个流程型的组织：前线为客户提供优质服务，后方为前线提供大力保障，同时前线又为后方的精准决策提供信息。

组织的运作，不仅受到后方推动，还受到前方的拉动。推拉结合，使得组织效率大幅提高，市场策略更适用，策略执行更到位，紧紧围绕客户需求创造了更大的价值。

线上线下创新式的运作模式，收到了不凡的效果。2015 年，新华联酒业实现扭亏为盈，2016 年又实现逆势增长，销售同比增长 187%。进入 2018 年，新华联酒业继续保持强劲发展的势头，攀升更高的台阶。

在很多人看来，面对萎缩的消费需求，企业要盈利就只能降低产品品质，要保证产品品质就只好亏损，利润和品质不可兼得。傅军却没有陷入这个非此即彼的怪圈。他在坚持品质的同时，以创新思维解决利润问题，为市场提供多个层级的产品，迎合消费者的新需求，同时拓展销售通道，调整组织运作，打通线上线下，打通前方后方，在为客户提供更优体验的同时，反促自身利润的实现。本质上，他又与客户构建了一轮新的合作共赢。

这样的共赢思维体现在傅军对外发出的每一个合作链接之中。譬如法国的两个酒庄，傅军当然知道，聘请一流酿酒师、更新设备，需要耗费很多资金，但他视线所及，不是眼前得失，不是割裂的双方，而是一个更大的整体，由此以自身的长板优势，将对方的长板优势发挥到极致。

在连接中，传输卓越企业的基因

在新华联诸多合作中，投资是一个非常重要合作方式。在 2017 年的开年讲话中，傅军提出，新的一年，新华联将继续落实“实业 + 投资”双轮驱动的发展战略，加大长期投资的力度，坚持长期投资、战略投资等价值投资的原则，提高资本运营效率，提升价值创造能力。

很多投资方，只关注所投资企业的当下盈利能力，能赚钱就投资，不能赚钱就撤资，新华联的做法不同。傅军在投资时，会着眼于整个产业，寻找产业里的重点公司，而后通过投后管理，为公司提供持续性支持，推动企业为产业提供价值，产业为社会提供价值，而后新华联再从企业成长中分享合理收益。

就以清水源公司为例。

河南清水源科技股份有限公司成立于 1995 年，位于河南省济源市，是国内水处理剂专业生产、研发、服务的龙头企业，曾参与 40 项行业标准、17 项国家标准的制定，拥有 9 项发明专利和 15 项实用新型专利。

2011 年，新华联集团旗下的新华联产业投资公司投资参股清水源，持有该公司 15% 的股权，成为其第二大股东。

当其时，清水源虽然在技术上具有相当大的优势，但受限于战略、管理诸多方面的不足和资金上的匮乏，发展步伐受到阻滞。

参股以后，傅军根据产业发展前景，为清水源制定了清晰的战略方向，由化工企业向环保企业转型，主营业务由单纯的水处理剂生产、研发、服务向污水处理、土壤修复等环保领域进军。

清水源公司上下人员在董事长王志清的带领下，以数年的励精图治，从技术、人才、业务等方面完成了企业转型，如公司于 2012 年开始建设废酸（液）回收利用项目。

与此同时，新华联将自己的先进管理经验和文化理念，向清水源悉数输入。新华联产业投资公司的总经理郑柏梁亲自到清水源，传播新华联的文化，讲解新华联式执行力的构建，还将平衡计分卡等考核制度引入清水源。

一个企业的发展速度，决定于她的管理和文化。新华联 28 年来的超常速发展密码，就隐藏在她的管理经验和文化理念中。清水源在接受新华联先进经验和理念的同时，也被移植以新华联式的速度。技术上的优势结合明确的战略方向、高效的管理、先进的文化，使清水源焕发出全新的活力。

从 2011 年起，清水源的净资产实现稳步增长，营业收入增长更是迅猛，2013 年营业收入增长率就超过 27%。清水源无论就研发水平还是生产、销售，都跻身于行业领先水平，在国内、国际同行业中形成了较强的影响力和竞争力。

当清水源正处佳境的时候，傅军却看到它面临的全新台阶——上市。清水源在科研、规模、成本及管理方面都拥有优势，但资金缺乏却制约了其产能扩大。唯有突破规模瓶颈，企业才能提高市场占有率，巩固其在行业内的领先地位，把企业打造成一流综合性的服务企业。

2012 年 3 月，清水源向中国证监会提交了上市申请。不料出师不利，就在这一年的下半年，国家监管部门展开了号称史上最严格的对 IPO 公司财务大检查。800 多家正在排队的 IPO 企业，将面临不知终点在何处的等待。

怀抱希望却漫无边际地等待，是一件非常煎熬的事情。尤其是在 IPO 申报期，企业的一些发展举措受到制约，比如不能搞并购。在 2014 年下半年 IPO 重启之前，许多排队的企业退出了，王志清也打了退堂鼓，转而自我安慰说，即便不上市，也可以通过其他方式融资嘛。

傅军作为新华联企业舰队的领头人，曾推动多个企业实现长足发展，对企业跨越式的关口非常敏感，深知面对这些关口，冲过去，企业就迈上新的发展台阶，冲不过去，就会泥足深陷，导致企业的整体发展战略受到延宕乃至于破坏。卓越企业与非卓越企业的区别，往往就在于能否在正确的时间把握住正确的机会。新华联本身就是一个出色的例证。前行路上，过关斩将，一腔锐气未曾破过，靠的就是该坚守时咬定青山不放松。

傅军由此不断地给王志清打气，要他坚守目标不动摇，坚守信心不动摇。他以曾经引领新华联地产艰难上市的力量，引领着王志清。王志清如杭冠宇般从傅军身上汲取着坚守的能量。

就这样，傅军和王志清，新华联和清水源，手携手，肩并肩，共同熬过了等待上市的艰难日子。

2014 年下半年，曙光乍现，IPO 得以重启。2015 年 3 月 13 日，经中国证监会发审委审核，河南清水源科技股份有限公司首发申请获得通过。

2015 年 4 月 23 日，清水源在深圳证券交易所成功上市。

上市以后，清水源的研发中心项目投入建设，还相继在上海成立了清水源（上海）环保科技有限公司，在北京成立了清水源（北京）投资有限公司、北京营销中心，并在美国成立了艾驰环保有限公司。

王志清董事长表示，清水源不会沉迷于资本市场，而会把上市作为二次创业的起点，坚持做务实的科技型、实体型企业，坚持立足环保，做有益社会、服务全球的百年企业。

说到服务全球，国际上，水处理剂行业都是龙头企业挑大梁。美国水处理剂厂商基本形成了二分天下的局面，由 Nalco 和 GE 撑起半边天。相比之下，我国水处理剂行业却处于诸侯遍布的局面，共有 200 余家水处理剂生产企业，大多规模较小。

未来，我国水处理剂行业必然要从各自为政走向龙头企业挑大梁。傅军认为，龙头企业清水源应该承担起挑大梁的责任。由此，在清水源上市的欢呼声还没有消散之际，傅军就建议王志清在全国范围内展开并购。

2016 年 7 月 7 日，清水源通过增资的方式成功受让河南同生环境工程有限公司；2016 年 11 月，又收购陕西安得科技实业有限公司 51% 的股份。

这两家公司都属于清水源的下游公司。清水源通过对它们的并购，逐步进军城市污水治理、固体废弃物处理、环境工程设计施工等领域，拓宽水处理终端市场，完善了水处理产业链，提升了企业的综合实力。

新华联产业投资公司总经理郑柏梁将新华联与合作伙伴的关系，形容为“联姻”。无论投资金额是多是少，新华联对每个合作伙伴都敞开怀抱，竭诚相待，亲如一家。

以新华联和清水源为例，清水源的每一个关键决策，傅军都深度参与，亲自把关。新华联的每一次重大活动，都会邀请王志清来参加。在密切的互动中，傅军将卓越企业的基因悉数传输给王志清，还以自身的境界、力量和思想感染、启迪着王志清。

傅军通过管理和文化的输入，通过战略方向的提点、融资和并购的建议等，帮助清水源强身健体，把握好每个节点的机遇，迈向不断的升级，最终促使清水源树立起产业领导力的思维，充分发挥龙头作用，带动产业生态系统更多的技术进步和质量进步。

王志清透过傅军的眼界，看清清水源更为广阔的发展前景，更具价值的发展战略，还从傅军的身上获得实现目标的智慧和力量。

他以孜孜不倦的赤子心态向傅军学习着。新华联每次活动他必来参加，傅军每次讲话他都心怀敬意地聆听，做笔记。他甚至把清水源北京中心安置在新华联集团总部大楼的旁边，为的是离新华联近一点，离傅军近一点。这个北方汉子，一身傲骨，不惧权威。他虔心敬畏的，是一种生命不息奋进不止的卓越心灵力量；他甘心仰望的，乃是自身乃至企业的远大未来。

同样是投资，新华联给予的，绝不止于资金层面的支持。对清水源如此，对科达洁能同样如此。

推动中国制造迈向中国智造

广东科达洁能股份有限公司创建于1992年，2002年在上交所上市，业务涵盖建材机械、环保洁能、洁能材料等领域。

在建材机械领域，科达洁能是国内的行业龙头，也是全球排名第二的生产出口企业。产品在国内市场占有率超过30%，其中压砖机和抛光机等核心产品的市场占有率超过80%。

尽管如此，科达洁能近年的日子却过得并不轻松。

一是国内市场已经饱和，科达洁能建筑陶机板块的国内营业收入开始下降，仅2015年就同比减少29.9%。

二是科达洁能的建筑陶机虽然在国内稳坐头把交椅，但在国外与世界顶尖企业相比，尚存在技术上的差距，在高端市场难以与其匹敌。

这是中国制造的困境，也是中国制造的机遇。如能弥补技术差距，中国制造将获得异常广阔的增长空间。然而，要弥补技术差距，谈何容易！有人指出，过去几十年，中国制造通过艰苦卓绝的努力，迅速赶上了欧美企业99%的技术，但要攻克最后1%的差距，从中低端跃升到高端，所要花费的努力，恐怕比那99%还要多。

无论是弥补最后的1%，还是解决国内市场饱和，科达洁能单凭自身的力量很难做到。资金匮乏是寻求升级的中国制造普遍的切肤之痛，过往的紧追慢赶几乎耗尽他们的资源。近年国内经济下行的形势，又令他们无从获取足够的补给，即便是占据国内龙头地位的科达洁能也不例外。

从2015年起，他们就全力寻求外部资金支持，与某国有企业洽谈定增募投12亿元的计划，无奈耗尽2年时间却进展维艰。2016年年中，洽谈好不容易出现曙光，科达洁能为此停牌，已发布定增公报，却在停牌截止日即将到来之际，再度陷入谈判胶着期。

科达洁能身陷进退维谷之地，恰在此时，新华联递来了橄榄枝。

一次偶然的朋友叙谈，新华联陶瓷机械部的副总裁李斌得知，科达洁能正在寻求募投。他条件反射地想到了老板傅军平素的价值投资战略，便随即通知了老板。这是2016年9月9日的事情。第二天，李斌正在吃饭，老板打来电话。傅军半开玩笑地对他说："李斌啊，你瞎胡闹，人家已经停牌了，定增协议可能都签了，你这消息来得太晚了！"原来，雷厉风行的傅军已经在短短时间内迅速对科达洁能进行了了解。李斌转而询问朋友，才得知谈判胶着的情况。

时不我待，迅速切入！傅军一声令下，新华联式执行力完美呈现。

9月12日，新华联与科达洁能初次接洽。

9月19日，双方定增协议签妥。新华联集团将通过参与A股非公开发行的方式战略投资科达洁能，认购其1.3812亿股股份，合计投资金额10亿元，持有科达洁能8.67%的股份，成为科达洁能第二大股东。

次日，发布公告。科达洁能耗时2年的引资协议，在新华联闪电达成。高效的合作源于深度的认同。新华联素以"厚植实业"为企业宗旨，傅军更为当下的"厚植实业"定下特殊基调——推进中国制造向中国智造升级。科达洁能在国内是龙头企业，兼具高度专业性和优秀团队，在国际上又有广阔增长空间，正好符合新华联的投资标准。

傅军曾在内部讲话中指明，集团将朝着跨国公司的方向迈进，响应党中央、国务院“一带一路”的发展战略，加快国际化布局，果断“走出去”，寻找新的盈利增长点，拓展新的发展空间。为此，新华联先后在韩国济州岛、澳大利亚悉尼、马来西亚、印度尼西亚、伦敦、多伦多、美国等地开拓多个项目，积极参与境外产业项目与金融项目的收购。

傅军同样支持科达洁能在海外拓展的步伐向更深处迈进。

近年来，非洲生机勃勃的基础建设催生了建筑陶瓷市场的繁荣，非洲国家每年都要进口超过自身产能 80% 的瓷砖。科达洁能多年前开始向非洲销售建筑陶瓷，近年除了延续以往战略，还推出“合资建厂 + 整线销售”的全新模式，以拉动销售。科达洁能在肯尼亚投建的陶瓷厂，实现了当年签约、当年投产、当年就取得盈利。

受到傅军的激励和支持，科达洁能海外拓展的步伐迈得更大，正筹备在位于白俄罗斯明斯克州的中国—白俄罗斯工业园建造陶瓷厂，将肯尼亚的模式复制过去，计划以白俄罗斯为基点，辐射整个欧洲市场和俄罗斯市场。

未来，科达洁能“合资建厂 + 整线销售”的模式还将在更多的“一带一路”沿线国家推广，遍及非洲、中东、东南亚，甚至是国际建材机械设备巨头云集的欧洲大陆。

2017 年上半年，科达洁能的海外业务收入 7.49 亿元，海外营收的占比提升到 37.6%，实现了“墙内不足墙外补”。

“一带一路”的战略，利用我们已有的先进科技和先进生产力去带动比我们落后的国家。然而面对世界顶尖企业，我们的不足却显露无遗，国际市场份额的三分之二被意大利的陶机企业所占领。

要实现“农村包围城市”，不仅布局亚非拉欠发达地区，还问津欧美、中东高端市场，中国制造必须与先进生产力对接，进入高端领域并逐渐增强自己的控制力。

这是一代企业家的历史使命。傅军明确指出，要扶植科达洁能从亚洲第一迈向世界第一。他要求科达洁能收购意大利排名前列的陶机企业，借力其技术和品牌渠道切入高端市场，逐渐形成与世界排名第一的陶机企业相抗衡的实力，最终问鼎陶机领域的世界之冠。

傅军的构想与科达洁能董事长边程不谋而合。科达洁能多方探路，目前正在积极磋商收购世界排名第三的意大利西斯特姆公司。西斯特姆拥有全球领先的板技术和优秀的辊筒印花、陶瓷数字喷墨印花设备。若实现收购，科达洁能就能汲取西斯特姆公司的先进技术和优质资源，追上那最后1%的差距。

除了支持科达洁能逐鹿国外，傅军还利用新华联雄厚的内外部资源，为科达洁能在国内的发展提供助力。

为了培育新的盈利增长点，科达洁能在发展过程中不断转型，从建材陶机到清洁煤气再到洁能新材料，于2015年进军锂离子动力电池负极材料业务，并于2017年曲线入股位于青海的蓝科锂业。

蓝科锂业拥有察尔汗盐湖丰富的锂盐资源，正布局3万吨碳酸锂的新产能，具备碳酸锂产量世界第一的潜质，对科达洁能的成功转型意义重大。而新华联早从2011年开始，就在国家实施新一轮西部大开发战略的号召下，先后投资180余亿元，在西宁兴建新华联广场、新华联童梦乐园，在青海植根了相当深厚的资源。

为了扫平科达洁能布局蓝科锂业之路，傅军本人亲自出面找到青海省有关方面，为科达洁能寻求来自政府的支持，阻击布局过程中的恶性竞争。

新华联集团的内部资源也不容小觑。新华联旗下华联瓷业同样是所在领域的龙头企业。其与科达洁能在陶瓷机械板块存在业务交集，双方未来必然会产生合作互补。东岳集团是国内氟化工行业龙头，正积极打造全球最大的功能膜材料基地，未来也有可能在洁能材料技术研发领域与科达洁能形成资源共享。此外，新华联旗下矿业板块主要从事矿产加工、销售、贸易等业务，其在洁能新材料领域与科达洁能的潜在的合作机会同样值得期待。

纵览新华联的多项投资合作，从东岳化工到华联瓷业再到清水源、科达洁能、赛轮金宇等企业，我们发现，傅军为这些企业提供的，不仅仅是资金支持，还有一种更为系统化、集成化的思路。

以科达洁能为例，他用全球视野推进其进行资源配置，一方面支持其利用自身产业优势与新兴市场结合，一方面把科达洁能的资本优势与世界领先企业的核心技术、品牌资源相对接。

他放眼全球，将促进企业升级的所有因素贯穿起来，推进中国企业以最高效率获得同过去不敢置喙的世界顶级企业竞争的能力。

在过去，东岳化工、华联瓷业有赖于与新华联的合作，获得资金的支持、思维的更新、发展的突破，各自在稳居龙头企业的同时，还冲击世界尖端水平。看未来，我们有足够的理由相信，科达洁能、赛轮金宇等企业同样会极大地受益于与傅军、与新华联的连接，反推自身冲锋那最后的1%，从中国制造向中国智造迈进！

让共赢彰显资本的力量

企业应该多元化经营还是专业化发展，一直是商界和学界争论不休的问题。在不少人看来，多元化是“馅饼”也是“陷阱”。企业掌舵人如果没有足够的驾驭力，往往会顾此失彼，甚至踏上一条不归路。在一定程度上，傅军也认同这样的说法，但并不视之为畏途。他一路傲然前行，引领新华联以小博大、多元发展，不但把企业做得风生水起，还为中国企业树立了多元化标杆。

傅军何以能高举“多元化经营”的大旗高歌猛进？对此，他也坦承，新华联也并不是执意要“多元化”，但民营企业要在市场经济的夹缝中求生存谋发展，就得主动顺应国家的产业政策，不断抢抓各种发展机遇，这样企业也就自然多元化了。

如果说新华联多年来一直在多元发展的道路上顺风顺水，那么“多元化做大、专业化做精、品牌化做久”这十五字方针无疑是其快速崛起的撒手锏。

凭借这三位一体的发展方针，傅军让新华联在厚植实业、创造财富的道路上越走越欢。但暂时的胜利绝不会冲昏他的头脑。在傅军看来，当企业打下一定的实业基础、拥有相当的发展规模后，就应该华丽转身，到资本市场的大潮中勇敢搏击，驱动企业再上一个新的台阶。于是，傅军又在新华联既定的发展方针中郑重地加上了一句：“资本化做强。”他的基本逻辑是，资本是每一个企业经营发展的关键杠杆与重要纽带。如果没有足够强大的资本做支撑，企业就行不了多远，也成不了真正的强者。

随着国家不断降低金融领域的准入门槛，允许社会资本参与城市商业银行的股份制改造，潜心10余年的实业发展后，傅军决意在金融领域发力，首先把投资的触角伸向了长沙银行。

长沙银行原名长沙市商业银行，成立于1997年，是湖南省首家地方性股份制商业银行，2007年曾被银监会评为中国银行业最高等级的二类行（一类行空缺），其综合实力在全国城商行中名列前茅，经营规模在长沙市同业中名列前三。

2005年4月，傅军顺势而为，成功参股长沙银行，成为其第二大股东。为了充分履行股东职责，助力长沙银行快速发展，新华联不仅输出资金，还有先进的经营理念、管理机制与战略思维。

长沙银行也一直志存高远，坚持“服务地方、服务中小企业、服务市民”的特色定位，着力打造成为服务领先、特色鲜明、竞争优势明显，立足长沙、辐射湖南、走向全国的“区域性精品上市银行”。

10余年的高速发展，特别是近3年亮眼的经营数据，让长沙银行在行业内脱颖而出。数据显示，2015—2017年，长沙银行加权平均净资产收益率分别为18.73%、17.00%、18.25%，均高于A股上市城商行的平均水平，稳定保持着较强的盈利能力。在资产规模方面，长沙银行2015—2017年的资产总额分别为2853.66亿元、3835.05亿元、4705.44亿元，同比增长率分别为31.73%、34.79%、22.7%。

依托良好的业绩表现和较大的行业影响，长沙银行于2018年9月26日成功登陆上交所主板，股票代码为601577，当天发行价每股7.99元，开盘价每股9.59元，并冲高至每股11.51元，大涨44.06%，成为湖南省首家A股上市银行、A股第28家上市银行。通过本轮上市融资，长沙银行有望实现新一轮飞跃，进一步提升湖南金融业的影响力和竞争力，推动湖南地方金融产业的健康发展。

投资参股长沙银行，让新华联获得丰厚的回报，不但每年都有可观的分红，还实现了企业资产的快速增值。目前，新华联合计持有长沙银行 3.39 亿股，持股仍在 9% 以上，为第二股东。

在金融领域的成功一搏，让傅军看到了更多的商机，也迸发出更大的投资动力。

2009 年 9 月，宁夏银行又向新华联伸出了橄榄枝，期望引进有实力的战略投资者以寻求更好的发展。傅军没有放弃这一机会，果断斥资 2.64 亿元参股宁夏银行，一举成为该行并列第三大股东。

虽然资产规模不算庞大，但傅军很看好宁夏银行。在他眼里，宁夏银行是经中国人民银行批准的宁夏第一家股份制商业银行，也是国内第一家成功实施省内跨区经营的城市商业银行。优良的资产和系列少数民族政策，一定能使宁夏银行获得长足发展。

新华联的投资入股，增强了宁夏银行的资本实力，提升了宁夏银行的品牌影响力，也加速了该行跨区域发展和上市的步伐。

但初期的股份制改造，并没能让宁夏银行脱胎换骨。有政府的过多背书，宁夏银行就难以与市场真正接轨。对此，新华联没有袖手旁观，而是以自身机制、资源、品牌等诸多优势，持续推动宁夏银行完善公司治理，科学制定发展战略，高效激励管理团队，快速贴近业务市场，不断抢抓发展机遇。

在持续的系统改进和有效的资源整合下，宁夏银行每年保持 2 位数增长，快速实现了资产规模的扩张和经济效益的提升。新华联也借此获利颇多、实力大增。

纵观上述投资，我们不难发现，傅军追求的不仅是理想的经济回报，还有对企业可持续发展的战略布局。他坚信，新华联集团只有构建一个强大的资本平台，才能在市场经济的大潮中御强风抗大浪。放眼那些底气十足的世界商业巨头，无一不拥有自己强大的金融平台。

因此，傅军不会轻易脱下自己的跑鞋，停止进军金融领域的步伐。他只会时刻捏紧拳头，继续向更高的目标冲刺。

北京银行脱胎于北京市商业银行，成立于1996年，是一家新型的股份制商业银行。通过更名、引资、改制、上市等一系列操作，北京银行不断探索现代化银行发展之路，各项业绩迅猛增长，经营领域全面扩展，业务触角延伸至国际市场，完成了从传统商业银行到现代化上市银行的蜕变，全面进军人寿保险、基金管理、金融租赁、资产管理等领域，一跃而为中国最大的城市商业银行，并跻身全球百强银行之列。

新华联与北京银行的亲密牵手，来自一种机缘与执着。在早期的业务往来中，傅军便知悉了该行的根底，更萌生了深度合作的念头。得知北京银行要增资扩股引进新的战略投资者，傅军可谓喜出望外。他一心想捷足先登，绝不放过这千载难逢的机会。

通过多次的洽谈和博弈，2016年10月11日，新华联如愿举牌北京银行。通过二级市场增持北京银行股票，新华联持有北京银行764895895股，使用资金63.94亿元，持股比率达到5.03%。随后，新华联又继续增持北京银行股份，最高时持股9.88%，成为该行第二大股东。现在新华联持续持有北京银行18.13亿股，占股8.57%。

再度与金融巨人同行，让新华联底气更足、收益更丰。

除上述三家城市商业银行，新华联近年来还成功投资一系列知名金融机构。

蚂蚁金服是阿里巴巴集团旗下的一家旨在为世界带来普惠金融服务

的科技企业，拥有支付宝、余额宝、招财宝、网商银行、蚂蚁花呗、芝麻信用等子业务板块，活跃用户超过 7 亿人。该企业致力于通过科技创新能力，搭建一个开放、共享的信用体系和金融服务平台，为全球消费者和小微企业提供安全、便捷的金融服务。目前，蚂蚁金服估值超过 1 万亿元，是全球最大的互联网金融企业。新华联于 2016 年通过云锋基金投资蚂蚁金服。

苏宁金融是中国金融 O2O 领先者，一直稳居国内一线互联网金融集团行列。基于苏宁商业生态，依托生物特征识别、大数据风控、智能营销、智能投顾、金融云五大核心技术，苏宁金融打造了支付账户、供应链金融、消费金融、投资理财、众筹、保险、储值卡七大主营业务，为广大消费者和中小微企业提供优质的综合化普惠金融服务。苏宁金融持有苏宁银行、第三方支付、消费金融公司等 14 张金融牌照，是牌照最为齐全的民营金融控股集团之一。凭借良好的信誉，新华联也顺利成为其股东。

微众银行是由腾讯牵头发起设立的国内首家网上民营银行，也是首家采取纯互联网模式经营的银行。该银行既无营业网点，也无营业柜台，更无需财产担保，而是通过人脸识别技术和大数据信用评级发放贷款，致力于为普罗大众、微小企业提供差异化、有特色、优质便捷的普惠金融服务。微众银行推出的“微粒贷”“微车贷”“车商贷”“微路贷”“微业贷”等一系列小额信贷产品倍受市场青睐，现已发展客户超过 3000 万人，预计 2018 年营业收入可达到 170 亿元以上，利润超过 40 亿元。新华联于 2016 年通过深圳池杉基金共同投资了微众银行。

小赢科技是中国领先的金融科技公司，以互联网技术和数据为驱动，致力于为广大用户提供优质的互联网金融信息服务。目前旗下拥有小赢理财、小赢网金、小赢普惠、小赢卡贷等多个品牌。该公司还与众安保险签署战略合作协议，双方在风控、数据、获客领域全面开展合作。小赢科技2018年成功在纽交所挂牌上市，股票代码为XYF。基于良好的发展前景，新华联也与其亲密联姻。

新华联还成功投资辽宁成大股份有限公司。该公司是上交所上市公司，目前已发展成为集国内外贸易、生物制药、医药连锁、能源投资、金融投资、商业投资等多业于一体的综合性大型上市公司。企业旗下有成大生物、成大广润、成大医药、成大能源等子公司，是广发证券的重要股东。

在金融领域和资本市场的精彩表现，也激发出新华联在产业投资上的热情，先后投资了一批颇具影响的优质项目。

博纳影业集团公司以发行业务为核心竞争力，不断向产业链上游（投资、制作）布局，衍生出主投发行、参投发行、纯发行和纯投资四类业务，同时向产业链下游（影院放映）延伸，为影片发行提供影院渠道支持，成为一家以发行为核心竞争力，具有全产业链布局的电影集团公司。目前，该公司已经出品发行了200多部电影。其投资制作的《红海行动》《智取威虎山》《建军大业》《湄公河行动》等多种类型影片，荣获了200多个重要奖项，获奖数量在中国民营电影公司中始终位居第一。新华联十分看好文化产业的发展，果断投资了博纳影业。

广东道氏技术股份有限公司是国家高新技术企业，也是国内领先的陶瓷产品全业务链产品、服务提供商。道氏技术致力于为国内外高端陶瓷生产企业提供“一揽子”产品整体解决方案和陶瓷墨水、釉料等原料采购管理服务。公司的研发实力、产品应用开发与技术服务能力、资本实力等均处于业内领先地位。道氏技术已在深交所创业板成功挂牌上市，股票代码为300409。新华联合资的佳远钴业与道氏技术通过并购重组、购买资产、置换股份进行全面合作。

小黄狗是派生科技集团旗下的再生资源科技智能回收平台，通过大数据、人工智能和物联网等先进科技，创造了一种对生活垃圾前端分类回收、中端统一运输、末端集中处理的“物联网+智能回收”的新模式。该企业打造了线上线下回收行业生态圈，将广大群众、废品回收商、再生资源产业、垃圾处理事业单位等有机整合，形成了一套完整的废品回收生态链，极大地减少填埋焚烧垃圾量，解决了垃圾回收最后一公里的难题。小黄狗是目前智慧环保领域的独角兽企业。新华联于2018年12月投资参股了小黄狗。

驴迹科技公司是智慧导游服务行业的领先企业，立足于“景区导游”和“全域导游”两大核心业务，专注于电子导游软件、全域导游系统的配套业务，已与国内超过450家景区进行战略合作，产品覆盖4000家以上景区。驴迹科技还是同程、驴妈妈等多家知名OTA平台电子导游服务的主要供应商，更是腾讯“一部手机游云南”项目推荐内容供应商。新华联投资驴迹科技，战略布局智慧旅游。

国科戎安是一家为国家生物医药储备专门成立的以生物安全、生物医药发展为目标的生物高科技公司。其研发的具有完全知识产权的基因工程炭疽疫苗已获批并实现产业化生产。未来，国科戎安将加快肿瘤疫苗、炭疽治疗药物、鼠疫疫苗等项目的引进与开发，力争成为中国生物医药领域的领军企业。新华联于2015年4月投资参股了该企业。

合作比竞争更重要。与一系列行业知名企业的紧密携手，傅军不但彰显了资本的伟大力量，还完美诠释了合作共赢的丰富内涵。

第八章

光荣与梦想

个人理想与历史使命的完美结合

1434 年，郑和率领的船队被明朝皇帝解散，中国对外贸易和探险的步伐自此中断，开始了闭关锁国的历史，这也是中华民族迈入衰落的起点。中国在技术上的全球领先优势当时还能保持，却终究让位于 18 世纪工业革命中的西方世界。

中国连续错过第一次和第二次工业革命，却在第三次工业革命即信息革命在美国兴起时开始了改革开放。

从 1978 年起的改革开放，打破了中国的封闭状态，也开启了中华民族的伟大复兴征程。

当历史步入重大关口的时候，总会有一些敏锐的先行者在不自觉和自觉之间承担起历史的重任，将个人的价值实现融入民族的崛起进程。

以中国的历史经线为背景，观察傅军乃至新华联的发展路线，我们发现，这两条线不断地交汇、共进。

1978 年，中国是一个庞大却发展滞缓的农业国，受困于贫穷和商品短缺，经济总量的 70% 是农业，人口的 70% 是农民。改革最先在农业部门启动，农民分田到户，可以在一定程度上自由交易自己的农产品，同时被允许成立一些简单的小型加工企业。这些企业最初大多是粗陋的手工作坊，雇员不能超过 8 人，后来发展为乡镇企业。

1978 年，傅军 21 岁，此前在公安特派员的岗位上展示过自己的智勇和勤奋，刚刚被提升为浦口公社党委副书记，两年后又升任茶山岭公社的党委书记，身处农业改革的最前线。

他及时把握政策机遇，带领当地人办了好几个乡镇企业，还四处为产品联系市场，扶持这些企业走上蓬勃发展的道路，有效提升了当地农民的收入。

20 世纪 80 年代初期起，中国在改革之后又迈出了开放的步伐，尝试开展国际贸易和吸收外国投资，设立了经济特区，允许外资设立工厂。在方兴未艾的全球产业转移背景中，打开大门的中国成为承接产业转移的新洼地，接受着国外大量资本和技术的涌入，并以大量来自农村的廉价劳动力，为国际市场生产劳动密集型产品。

在这一时间段，傅军上调到醴陵市，先后担任市经委副主任、市外贸局局长兼党组书记，再一次站在国家发展的最前沿，并在新岗位上再一次展示出锐意开拓的精神和卓有成效的领导才能。他担任醴陵市外贸局局长期间，醴陵外贸出口额连续 4 年稳居全省第一。

1987 年，傅军继续晋升，到省城长沙出任省工艺品进出口集团公司副总经理。此时的中国，数以千万计的低成本劳动力和国际市场上的先进技术、大量资本的一经结合，引发了历史性的剧变，商机四处涌动，经济起飞的趋势呼之欲来。

1990 年，33 岁的傅军前往革命老区浏阳搞社教，亲眼目睹当地的贫穷落后现状。一方面是如火如荼的社会发展大潮，一方面是大潮之外发展停滞的偏远农村。两者的强烈反差在傅军心里形成了剧烈的冲突。

他后来回忆说，那时自己逐步成熟，思考的问题越来越多，尤其是浏阳社教对他的思想产生了不小的冲击。他意识到，中国的强盛还得靠发展经济，从政固然也能做一点事情，却远不如搞经济成效大。中国不缺当官的，缺的是真正能够打造优秀企业的人。

这次思想剧变直接导致傅军人生路线的转换，从政治换行到经济，下海经商，就此开启了新华联 28 年来的发展征程。

如傅军所言，中华民族的复兴，需要更多有能力的人投身企业，去直接创造财富、报效国家。他曾在一个提案中不无自豪地怀想明朝郑和下西洋的气魄。郑和的船队，是中国雄立世界民族之林的标志。郑和船队的解散，是中华民族迈入衰落的起点。这是千千万万血性中国人内心深处的遗憾，而发起于 1978 年的改革开放，开启这群中国人追赶世界的征程。

傅军从一开始就行在队伍的前排。从从政到从商，从无意识地被社会发展大潮裹卷前进，到有意识地引领大潮，他的思想越来越成熟，作为越来越主动，最终彻底地将个人事业生涯融入民族复兴的洪流。

正是这种从事商业又高于商业的追求与定位，决定了他没有小富即安，从不浅尝辄止，不断推进新华联的事业向上攀升。新华联由此才进入一个主动转型、不断蝶变的上行通道。

主动转型，塑造新华联变革基因

1990 年，傅军创建马来西亚华联贸易有限公司。公司在马来西亚吉隆坡注册成立，这是新华联舰队最初的母舰。

20 世纪 90 年代中期，由于价格的松绑，市场管制的放松，外资和本土私营企业迅速增长，一直受到政策保护的国有企业遭受强大的竞争冲击，难以为继，中国政府为此全面启动了国企产权改革。在国退民进的大潮中，众多私营企业得以支配比过去丰富得多的资源，获得了更广阔的成长空间。

新华联恰好在此前完成了原始积累，从马来西亚转战国内。傅军顺势而为，于1994年投资华联瓷业，1996年投资东岳化工，1999年打造金六福酒。

当其时，中国的改革开放渐入佳境。改革打破了中国企业的僵化体制，引入了新华联这样充满创造力的新生力量，开放则使中国企业在成长初期就置身于国际竞争中。

在90年代中期以前，外国公司和本土企业在中国市场上各居一端，外国公司专注中高端，弱小的本土企业则埋头耕耘低端市场。然而随着市场的饱和及爆炸性增长的过去，固守低端领域的中国企业必将走入绝境，有远见的企业不得不向中高端奋力挺进。

傅军对此趋势洞若观火。他带给投资企业的，不仅仅是资金、机制、经营管理，更有前瞻视野、全球视野和长线规划，从一开始就不遗余力地推动其从生产向设计、研发、品牌等高附加值环节扩张。

华联瓷业原本是一个乡办作坊式的小厂。傅军帮助该企业变革体制和经营方式，又推动其迅速拿到国际市场的入场券，华联瓷业这才一跃而为中国日用陶瓷的领头羊，进而成为宜家、沃尔玛、家乐福、雀巢等世界商业巨头的战略合作伙伴。

东岳集团也曾是一家不起眼的乡镇企业，依靠两台国有企业淘汰下来的无水氟化氢小转炉起家，牵手新华联后，遂依托清华大学与上海交大等高科技平台，合作研发出绿色制冷剂和高分子材料等高科技含量产品，由此抢占市场的桥头堡，成为我国氟化工行业的一面旗帜。

傅军亲手操刀的金六福酒同样表现惊人。新华联此前从未染指白酒制造，以OEM贴牌方式与五粮液合作生产的金六福酒，却一上市就创造了年销售近6万吨、销售收入20亿元的白酒市场传奇，当年为新华联集团提供了近三分之一的利润贡献。

傅军认为，实体经济是国民经济的根基，是市场经济的基石，是财富创造的来源。他看准形势，有力出击，以一系列大手笔举措，缔造了横跨地产、化工、矿业、陶瓷、酒业等多个产业板块的新华联实业舰队，践行了“实业报国”的创业初衷和“厚植实业”的企业宗旨，稳固了企业的根基。

随后，他又转向“实业 + 投资”，布局资本市场。

金六福酒运作成功后，傅军趁热打铁，旗下新华联国际控股有限公司耗资 1.23 亿港元收购了香港联交所的上市公司实力中国 74.88% 的股权。

2004 年 8 月，新华联控股有限公司又以 29.07% 的股权成为通化葡萄酒第一股东。这前后又陆续兼并了云南香格里拉酒业、湖南邵阳市酒厂、青海格尔木燃气、娄底燃气、安徽临水酒厂等 11 家国有企业，并通过文化与机制的移植，使这些濒临破产的国有企业重获生机。

除产业投资外，新华联还积极涉猎金融投资和财务投资，对长沙银行、宁夏银行、北京银行的战略投资为新华联集团金融板块的形成打下了基础，早期对长丰汽车、太平洋保险的投资，2014 年在证券市场上对民生银行、浦发银行的投资都取得了丰厚回报，提升了企业的资金收益率，初步实现了新华联在二次创业阶段提出的“实业 + 投资”双轮驱动的发展战略。

如今，企业处于经济全球化加速发展、新一轮产业革命的时代，新华联果断创新求变，大力转型升级、聚焦发展。通过调整产业结构、淘汰落后产能，潜心培育优势产业：向文旅产业转型，打造旅游生态圈；向金融产业发展，构建强大的金融平台；向大健康产业发展，深做健康养老产业文章。

我们发现，新华联集团 28 年的发展历程，虽不是一条平铺的直线，但呈现出一个不断扬升的桀骜有力的趋势。傅军总能敏锐感知外部环境的变化趋势，驱动企业的航船及时因应，创新转型，攀上新的发展阶梯。

与此同时，企业内部的成长契机傅军也没有错过。他根据不同时期的战略方向，夯实配套的全面系统管理。

从 20 世纪 90 年代至今，中国企业从市场空缺阶段走向市场饱和阶段。在市场空缺阶段，企业凭借一招鲜就能吃遍天下。那时对于企业来说，对资源的掌控能力、广告能力和销售能力最为重要。然而，当整个市场的竞争逐渐成熟，如果不把某一方面的能力扩展为全面能力，就很难保证快速发展的势头。

新华联就是在 2000 年左右，控制住肆意扩展的欲望，耐住性子练内功，强化了系统的管理能力、组织架构的搭建能力和高层次的创新能力，推进企业从巧妙运作到系统管理、从机会导向到战略导向的根本转变，找到了新的竞争环境下企业的生存发展之道，为一个基业长青的企业奠定了雄厚的基础。

傅军曾说，新华联的发展要感谢国家和政府改革开放的机会。纵观中国企业的发展，“机会”二字确实是一个关键词。在市场经济发展的增长期，机会无处不在，可能是体制转型产生的政策真空，也可能是行业井喷式发展带来的市场契机。

然而，一味追逐机会的企业大多昙花一现后，就退出了历史的舞台。中国企业容易各领风骚三五年，其根本原因在于，中国市场经济的发展和竞争规则始终在变，加之企业自身生命周期的演变，很多人的思维跟不上形势的发展，照搬过去的经营模式。

观念领先一步，行动领先一步，企业就能够在市场上步步领先，因为企业最终的竞争是理念的竞争、想法的竞争。在诱惑四起的时代，傅军抵制诱惑，沉下心来做足内功。一方面解读外部环境变化，认识把握时代的特征。当外部环境已经走向了人工智能、大数据时代，如果管理思维还停留在工业思维，说明企业家对外部环境不敏感，也就不能准确解读它。

另一方面，企业在成长的过程中，会经历多个阶段。每一个阶段的成长方式不同，企业要想实现阶段性的跨越，就一定要进行系统变革。否则，当企业始终停留在上一个阶段，无法持续发展的时候，企业就会变得不稳定起来。傅军能够把握企业阶段性跨越的契机，该跨越的时候坚决跨越。

企业成功没有万能药，也不再会有一击必杀的秘方。浮躁的心态是很多中国企业家的通病。但是，诱惑越多，企业家越需要静下心来，思考自己的战略，培养相关的能力，如此才能保证企业获得长期持续地发展。

新华联由此不断转型升级。更重要的是，在此征程中，新华联这个集体生成了一种上升的势能。傅军将个人不断精进的特质辐射为企业的转型文化。

在全球经济大危机的时候，比如美国 1929 年到 1933 年的经济危机、1995 年到 2001 年的第一次互联网泡沫，总有些企业挺过危机活了下来，而且活得很好。为什么呢？这些能够应对不确定性的企业，通常都拥有自我驱动的变革文化。它们不会满足既有成绩，永远都在进行自我变革，同时善于理解和尊重市场发展规律和自然规律，非常在意消费端的变化，关注人们的生活方式乃至整个世界的变化。

自我驱动的变革文明，使企业主动求变的能力持续大于外部环境带来的压力。两个能力变量只有持续保持这样的关系，管理者才可以与时俱进，实现适者生存。

三次大的战略转型，塑造了今天的新华联。当新的产业升级时代来临之际，新华联恰好在社会演进中完成了自我改造和自我提升，拥有了雄厚的基础，为新一轮的突破奠定了基础。

使命驱动，超越障碍推动转型

在 2017 年新华联集团的高管培训会上，傅军指出："我们正处在一个伟大的时代。这个时代是全球经济一体化加速发展的时代，是互联网的时代，是新一轮产业革命的时代，是市场充分竞争的时代，是知识经济的时代，是产能过剩的时代，是企业微利的时代，是落实十九大精神决胜小康的时代。"

傅军强调，当此之际，新华联要确立新的发展理念，重新优化企业竞争的新战略，着力于创新求变，创新转型，如新华联集团要向文旅产业转型，打造旅游生态圈。

选择文旅产业转型作为剖片，我们将了解新华联转型成功的底部力量是什么。

早在 2012 年，傅军在接受媒体采访时表示："新华联正在转型，特别是加大文化旅游项目、度假项目的投资，希望通过发展方式的转变，给企业带来新的成长空间。"

与全国的文化旅游企业相比，新华联属于一个先行者。不止如此，新华联的文旅转型，绝非蜻蜓点水之举，而是寄托了弯道超车、重构企业核心竞争力的希望。傅军曾坦承，新华联不动产在传统地产领域，尚无法同国内几个起步较早的龙头企业相比，但是在文化旅游这个新兴产业，大家都是新手，新华联有望借助先发优势和全力以赴，建成几个具有较大影响力的文化旅游项目，以期在文旅产业一举奠定行业地位。

傅军的这种战略和华为当初进军3G非常相似。华为当初在整个2G时代的系统，市场份额几乎可以忽略不计，这反而促使他们先人一步向3G迈进，在先于同行一年的宝贵时间里，把自己的软交换技术率先完善起来，在行业中排名第一，最终凭借这一技术拿下3G项目，并最终奠定了3G升级在行业内的领先地位。华为由此实现弯道超车，很好地切入到产业最前沿。

弯道超车式的突破需要来自战略层面。在产能过剩、企业微利的时代，企业必须改变观念，在明确的战略指导下，选定未来的发展方向，而后全力投入，集中猛攻，以期大赌大赢，推动企业上一个台阶。基于明确战略指导的大赌，只要大方向正确，最终大赢的可能性反而要比首鼠两端、四处出击要高很多。

然而做出这样的决定并不容易，需要战略远见，更需要敢为天下先的决心和魄力。敢为天下先，意味着超前，也意味着冒险。毕竟，一个战略的实施需要企业长期和持续的资源投入。如果战略方向有误，这些投入就会成为沉没成本。成功的战略在初期难免带有大赌的意味。

在这种情况下，就需要企业家的高层次的战略观和决断力。傅军曾多次以此先人一步把握企业的重大拓展契机。他曾在接受媒体采访时说：“我不小赌，我要赌就大赌！”

他的大赌，不同于中国企业常见的拍脑袋式的盲目冒险，而是建立在科学的战略基础上。

从傅军以往的抉择，我们发现，他总能以人性需求和社会发展为背景来进行企业战略的部署，而这种大方向正确的抉择，即便开头疑云重重，最终总能证实是明智的。也正是这种高层次的战略观，带领新华联从荒野中走到今天，长年保持着至少15%的增长。

2012年，傅军先于业界率领新华联迈入文化旅游产业，就在于他从社会的消费趋势里，窥见了人们对深厚文化底蕴和心灵独特体验的追求，而文化旅游产业正好将这两种追求完美体现。

2012年，新华联着手打造位于安徽芜湖的鸠兹古镇。随后，长沙铜官窑古镇及西宁童梦乐园等文旅项目也相继开工建设。

2016年7月26日，新华联不动产股份有限公司更名为新华联文化旅游发展股份有限公司。文旅公司以古镇作为主要业态，计划未来5年内开发5个以上精品文旅项目，总计投资达500亿元。

此外，新华联还收购了湖南海外旅游有限公司60%股份，收购了大连中海文旅设计研究院全部股份以及香港上市公司新丝路文旅54.79%的股份等，通过多种资本运作方式，加快了对国内外各种文化旅游资源的整合。

新华联拥有优质的旅行社资源和自己的设计院，通过系列资本运作，整合上下游资源，将完成文旅产业链的闭环运作。

任何一个行业的优势至少需要5年才能显示出来，文旅产业投资周期长，资金投入大，回款速度慢，前景更不明朗，稍有经营不善或融资成本过高，就有可能拖垮项目，国内房地产公司鲜少敢于涉猎。

傅军却在5年前文化旅游产业前景相当模糊的时候，就做出了毅然进入该产业的决定，还进行了大手笔的投入。这种行为所体现出来的高层战略观和决断力，正是当今社会普遍浮躁、追求短视效应的企业家所缺少的。

而这种行为背后的精神力量，更是推动新华联文旅顺利转型的底部力量。

杨彬曾是芜湖新华联文化旅游投资管理有限公司的总经理。他2013年初加盟新华联，认识傅军有十多年的时间，但近距离和他接触，却只是近1年时间。傅军身上的一股精神带给他的内心冲击是如此之大，以至于他在两个小时的采访过程中，谈到傅军时感动得频频落泪。

他形容傅军终年勤奋、奔波一线时说：“傅老板不在项目上，就在看项目的路上。”新华联下属100多个企业，傅军基本上每年每个项目都要亲自查看，而且不满足于走马观花，而是总会掌握大量第一手资料，对项目情况做到了如指掌。

若再考虑傅军总揽全局的工作和各种社会活动的出席等，他的日程排得多满、他的工作有多么超负荷，可想而知。一个已60岁的企业家，一个早就不需要为钱做事的人，却让自己每天都过得这么辛苦，在杨彬看来，傅军的内心如果没有一种精神支持，是断断做不到的。

傅军自己也跟下属坦承：“如果纯粹为赚钱，我不用这么累，我完全可以把企业该关的关，该卖的卖，把钱拿来投资，只需要找二三十来人，创造的利润比现在更多。”

显然，这是一条更为轻松同时有更多收益的路。傅军却放弃这条路，毅然决然地踏上了一条艰辛的路。于他而言，有一些东西比挣钱更重要。它是新华联近7万名员工及其家庭的经济来源，它是新华联对社会的价值，它是国家强盛的实业根基。为了实现企业对员工、社会乃至于国家的价值，为了一种使命感，傅军牺牲了自己的轻松和享受，心甘情愿地担起沉甸甸的责任，步入了一条格外艰辛的路。

体现在个人如此，体现在企业经营，傅军同样选择了一条更难的路。这就是为什么傅军选择了文化旅游产业，又选择了以工匠精神来打造包括芜湖鸠兹古镇在内的新华联文旅项目。

芜湖鸠兹古镇从民居、庙宇、祠堂、砖雕、石雕、木雕、粉墙、黑瓦、马头墙、飞檐、回廊、门罩、窗楣、梁柱、亭台楼榭等细节无不灌注极大诚意。

新华联不惜花费数千万巨资恢复建设36栋古建筑，包括李经方故居、李漱兰堂、古戏楼、俞宅、吴明熙大宅、张宅、王宅等。这些古建筑历经千百年风雨，沉淀下旧时意象和时光的分量。每一栋都是不可复制的古董，供人们徜徉其中，接续与徽派传统文化的一条心脉，其价值不是金钱可以衡量的，如今被新华联迁来古镇，得到集中保护和呈现，使鸠兹古镇成为名副其实的古镇。

鸠兹古镇的徽州三雕同样是一绝。徽州三雕，是具有徽派风格的石雕、木雕、砖雕，是徽州传统文化的典型代表，其技艺被正式列入《第一批国家级非物质文化遗产名录》。徽州古建筑素有“无宅不雕花”之说，从入口的门罩、八字墙上的砖雕，到室内梁架、隔扇、栏杆上的木雕，以及脚下的台阶、柱础之石雕，无不镂刻出各式各样的精美图案花纹，或寓意家庭和睦，或彰显读书至上，体现着传统中国人对美好生活的向往。

新华联聘请祖传几代的非物质文化遗产传承人亲自操刀，一笔一画地进行手工雕刻、绘画，原汁原味地展现出古老徽派文化的精粹，其诚意远非国内不少文旅项目的机器制作可比。

为了让古镇成为名副其实的古镇，傅军不惜花费高额代价和大量功夫，最高保真地传递真实的徽派文化。他曾如此解释说：“一个古镇如果没有具有历史感的东西，你就不能称其为古镇，你也压不住这块土地!”他还多次对芜湖新华联公司的人说：“我们要把这个古镇建成一个真正意义上的古镇，让它经得起时间的洗礼和考验，100 年后，甚至500 年后还能屹立在这片土地上，让老百姓在这里感受到徽派传统文化的熏陶。”

企业当然是追求利润的，但傅军在古镇里最终寄托的，是企业价值实现的梦想，是文化的梦想。杨彬说，傅老板希望新华联这个团队能够真正为这个社会这个国家留下一些有价值的东西。

梦想远大，而前路迢迢，举步维艰。企业的转型之所以艰难，就在于转型是一个系统工程，涉及战略、文化、组织、机制和资源结构，还涉及相关人的利益得失，可谓障碍重重。如果相关人没有在思想深处发起一场自我革命，任何一个障碍都可能造成转型搁浅。

芜湖新华联人坦承，他们对待变革的条件反射是抗拒心理，比如，把一个已经建成的项目推倒重来，不仅需要重新向政府报批，还会伤害到相关人的收入，毕竟他们的奖金是与绩效考核挂钩的。然而他们却能够克服这种心理，坚定地执行变革要求，不避烦琐，同样也不介意自己一时利益的得失。

杨彬谈到傅军转型的坚定态度时，多次落泪。他说傅军每次在鸠兹古镇项目会议上都说：“我们新华联人想干成的事情，若干不成，就誓不为人!”

这句话掷地有声！企业家不惜一切、使命必达的坚定气概扑面而来，令新加入新华联的杨彬深受震动。没有任何时刻比那一刻更让他清晰地认识到，傅军为什么会选择一条更难走的路。他早已将对自身的考量和顾惜置之度外，孜孜以求成就事业，成就唯有新华联人能奉献于这个社会的独特价值。

由此，傅军每次来鸠兹古镇视察，都会以一种近乎锱铢必较的态度审视项目，要求芜湖新华联公司务必将精益求精的精神贯彻到古镇建设的每一个细枝末节，即便在游客难以发现的角落，也要穷尽心力，打磨到完美极致，无可挑剔。他自己更是每见不完美处，都果断要求重新来过，从不考虑额外付出的人力、物力成本。事实上，傅军每次提出的整改，都会耗费巨资。

7 号地的地砖原来使用的是一般石材，如大理石、花岗岩等，后期傅军认为这些石材不足以体现古镇饱经沧桑的韵味，遂指示芜湖新华联公司将地砖全部揭掉，重新铺上老青石。这些老青石都藏在偏僻乡村、荒郊野外，有些是古旧的石桥，有些是年头久远的石板路。新华联人需要深入山东、河北的农村，才能寻访到手。财力的花费一点也不比人力少，老青石每平方米的成本比普通地砖要贵 200 ~ 300 元钱，总面积 10 万平方米的老青石足足多耗费了 2000 多万元，再加上拆除损坏无法再利用的普通地砖，又损失 1000 多万元。耗资 3000 多万元的老青石，被游客不经意地踩在脚下，极不起眼，唯其如此，才体现出企业家对工匠精神的执着，对历史文化的尊重。

古镇大门内的梦想大道原先单从消防的角度考虑，建成了一条宽敞的柏油马路。当马路两旁充满古风古韵的徽派建筑拔地而起后，这条现代化风格的马路就显得格格不入。傅军为此要求对这条马路进行改造，使其与周围建筑的风格统一起来。

此外，就细节方面进行推倒重来的就更多了，如门套、窗套与建筑风格不协调的，门头也不能千篇一律，墙面也不可以留白太多，需要镂刻上具有沧桑感的斑驳纹路。鸠兹古镇二期开业的时候，傅军见建筑白墙比较多，就毫不留情地对芜湖新华联人批评说："你们这是偷工减料啊！"其实他们还真是完全按照图纸施工。古镇二期有一部分建筑是待售的，毕竟是人家的院子，就没有做得那么精细。傅军却不允许任何一个地方达不到极致。他要求无论是自持还是待售建筑，都必须达到极高的品质。于是，古镇二期的这些白墙又重新镂刻上古色古香的花纹。

项目的推倒重建，还有另外一个原因，即自我成长导致的自我否定。

7 号地块上有 6 栋房子是基于 2013 年的方案建成的。随着时间的推移，相关人对徽派建筑的认识、对文旅市场的认识在不断提升。2015 年，回头看最初建的 6 栋房子，与后建的风格不统一。为了这并非建筑本身的问题，傅军决定将这 6 栋房子推倒重建。

在古镇的项目中，此种原因导致的重建比比皆是。每一个项目都不是一蹴而就的，而是边干边学边提升。毕竟，从房地产到文化旅游的转型，涉及的不止是细节上的精益求精，更有新思路的适应和摸索。要从经营者的角度转变到消费者的角度，要通盘考虑未来的运营模式，在全然陌生的领域中，只能依靠摸索和试错。

在行进的过程中，认识逐渐深入，思路逐渐成熟。回头来看，前面的思路就需要否定，许多早期的建筑就是这样被推倒了重来。这是一个慢慢成长的过程，人的视野、资源、能力都是在项目成长的过程中慢慢进化而来。

既要尊重这个过程，真正敬畏并遵循事物发展的客观规律，抛弃幻想、浮躁和投机心态，以求真务实、客观理想的科学精神向前，又要兼顾任务进度，两种相反的力量相互拉扯。芜湖新华联人就在这种拉扯中日拱一卒，艰难行走。

这其实是对转型变革者循序渐进的韧劲和跬步千里的耐力的巨大考

验，而最大的考验是自我否定。

在芜湖新华联人的事业里程中，从未遇到这样的一种状态，从相对确定的轨道被抛到不确定的荒野，过往积累的知识、经验似乎不再奏效，需要在不断的自我否定中重新学习，从头摸索。

自我否定是一件很困难的事情。人的自我认知难免与他的所思所行紧紧联系。否定一个人的所思所行，在某种程度上等于否定他的自我。自我否定带来的内心伤害，足以让很多人紧抱旧我不放手。如果没有一种超越个人的精神作为引领，这一步的跨越是非常艰难的。

面对这个关口，新华联人顺利地闯过去了。每一次面对整改和完善，他们都毫无怨言，坚定执行。当切身利益与新华联的转型事业相矛盾的时候，他们总是义无反顾地选择后者。

受到老板傅军的耳濡目染，他们内心深处的使命感和荣誉感被唤醒。芜湖新华联公司董事长王伟每每向下属谈到鸠兹古镇，谈到古镇将屹立百年，忠实传承徽派文化，都会为自己的工作深感自豪。这份自豪感同样激荡着芜湖新华联人，使得他们愿意为了这样一个远大的目标，放下有关自身的考量和顾惜。

王伟谈到，有些工作任务真的看似是不可能完成的，但新华联人都从来不会去讨价还价，而会竭尽全力，推进到底，扎扎实实地把每个任务完成好。

杨彬则认为，唯有把芜湖鸠兹古镇这个项目做好，才能为新华联的文旅转型大事业提供更多经验，使后来的文旅项目少走弯路。为此，无论有多艰难，他们都会顶住压力坚定地往前走。

这就是使命型团队的典型体现。芜湖新华联人在老板傅军的感染下，能够超越时空思考问题，以更长、更广的时间空间跨度来思考企业的价值，而不纠结于个人得失、短期利益。唯有构建这样的一种使命感，企业内部才能摆脱自我导向、投机心理、知难而退等不良心态，超越小我和短视，形成强烈的成就动机、进取精神和责任意识，也才能构筑抵御外部诱惑的战略定力，真正聚焦于自身业务，专注于影响企业长期持续成长的变革。

使命感是非常稀缺的一种心理动机，唯其如此才凸显宝贵价值。可以说，使命感不一定确保企业转型成功，但若没有使命感，企业就很难跨越重重障碍，将转型推进到底。

我们发现，新华联转型成功并追求持续成长的底层价值逻辑，就是从傅军身上层层向下辐射的使命感。

这种使命感也同样驱动着苟永平高质高效地推进西宁童梦乐园项目。西宁童梦乐园项目是新华联在青海投资超百亿的旅游综合体，占地约 3000 亩，业态涵盖童梦主题乐园、蓝色水街、康体中心、购物中心、低密度别墅、花园洋房、高层住宅、北外国际学校、三甲医院、养老公寓等，需用 2 年左右时间全面建成。

苟永平这个来自四川的血性汉子，自 2003 年离开国企来到新华联，就在傅军的引领下南征北战，一向敢打硬仗。童梦乐园项目建设从 2017 年全面铺开后，苟永平就率管理团队不惧业态多、工期紧、任务重的挑战和高原严寒、缺氧等困难，统领数以千计的施工建设人员不舍昼夜地奋战在青藏高原。他们心中只有一个目标：确保项目 2019 年 7 月 18 日全面开园，为大美青海打造旅游新地标，再添一张亮丽名片。

2016 年 4 月 26 日，新华联的年报显示，新华联文旅销售回款首次突破 100 亿元大关，为公司持续深入转型交上了一份漂亮的答卷。新华联文旅也被股东评为业界转型最彻底、最成功的地产企业。

强烈的使命感不仅让傅军握紧拳头把已有的大型文旅项目做精做透，还推动着他去积极整合优质文旅项目，在加速自身产业转型升级的同时，助力中国文旅事业的大繁荣。

阆中位于四川东北部，嘉陵江中上游，建县已有2300多年历史，1986年被国务院批准为“国家历史文化名城”，有着“阆苑仙境”“巴蜀要冲”之美誉。境内拥有中国四大保存最完整的古城之一——阆中古城，城内至今保存着唐宋格局、明清风貌的古街古巷。

傅军十分看好阆中古城项目，因为阆中自然环境优美，文化底蕴深厚，有较好的旅游产业发展基础，可使之与深度扶贫紧密结合。如果新华联能入主阆中古城项目，一定意义深远。

当地政府也十分认可新华联。他们认为，新华联实力雄厚，有良好的品牌形象和文旅产业发展经验。如能优势互补，必可共赢发展。

很快，双方一拍即合。2018年9月20日，新华联与阆中市政府郑重签订投资合作协议，携手打造阆中古城的升级版。

按照傅军的战略规划，新华联将进一步挖掘阆中古城的文化底蕴，增加新的人文景点，使之成为集古迹游览、街巷休闲、院落度假为一体的旅游度假胜地。同时基于现有的白塔寺、大佛寺、状元洞等景点，新华联还要打造新的5A级景区，争取将阆中建设成为世界旅游目的地，助力阆中实现以文化旅游为核心的城市升级，为中国旅游产业的发展做出贡献。

依托国际化，让自己站得更高、走得更远

在2010年新华联集团成立20周年庆典上，傅军郑重提出了“第二

次创业，实现第二次腾飞”的口号。

新华联“第二次创业”的关键词是：“实业+投资”双轮驱动、转型升级与提质增效、“六化”管理、投资并购、国际化发展、重点项目建设、品牌形象提升……

这当中，国际化发展就成了新华联图谋跨越的重要举措之一。

其实，早在2007年12月10日，傅军就让旗下的东岳集团顺利完成全球发售，在香港联合交易所主板成功上市（股票代码：0189）。在上市祝捷晚宴上，傅军发表了热情洋溢的讲话。他称东岳集团是中国民营企业的一面旗帜，是氟硅材料的龙头企业，是科学发展的典范。他表示相信，东岳集团一定会成为中国顶级的企业，成为影响世界的企业。

通过境外资本市场，东岳集团当年成功募集资金10余亿元，用于扩大有机硅、氟材料及制冷剂等主导产品的研发和产能，进一步提升市场竞争优势和盈利能力，确保其行业领跑者地位。更为重要的是，东岳集团借上市进一步提升了品位、扩大了影响力，从而能站在更加广阔的国际舞台上“与狼共舞”。

东岳集团的上市，也只是新华联实施国际化发展战略的起点。

2014年1月19日，新华联与韩国大韩贸易投资振兴公社（政府机构）、黑石度假村株式会社在北京人民大会堂正式签约：新华联与“黑石”合资开发韩国济州岛锦绣山庄项目。此举标志着新华联海外强势扩张大幕的开启。

依据合作协议，新华联下属全资子公司香港新华联国际置地公司，与黑石度假村株式会社共同出资350亿韩元（约合2亿元人民币），注册合资公司韩国锦绣山庄株式会社。其中，新华联出资315亿韩元（约合1.8亿元人民币），黑石出资35亿韩元（约合2000万元人民币）。锦绣山庄株式会社在济州岛以595亿韩元（约合3.4亿元人民币），获取用地面积约110万平方米的永久产权土地，建设以旅游度假酒店、高级度假公寓、中国食街为主的锦绣山庄。该项目总建筑面积约70万平方米，开发周期为6年，拟分3期开发，预计总投资额近100亿元人民币。

济州岛号称“世界新七大自然奇观”之一。济州火山岛和熔岩洞2007年被联合国教科文组织定为世界自然遗产。该岛也是中国游客的热门目的地，是韩国唯一对中国游客免签证地区。该项目无疑成为新华联走出国门、投资海外的开山之作。

2017年，参加全国“两会”的傅军在接受记者采访时说：“中国企业走出去其时已至，其势已成！”特别是“一带一路”应对方案提出后，傅军认为这一方案“顺应了中国要素流动转型和国际产业转移的需要”。中国企业应当积极响应国家的号召，大胆“走出去”，到国外寻找新市场、新优势和新资源。傅军认为，企业走出国门可以找到更多发展的机会，也可以提升企业国际化的能力。

为响应国家“一带一路”倡议，加速企业经营国际化，实现更大的发展跨越，傅军决定通过资产大重组，让新华联集团在境外实现整体上市。随着“鲲鹏计划”的实施，傅军审时度势，明确新华联将登陆香港资本市场。2018年5月9日，新华联斥资4.34亿港元，成功收购了香港上市公司庄胜百货66.75%的股份，并更名为新华联资本。按照香港证监会的相关规定和集团的战略规划，傅军拟将通过股权优化和持续装入企业优质资产，使新华联成功登陆境外资本市场。

目前，新华联在法国、澳大利亚、印度尼西亚、马来西亚、加拿大等国家都有投资，或经营酒庄，或冶炼镍铁，或开发建设房地产。同时，新华联参与投资的科达洁能业已在非洲肯尼亚、坦桑尼亚等国建有4个陶瓷生产厂，未来还将增建到10个，以抢占更大的国际市场份额。

快速推进国际化发展步伐，已成为新华联在新时代奋发图强的主旋律。

敢为人先、敢于担当，为民族复兴做出新的贡献

不过，在新常态新时期，新华联重构战略、重塑核心竞争力的终极目标并不限于文化旅游板块。除了向文旅产业转型，打造“景点＋酒店＋儿童乐园＋演艺＋旅行社”的旅游生态圈外，新华联还在稳步推进金融板块和大健康板块的转型。

在金融板块，为了改善资产结构，提升资产盈利水平，新华联正在完善金融布局，打造金控平台，目前已涉足银行、保险、财务公司、融资租赁、互联网金融等多个领域，今后将持续加大在金融领域的投资和并购力度，争取打造多牌照金融控股平台，把金融板块真正做大做强。

在健康板块，傅军提出，未来人类都会关心健康，关心活得好，关心长寿。新华联要应时而为，向大健康产业发展，深做健康产业文章，逐步发展养老、医疗、保健产业。

通过各个板块重构核心竞争力，新华联必将形成结构性优势，优化企业在产业链生态网络中的角色定位和话语权，构筑他人无法轻易模仿的竞争壁垒，获得控制优势，并找到新的盈利方式，最终达到企业全面的、成功的转型。

对新华联的全新全景，我们满怀期待，因为我们发现，新华联从历史走到今天，始终没有丢掉“新”这一字的内涵。傅军本人极强的自我

学习、自我更新能力，驱动着企业不断地进行推陈出新，在原有躯壳下萌生新的生命基因。从组织外表看，企业似乎变化缓慢，但其内核已经彻底升华。转型重生往往不是轰轰烈烈、大刀阔斧的激进式改革，而是这种春风化雨、润物无声的持续性成长。

新生不易，重生更难。傅军常怀敬畏之心，保持充分的敏感性与危机感，坚守高度务实理性的科学态度和坚韧顽强的奋斗作风，坚守强烈的使命感、责任感和进取精神，才得以用心精专，不断变革，推动企业获得破茧蝶变的生命升华，实现企业百年持续成长的伟大梦想。

再也没有任何文字比傅军本人的讲话，更能凸显他的这种精神。在此，让我们遴选几段他的讲话作为本书最后的压轴内容：

“进入经济新常态，以习近平总书记为核心的党中央为确保中国经济的持续健康发展，加速小康社会建设的伟大进程，高瞻远瞩地提出了要激发和保护企业家精神，不断健全相关体制机制和政策体系，以充分发挥企业家精神在创新驱动和产业转型升级等方面的重要作用。

何谓企业家精神？我认为，企业家精神的核心内涵除了要持续艰苦创业和不懈创新突破，努力为社会创造财富外，还要以一种大格局、大情怀和大担当去推动经济发展和时代进步。特别是中国的民营企业家更要有一种坚定的信仰：不能光为自己赚钱而活着，而要为员工生活的改善、社会福祉的提升和国家与民族的兴盛担大任、做贡献。对个人来说，就是要不断建功立业；就企业而言，就是要持续造福社会。这也是时代赋予民营企业家的责任和使命。

改革开放 40 年来，特别是小平南方谈话以来，民营经济如雨后春笋般地蓬勃发展起来，实现了异军突起，成为推动中国经济发展的有生力量。出现这一喜人局面，除了一大批民营企业家奋发有为外，还有赖于党和国家的改革开放政策。对此，我们是深有感触的。新华联集团于1990年10月从零开始创业。28年来，我们始终顺应国家的产业发展政策，不断抢抓机遇，不断创新进取，实现了持续快速发展，连续14年跻身中国企业500强和中国民营企业50强的行列。我也常常在不同会议上对员工强调说，如果没有党和国家的好政策，没有社会各界的鼎力支持，就没有新华联生存与发展的土壤。因此，我们在创业中既勤勉前行又深怀感恩之心，在努力做大做强企业的同时自觉履行企业的社会责任，多年来为促进中国文化、教育、科技、卫生、体育、扶贫等事业的发展有很多积极的行动。”

“毋庸讳言，由于世界经济形势错综复杂，当前中国经济也随之出现了一定的降速，特别是实体经济遇到了较大困难，但我们仍然要坚信党和国家会为民营经济的持续发展撑起一片新的蓝天。

面对千载难逢的好机遇，中国企业家能否以敢为人先、敢于担当的精神去转型升级、提质增效、实现跨越，这不仅是对他们应对挑战、彰显风采的重大考验，更是他们快速创造财富、更好地报效国家的信心所在。”

“如果说过去的28年凭借中国的改革开放春风成就了一个有理想、有追求、有担当的新华联，那么站在新的发展起点上，我们更有信心在党的正确领导下迎接民营经济发展的新春天，也更加坚定地在中国新一轮改革开放的洪流中集聚更大的动能、赢得更快的发展、拥有更高的境界，顺利跻身世界500强企业的行列，为中华民族的伟大复兴做出新的更大的贡献！”

附录一

傅军人生感悟30条

1. **格局**

人生要有大格局。你的格局有多大，你的心就有多宽；你的心有多宽，你的舞台就有多大。我们应有报国壮志、家国情怀，应有理想、有追求。

2. **价值观**

正确的价值观永远能指引企业走向成功，错误的价值观将会使企业失败。长期坚持成就员工、善待客户、回报股东、造福社会的理念，能让企业发奋图强。思想的高度决定行动的高度，文化的高度决定企业的高度。

3. **实力**

实力决定一切，实力证明一切。发展企业才能壮大实力，实力才能体现企业的地位、尊严和影响力。

4. **远见**

远见成就未来。站得高，才能看得远；看得远，才能够干他人不想干的、做他人不曾做的事业。

5. **目标**

目标指引行动，目标鼓舞斗志。有目标的人在奔跑，没目标的人在徘徊；有目标的人睡不着，没目标的人睡不醒。成功者常改变方法而不改变目标，失败者常改变目标而不改变方法。

6. **实干**

企业是干出来的，唯有实干加苦干、苦干加巧干才能成功，唯有真抓实干、埋头苦干、少说多干、敢抓敢干才能成就事业。生命只有干出来的精彩，没有等待出来的辉煌。

7. **速度**

世上武功唯快不破。速度制胜，用时间换取获利的空间是企业制胜的法宝。现在是快鱼吃慢鱼，不是慢鱼吃快鱼的时代。

8. **做人**

做生意就是做人，做生意就是交朋友。多一个朋友多一条路，朋友多了路好走。真情付出，才有回报。

9. **担当**

事业永远第一。比别人多一点担当，就会多一份出息；比别人多一点努力，就会多一份成绩；比别人多一点付出，就会多一份回报；比别人多一点坚持，就会创造奇迹。

10. **人气**

人气决定财气，人脉决定财脉。善于交往，善于合作，善于借势，这也是企业的竞争力。

11. **分享**

财聚人散，财散人聚。共同创造价值，共同成就事业，共同分享财富。分享凝聚力量，分享驱动行动，分享改变格局。

12. **感恩**

感恩是一种美德，感恩是一种生活方式，感恩是善举，感恩能成就伟业。活在感恩的世界里，生活才会更精彩。

13. **品质**

情商比智商更重要，忠诚比能力更重要，信任比金钱更重要，坚守比多变更重要。

14. **智慧**

人生最大的智慧是认识自己，改变自己，提升自己，超越自己。不能控制自己就无法控制别人，不能战胜自己就无法战胜他人。该“低头”时“低头”，该“出手”时“出手”，懂得低头才能出头。

15. **信任**

信任是人生的坚强支柱与无价之宝。被人信任是一种幸福。信赖是最佳的缘分。有多少信任，就有多少成功的机会。

16. **机遇**

机遇是人生最大的财富。机会靠把握，机会靠争取。不要等待机会，而要创造机会。

17. **合作**

合作比竞争更重要。单干干不长，独行行不远。合作共赢，互利互惠，为客户创造价值，才能持续赢得客户、赢得市场。

18. **诚信**

诚信是立业之魂，厚道是做人之本。人活一生，人品大于天，以诚信奠定成功基业。诚实守信才能成大赢家。

19. **定力**

企业家最可贵的是保持定力，懂得坚守，忍得住孤独，挡得住诱惑，扛得住压力，经得住考验，坚定地追求自己的目标。

20. **领导力**

企业的成败关键在于一把手。一把手强，则企业强；一把手弱，则企业弱。一把手的能力在于定目标、带队伍、抓重点、强落实。

21. **支撑**

人生是一种承受，要学会支撑自己。得势顺境时，千万不要放纵自己；失势逆境时，千万不要放弃自己。永不舍弃内心的真诚，永不放弃自己的初心。坦坦荡荡地活着，对得起自己的良心；有情有义地活着，不辜负别人的真心。

22. **责任**

责任是成功的原动力。唯有事业心，才能想大事；惟有责任心，才能办大事；唯有进取心，才能成大事。勤奋造就成功，懒惰荒废一生。

23. **匠心**

天下极品，匠心所致。打造品牌，更要发扬工匠精神，精雕细琢，精益求精，确保产品品质过硬。

24. **做事**

少说多做，句句都会得到别人的重视；多说少做，句句都会受到别人的忽视。复杂的事情简单做，简单的事情重复做，重复的事情用心做。人简单，世界就简单；人自在，生活就自在。

25. **无私**

公司利益高于一切。制度就是高压线，规范就是权威，无私才能无畏。君子爱财，取之有道。学会不贪婪、不奢求、不攀比。人在做，天在看；要别人做到的，自己先做到。

26. **执行力**

高效执行力是企业成败的关键。主动就是效率。没有落实，一切都是空谈。永远不要为失败找借口、为错误要解释、为落后讲过程。要注重结果，结果比什么都重要。结果不好就是不好。执行没有如果，只有结果。

27. **人才**

人力资本比货币资本更重要。能够经营好人才的企业最终就是优势企业。我们要选好人才、用好人才、珍惜人才、培养人才，给人才营造更大的施展空间和干事平台。

28. **修养**

赞赏别人是一种境界，关心别人是一种胸怀，理解别人是一种涵养，培养别人是一种品质。尊重上级，让下级得到锻炼与成长，你就是一个优秀领导。

29. **激情**

生命的本质在于追求快乐。有激情才能振奋精神、鼓舞士气，才能带领团队往前冲。有激情像太阳，照到哪里哪里亮；没激情像月亮，初一十五不一样。

30. **拼搏**

人生难得几回搏，此时不搏何时搏。机会是属于开拓者的，成就是属于拼搏者的，奇迹是属于坚守者的。人生的最高境界在于建功立业。

附录二

傅军：实业报国的顶级投资者

华夏时报记者　吴丽华

1 月的一天，“幸福是奋斗出来的”这句出自习近平总书记 2018 年新年献词里的话，一度刷爆新华联人的朋友圈。

那确实是他们幸福的一天。当天召开的新华联集团全球年会上，集团董事局主席兼总裁傅军宣布，这个已有 28 年历史的民营企业集团业绩再创新高，全集团营业收入超 833 亿元，合并资产总额超 1176.5 亿元，净利润比上年增长 64.18%。

傅军在讲话中指出，这些数字来之不易，“幸福是奋斗出来的，企业是干出来的”。

这个紧跟时代发展浪潮，能将国家领导人讲话思想快速用于企业经营管理的湖南人，如何从白手起家“干出来”一个庞大的企业集团？

新华联集团的发展之路上，傅军“厚植实业、报效国家”的家国情怀和“看得远、选对人、守得住”的投资哲学透露出他经营的智慧。

多元化发展典范

文旅地产、矿业、石油、化工、金融与投资、酒业、陶瓷，这些看似毫不相干的产业被新华联人如数家珍，在庞大的商业版图上珠联璧合。

目前这家综合实力连续 13 年跻身中国企业 500 强和中国民营企业 100 强行列的民营企业集团，已经涵盖上述多个产业，拥有全资、控股、参股企业 100 余家，其中包括 9 家控股、参股上市公司，拥有 10 余个行业知名品牌。

多年来，在诸多企业因盲目多元化走上歧途时，新华联成功的多元化经营道路受到诸多关注，曾被媒体誉为“企业多元化发展的路标”。

1990 年，辞官下海的傅军怀揣 1000 美元远涉南洋，在马来西亚靠国际贸易积累了第一桶金。1993 年，目光敏锐的他看到国内发展的广阔前景，毅然回国并陆续投资了华联陶瓷、金菲塑胶，进军房地产业；随后 1996 年，已经亿元身家的傅军投资了东岳化工和长丰汽车；1998 年，看准中国的白酒市场，投资 1000 多万元打造金六福酒神话……

一系列成功投资之后，一个多元化发展的企业集团迅速成长起来。

2017 年，新华联集团每年产销化工产品 600 万吨，产销陶瓷产品 1 亿件，产销白酒和葡萄酒 10 万吨，产销镍铁 25 万吨，产销黄金 500 公斤，房地产开复工面积接近 400 万平方米，并在变态反应原和炭疽疫苗等药品研发上保持行业领先地位。

对于新华联取得的成绩，傅军说：“我们始终顺应国家的产业发展政策，不断抢抓机遇，不断创新进取，实现了持续快速发展。如果没有党和国家的好政策，没有社会各界的鼎力支持，就没有新华联生存与发展的土壤。”

成功投资的“九字真经”

多元化的实业发展之外，成功的投资也被看作新华联腾飞的重要因素。

傅军表示，新华联的成功除了坚守实业外，还得益于近年来在投资方面的突破。近年来，新华联集团百分之六七十甚至更多的利润都是投资所得，并且从2015年开始提出“实业 + 投资”双轮驱动的发展战略。

傅军也在其投资过程中找到了成功投资的法宝，并把它总结为“看得远、选对人、守得住”。坚持“九字真经”成功的例子在新华联的发展历史上则是不胜枚举。

傅军解释，“看得远”即投资要有远见，建议在投资中一定要高瞻远瞩，敞开胸怀，放开眼光，多关注新生事物和冷门产业。

他1996年投资的东岳化工就是远见投资的典范。当时这家公司还是山东淄博一个县里生产制冷剂的小厂。由于看到中国经济发展过程中对制冷剂的巨大需求，傅军分三次投入了1.9亿元。11年后东岳集团在香港成功上市，并成为全球最大的绿色制冷剂基地，新华联集团则一直是其第一大股东。

“选对人”即要选择那些有理想、勤勉敬业、敢打能拼的合作伙伴。“我认为，投资一个项目主要得看核心团队成员是不是干事业的人。如果合作伙伴虚荣浮躁，再好的项目也难以成功。新华联在20多年的投资路上也遇到过失败。我估计这个比例占到所投资项目的7%左右。”傅军如此表示。

最后一点是要“守得住”。傅军表示，有智慧、看得远，也选对了人，但就是因为没守住，而最终与财富擦肩而过的例子比比皆是。

刚刚过去的2017年新华联集团投资领域可谓硕果累累，不仅做证券投资、财务投资和战略投资，还重点推进产业投资。

为此，新华联集团产业投资与战略投资了赛轮金宇、科达洁能、安迪苏、湖南海外旅游、你我金融等多个重点项目。

其中，赛轮金宇是我国第一家上市的轮胎企业。因为看好未来汽车工业的发展，傅军对其进行了大手笔的投资。目前新华联集团及其一致行动人已持有其15%的股份。

此外，新华联集团还财务投资了苍穹数码、腾讯音乐、阿里新零售、均瑶乳业、苏宁金服、小赢科技等16个优质项目；与苏宁集团、传化集团、华融证券、华信证券等签订了长期战略合作协议。

此前，新华联还陆续投资了北京银行、长沙银行、大兴安岭农商行等金融企业，设立了财务公司、融资租赁公司、保险经纪公司，参与发起成立了三峡人寿保险公司。其中，仅北京银行目前已持股超过8%，而这也给集团带来了丰厚的利润。

坚持实业报国

金融投资领域风生水起，斩获颇多，但傅军对实业却仍是一往情深。他还有一句新华联人都知道的名言："人生的最高境界在于建功立业，企业的最高境界在于造福社会。"建功立业的同时，他用自己的行动与坚持造福社会。

经济新常态之下，诸多实体企业陷入微利和亏损的困境之时。身为全国政协委员的傅军就曾在其"两会"提案中呼吁为实体企业减负。

2017年的"两会"提案中，他反映，受全球经济增速减缓、生产成本上升及虚拟经济泡沫等多重因素叠加影响，我国实体经济经营环境趋紧、下行压力加大，导致增长速度明显放缓，低端过剩、高端不足的结构性矛盾突出，特别是效益严重下滑，出现了"办厂不如买房，投资不如投机"的现象，为此呼吁政府为实体企业减税。

面对实体经济发展的困境，新华联集团内部不是没有不同的声音。一些高层管理者认为，实体企业不但难做，而且严重亏损，新华联还是尽早关停并转实体企业，搞投资赚快钱。

但是傅军却坚守“厚植实业、报效国家”的企业宗旨，在不同场合反复强调，新华联集团作为一个大型民营企业，决不能只顾眼前利益和个人利益，而置国家利益于不顾。越是在国家经济发展困难的时候，企业越要承担社会责任。

为此，在集团董事局会议上，他力排众议，不但不放弃实业，还进一步明确了集团大力发展实体企业的战略，并以更大的力度和更多的投入，支持化工制造、陶瓷生产、白酒与红酒酿造、矿产冶炼、房地产开发、生物制药等实体企业的升级换代、提质增效。在强力推动现有实体企业发展的同时，新华联还全面进军文化旅游领域，投资300亿元，正在加速建设长沙铜官窑古镇、芜湖鸠兹古镇和西宁童梦乐园等3个大型文化旅游项目。

2018年全球年会上傅军提出，新华联集团要继续坚守实业，做大做强做优现有实体主业；同时，坚持投资驱动，提升精准投资水平。

本文摘自2018年3月2日《华夏时报》